KB194218

경영컨설턴트가 전하는

기업의 변신

경영컨설턴트가 전하는 **기업의 변신**

초판발행일 | 2025년 6월 5일

지 은 이 | 이영우
펴 낸 이 | 배수현
디 자 인 | 천현정
제   작 | 송재호
홍   보 | 배예영
물   류 | 이슬기
문   의 | 안미경

펴 낸 곳 | 가나북스 www.gnbooks.co.kr
출 판 등 록 | 제393-2009-000012호
전   화 | 031) 959-8833(代)
팩   스 | 031) 959-8834

ISBN 979-11-6446-126-4 (03320)

경영컨설턴트가 전하는

기업의
변신

가나북스

공자가 "일흔이 되어서는 무엇이든 하고 싶은 대로 하여도 법도에 어긋나지 않았다(七十而從心所欲不踰矩)."고 말한 70세 종심(從心)을 지나서도 여전히 현역으로 활동을 하고 있다는 점에 대해서는 항상 감사하는 마음으로 일상을 보내고 있다.

늦은 은퇴를 준비하면서 지나온 흔적들을 되짚어 보면서 인생의 변곡점이 되었던 대목들, 사회 생활을 하면서 만났던 많은 '은인'들을 회상해 보는 기회가 되어 행복한 시간이었다. 지나온 시간들을 정리해 보면서 문득 떠 오르는 '은인'에 대해 생각나는 구절이 있다.

"누구에게나 은인이 있다. 큰 영향을 준 사람도 있고, 작은 영향을 준 사람도 있다. 그 사람 덕분에 운명이 바뀌는 경우도 많다. 나에게 은인이 있다는 것은 행복한 일이다. 특히 누군가에게 은인이 될 수 있다는 것은 더욱 행복한 일이다." (박시호의 '행복편지' 중에서)

삼성 회장비서실(구조본)을 거쳐 삼성SDI에서 임원으로 퇴임 후 6년간 두 곳의 중소기업에서 전문경영인으로 활동한 이후에는 취업을 포기하고 중소기업 대상의 「경영진단/자문, 투자유치와 M&A, 무역 및 중개, 해외시장 개척 지원」 등을 주요 사업으로 하는 1인 기업 형태의 경영컨설턴트로 활동을 해 오고 있다.

직장 생활은 자의든 타의든 "선택과 변신"의 시간이었고, 그 이후에는 '경영컨설턴트'로의 자발적으로 새로운 "변신"을 도모했다고 할 수 있겠다.

대기업에서의 배움과 짧은 중소기업 전문경영인 경험을 바탕으로 경영컨설턴트로 변신하여 그동안 다수의 국내 기업의 경영고문/자문 이외에도 일본 기업의 한국법인 고문을 약 8년, 두 곳의 중국기업 고문을 1년~2년간 맡기도 했다.

새로운 내용 또는 특별한 이론이나 거창한 담론을 담은 것이 아니기에 책을 집필한다는 식의 거창한 접근은 아니고, 경영컨설턴트로서 중소기업 경영자문 활동 과정에서 필자가 체득한 경험들과 중소기업 경영에 대한 필자의 생각, 경영자들께 드렸던 제언, 강의 원고와 임원·관리자 교육용으로 발간해 왔던 다수의 자료들을 재정리하여 책으로 엮었다.

경영 관련 서적의 탐독, 신문과 잡지 스크랩 등 여러 경로로 많은 자료를 수집·가공해서 다수의 자료들을 발간해 오다 보니 오래된 내용도 있고, 다른 이들이 작성한 것을 옮겨 온 부분도 상당하다. 옮겨 온 자료들은 최대한 출처를 밝히려고 노력했으나, 독서 메모장 등 일부 출처 확인이 불가능했던 부분도 있음을 밝혀 둔다.

전문 영역도 아닌데다 극히 제한적인 필자의 경험이지만, 중소기업을 창업하거나 소기업에서 중소기업으로 성장을 도모하거나 또는 기존에 기업 경영을 하고 계시는 경영자 분들께, 그리고 성장을 갈구하는 기업의 임원, 관리자들에게 조금이나마 도움이 되었으면 하는 바램을 담아본다.

그동안 부족한 필자에게 경영진단과 경영자문을 의뢰해 준 국내외의 여러 경영자분들께 감사를 드리며, 특히 2009년 경영컨설팅을 시작한 후 첫 고객이었고, 그동안 엄청난 발전과 성공을 이루었음에도 지금까지 필자와 인연을 이어오고 있는 ㈜필옵틱스 한기수 회장께도 깊이 감사를 드린다.

우리 베이비 부머 세대가 대개 그러하듯이 열정적이고 치열하게 살아 온 인생이었고, 젊을 때는 인생의 최우선 순위를 '가족이 아닌 일(회사)'에 두고 살아 왔던 것 같다.

신혼 때부터 '일(회사) 우선주의'로 평생을 살아 오면서 가족들에게는 많이 소홀 했던 점들을 되돌아 보게 되며, 그런 가운데서도 항상 지지와 응원을 보내 준 사랑하는 아내와 가족들에게 이 책을 바치고 싶다.

2025년 봄

목 차

목 차

I.

중소기업
전문경영인으로
변신

중소기업으로 옮기면서 삼성 색깔을 빨리 빼는 것이 급선무라는 생각을 했고
새롭게 Success story를 만들어 보겠노라는 조급함도 있었던 것 같다.

처음 맡은 한일 합작회사와 계열사 사장을 겸직하면서
비록 소규모 회사였지만 단기간 내에 성과도 있었고
중소기업 경영에 눈을 뜨고 소신껏 일해 볼 수 있었던 것은
오로지 오너의 전폭적인 신뢰과 지지 덕분이었기에 지금도 감사하는 마음이다.

두 번째는 제대로 뜻을 펼쳐 보지도 못하고 황당하게 쫓겨났지만
덕분에 프리랜서로 롱런할 수 있는 길을 찾게 해줘서
"인생지사 새옹지마", 감사를 드려야 할지(?)도 모르겠다.

1. 대기업에서 중소기업으로

짧으면 3년이 된 삼성SDI 퇴직

2001년 11월 하순, 대표이사로부터 「무슨 연유인지 지난 해 말에도 그러더니 이 번에도 구조본 재무팀에서 필자의 승진, 년봉 인상을 반대한다」는 말씀을 듣고 아무런 대책도 없었지만, 당시만 하더라도 구조본 재무팀이 구조본의 전권을 좌지우지하던 시절이고, (기아차 인수 추진 당시 구조본의 기획팀과 재무팀 간의 의견 대립이 있었다고 하더라도, 자동차사업 철수 3년이 다 되어가는 데도 그러하다면) 더 이상 근무하는 것이 의미가 없을 것 같다는 판단으로 곧 바로 퇴직하겠다는 뜻을 밝혔다.

ROTC 후배인 인사담당 임원이 다른 보직을 준비할 테니 퇴직하지 말 것을 권유하기도 했으나, 1~2년 더 근무하는 것이 무슨 의미가 있을까? 기왕에 그만 둘 요량이면 하루라도 빨리 정리하는 것이 좋겠다는 판단으로 정기 인사 이전에 퇴직을 하겠다는 결심을 했다.

당시 필자가 3개 보직을 겸직(신규생산기술팀장, PDP건설팀장 및 천안사업장 경영지원팀장) 중이었는데, 경영지원팀장 자리는 노사 문제도 있고 해서 1~2달 공석으로 둘 수도 없고 후속 인사를 하려면 여러 명의 보직 변경이 되어야 하므로 1월 중순 정기 인사까지 기다

경영컨설턴트가 전하는 **기업의 변신**

려달라는 말씀을 수용하여 2002년 1월 정기인사 때 퇴직을 했다.

입 방정이라 해야 할지 당초 생각했던 "짧으면 3년"으로 삼성SDI 생활을 마감하면서 삼성과의 연을 끊겠다는 생각으로 퇴직 후 1년간 의 자문역도 마다하였다.

삼성과 무관한 일이 없을까?

2001년 11월 하순 3개 조직의 그룹장급들에게 퇴직 예정임을 밝혔고, 내심 아무런 대책도 없는 상황이라 퇴직 후 뭘 해야 할까 이런 저런 생각을 하면서 삼성과 무관한 일을 찾아 봐야겠다는 막연한 생각을 하고 있었다.

어떻게 소식이 전해졌는지 퇴직 의사를 밝힌 지 1주일도 채 안된 시점에 삼성SDI 자문교수를 역임했던 미국의 대학교수님과 전지생 산기술 간부 출신이 부산에서 천안으로 오셔서, 그 교수님이 지도하고 있는 「나이키 신발 OEM업체(T실업)」로의 이직을 제안받았다.

T실업은 내부 관리 체제 정비를 위해 임원급 영입을 고려 중이라며 필자에게 이직을 권유했던 것이다. 12월초 주말을 이용해 김해 본사에서 오너인 P회장님을 면담. 회장님 본인은 OK라면서 임원급 영입을 할 때는 경험이 많은 C회장(S여행사)의 추가 면접을 거쳐야 한

다는 말씀과 베트남은 너무 멀다면서 가까운 칭다오의 현지 공장 견학도 권유하셨다.

그 이후 주말을 이용하여 칭다오 공장을 다녀왔는데, 당시 수행했던 T실업의 C부장(삼성자동차 출신)이 P회장님의 스타일, 내부 분위기 등에 대해 여러가지 많은 얘기를 해 주었다. 그 후 태평로 삼성생명빌딩의 C회장을 방문했는데, 필자의 인적 사항은 이미 파악을 마쳤다면서 필자 개인에 대한 질문은 없었고 2시간 가까이 S돌박물관에 관한 말씀을 듣는 것으로 면담을 마쳤다. 「한국의 신발(T실업에서 출간)」 및 「S돌박물관」에 관한 두꺼운 책(화보)을 4권이나 받아왔었다.

나중에 알고 보니, 이건희회장이 레슬링협회장 시절 C회장이 부회장을 역임했었고, '01년 당시에는 C회장이 레슬링협회장, T실업의 P회장께서 부회장이었고, 이건희회장-C회장-P회장이 동향으로 서로 호형호제하는 사이라는 것을 알게 되었다. 나이키 OEM업체라고 해서 삼성과 전혀 무관한 회사라 관심을 가졌는데 알고 보니 총수들끼리 친밀한 관계라는 점이 아이러니 한 것 같았다.

좋은 조건을 제안해도 된다는 자문교수님의 말씀이 있었지만, 삼성과 전혀 무관하지도 않고 필자 스타일과 잘 맞지 않을 것 같아서 T실업으로의 이직을 포기했다. 한편, '한국에서 삼성과 무관하게 살기가 어려운 것인가?' 라는 생각을 했던 것 같다.

일본 합작회사 전문경영인으로

2000년 컬러필터 #4라인 증설 완료 시점에, 컬러필터사업부장으로부터 세정기 셋업 지연에 대한 강한 컴플레인을 받고, K사 대표이사를 불러 초면임에도, 「1주일 내 문제 해결이 안될 경우 셋업 지연으로 인한 라인 비가동 손실 전부를 변상하도록 청구하겠다」고 압박했고, K사는 요구 일정 내에 문제 해결을 했던 일이 있었다.

문제 해결 후 한참이 지난 시점에 K사 대표는, '오랫동안 사업을 해 오면서 필자 같은 스타일이 처음이라 당혹스러우면서도 매우 인상적이었다'는 얘기를 했다. 그런 인연으로 설비 국산화 관련해서, K사를 몇 차례 방문하는 등 교류가 있었고, K사 대표로부터 농반진반의 「기회가 되면 같이 일하고 싶다」는 얘기를 몇 번 듣기도 했었다.

삼성SDI를 퇴직한 '02년 1월 중순, K사 대표를 만나게 되어 「예전의 제안이 여전히 유효한지?」를 타진했더니 신년 인사가 끝난 상태라 '당장은 일본 합작회사 사장 자리가 하나 있기는 한데 회사가 너무 작아서 말 꺼내기가 조심스럽다'고 하길래, 필자도 중소기업이 처음인데 잘 할 것이라는 보장도 없고, 오너로서는 필자에 대한 검증도 필요할 것이므로 작은 회사에서 시작해도 무방하다고 해서 3월초부터 합류하는 것으로 협의가 되었다.

당시 K사는 일본과의 2개의 합작회사 등 총 4개의 자회사가 있었고, 필자는 그 중에서 반도체 라인의 가스처리장치를 제조하는 일본합작회사를 맡게 되었다.

23여 년 대기업에서만 일 하다가 중소기업으로, 40대 후반의 젊은 나이에 사장으로, 그 것도 생소한 반도체 분야로 자리를 옮기면서 또 한 번 새로운 큰 변화를 맞게 되었다.

조직 정비와 성장의 기틀 마련이 필요

필자가 근무키로 한 회사는, K사가 오퍼 세일을 해 오던 제품(일본 미쓰비시가스화학의 자회사인 J사)을 국내 생산하기 위해, 일본과 K사가 50:50으로 '95년 7월에 설립한 업력 7년차 합작회사. 설립 2년차에 매출 80억원 정도를 기록한 적도 있으나 그 이후에는 계속 하향세. 필자 부임 직전년도인 '01년에는 28억 매출에 약 4억원의 적자를 기록하고 있었다.

한 달가량 가족들과 유럽 여행을 마치고 '02년 3월 4일부터 출근. 언행에서 삼성 색깔를 하루빨리 지우고 중소기업에 맞추는 것이 급선무라는 생각으로 임했던 것 같다.

첫 출근을 해서 관리팀장, 영업팀장 및 개발팀장을 면담, 상황 점검을 해 보니 '02년도 경영목표(매출 60억, 영업이익 7억)는 달성 불가, 2~3년 후도 앞이 보이지 않는 상황. 어떻게 이 난관을 타개해 나가야 할지 막막한 지경이었다.

그동안 계열사 사장이 동 회사의 대표이사를 겸직하는 등 내부 관리가 다소 소홀했던 측면도 있고 조직 기강도 흐트러져 있었다. 부임 당시 직원이 28명이었는데, 며칠간 지켜보니 매일 7~8명이 지각을 하고 있어도 이를 아무렇지도 않게 여기는 분위기였다.

필자는 서울에서 안성으로 출퇴근. 시업 1시간 전에 출근해서 부임 1주일 후부터는 시업 30분 전에 현장과 사무실을 한 바퀴 도는 걸 한 달간 지속했더니 지각자가 없어졌던 것 같다.

몇 명 안되지만, 조직 전체의 팀웍 강화를 위해 매월 마지막 토요일 오후에 전 사원을 2개팀으로 구성하여 축구시합을 하고 전체 회식을 했는데, 직원들간의 소통 강화는 물론 조직 분위기 활성화에 많은 도움이 되었던 것 같다.

또한, 직원들의 참여 의식 고취 목적으로 매월 초에 전 사원 대상 「경영설명회」를 개최. 대표이사가 직접 전월 경영실적(수주, 매출, 영업이익) 보고, 당월 현안/중점추진과제 등을 설명하였는데, 직원들로서는 생소하기도 하고 처음에는 잘 이해도 못하는 것 같았으나, 회수가 거듭될수록 관심도 높아지고 회사 경영 상황에 대한 이해를 바탕으로 적극적으로 참여를 유도하는 데 효과가 있었다.

새로운 체제에 적응하지 못하는 직원들의 퇴사, 신규 채용 등으로 1년이 안되어 팀장급 포함 전체 인력의 1/3 정도가 교체되었고, '한 번 해 보자'는 분위기로 전환되고 있었다.

5개년계획 수립

기존 사업만으로는 앞이 안 보이는 막막한 상황. 처음 중소기업에 입문한 필자로서는 나름대로 「성공스토리」를 만들어 보겠다는 각오로 임했고, 전체 조직을 한 방향으로 이끄는 방향 제시는 물론 한일 두 모회사에 대한 약속으로 필자 스스로를 옥죄는 결과가 되겠지만, 입사 6개월 정도가 경과된 '02년 8월에 5개년계획을, 「회사재건계획」이라는 이름으로 수립하였다.

반도체가 메인이었지만, 반도체 1개 라인 투자가 되더라도 경쟁이 심하여 당시 취급 품목만으로는 수주 규모가 크지 않은 실정이었다. 부임 1주일 만에 타결한 일본측 모회사에 공급하는 부품 OEM 사업을 시작했고, 당시 소비자용 "산소발생기" 붐이 일고 있어서 산소발생기 사업을 하던 소규모 기업을 인수·합병하여 산소발생기를 신사업으로 추가하는 등의 노력을 했으나, 성장을 담보할 수 있는 추가 신사업에한 구체적인 대안은 없는 상태였다.

5개년계획 (매출/손익)

구분 (억원)	2002	2003	2004	2005	2006	2007
기존제품군	48	56	63	69	77	87
모회사OEM	15	54	92	153	194	200

신사업 A(산소)	6	22	43	57	80	110
신사업 B(??)	-	-	20	30	50	80
매출 합계	60	102	167	228	301	376
경상이익計	6	7	16	23	47	69.2

한일 두 모회사에 5개년계획을 보고, 승인을 득한 다음 경영설명
회에서 전 임직원 대상으로 5개년계획을 발표하고 회사의 성장, 발전
을 위해 동참해 줄 것을 호소하였다. 경영설명회에서 필자가 발표를
하면서 보니, '02년 매출목표 60억 달성은 불가능하다는 점은 이미
밝혔는데, 이듬 해('03년) 매출 100억 돌파 목표에 대해서는 직원들
이 영 믿음이 가지 않는다는 표정이 역력함을 느낄 수 있었다.

5개년계획 발표 후 직원들의 반응을 모니터링해 보았더니, 「대표
가 삼성 출신이라 그런지 계획은 그럴싸해 보이는데 우리 회사가 8년
역사에 한 번도 매출 100억을 달성해 본 적이 없는데, 내년에 100억
돌파가 가능하겠는가?」는 식의 회의적인 반응이 주류를 이루었다.

회사의 재건계획으로서, 의욕적으로 5개년계획을 수립, 발표를
했지만 제대로 된 신사업 발굴없이 성장하는 것은 기대하기 어려운
상황이라 여러가지 가능성 검토와 고심하는 시간이 계속되었다.

그런 와중에 여전히 일본에 의존하고 있던 삼성의 반도체/디스플
레이 가스 라인의 「배관자재 공급과 수퍼바이징」의 국산화에 착안하
여, 우리회사가 창구가 되어 다수의 수입 배관자재를 국산으로 대체
공급(일부 수입 포함)하고 일본 모회사 기술자로 하여금 수퍼바이징

(배관 시공 후 검증 작업)을 하는 대안을, 원가절감 테마로 고객사에 제안하면서 수주 활동을 벌였다.

6개월 정도의 준비와 협의 과정을 거쳐 '03년 3월경 1차분 43억 원('02년 당사 매출과 유사 수준)을 수주하는 큰 성과를 거두었는데, 4월 경영설명회에서 신규로 수퍼바이징 안건의 43억원 수주 성과를 발표하니까, 5개년계획 발표 당시에 회의적인 반응을 보였던 임직원 들이 「'03년 매출 100억 돌파가 가능할 것 같다」는 식으로 분위기가 반전되는 것 같았다.

'03년에 매출 106억, (누적된 부실 정리 후) 경상이익 5억원을 달성하면서, 매출 100억 돌파와 함께 성장의 기반을 다진 한 해가 되 었다. 회사의 성장 발판을 구축한다는 측면에서 매출 100억 돌파는 큰 의미 부여를 하고 싶다. (기업의 매출 100억 돌파 의미는 뒤에서 별도로 개진)

5개년계획은 매년 6~7월경 Rolling plan으로 (나중에는 3개년 계획) 수립·운영했고. 단순히 계수만 나열하는 목표가 아닌 구체적인 달성 수단(전략·전술)을 포함하는 것이었다.

3社 합작으로 바꾸면서 IR-Oven을 신사업으로 추가

'03년말경 삼성중공업(기계사업본부) 출신의 대학 동기를 만난 자리에서, 중공업 시절 보일러 관련 협력을 했던 일본의 "S철공(鐵工)"에서 디스플레이용 IR-Oven을 신규 개발하여 프로모션 중인데, 독자적으로 한국 시장 진출이 어려워 한국의 협력선을 찾고 있다는 얘기를 듣고, 당사는 디스플레이 분야의 수주가 많지 않았고, 필자도 신사업을 찾고 있던 와중이라 동기생에게 소개를 부탁하였다.

　'04년초부터 상호 교환 방문을 해 가면서 논의한 끝에 '04년 5월 "대리점계약"을 체결하고, IR-Oven의 국내 영업을 시작하게 된다. '04년 하반기에는 수주 직전까지 갔었는데, 외국산이라는 이유로 실주를 하고 말았다.

　결국 국내 제조가 필요하다는 점에 양사가 인식을 같이 하여, "S鐵工"과 IR-Oven의 국내 제조 방안에 대한 협의 결과, "S鐵工"이 제3의 주주로 당사에 지분 참여를 하는 조건으로, 기존 2사 합작에서 3사 합작으로 전환하는 것에 대해 3사의 합의를 도출했다. : 기존 50:50의 2社 JV→3社 JV, 기존 주주가 각각 42.5%, 신규 "S鐵工"이 15%의 지분을 참여하는 형식.

　필자가 3社間 합작계약서 초안을 작성, 사소한 부분까지 3社 합의를 득해야 하는 조정·합의 과정을 거치다 보니, 최종 계약체결('05년 9월)까지 6개월 정도가 소요되었던 것 같다.

　3사 합작을 전제로 고객이 요구하는 "국내 제조 및 국내 브랜드"

로 영업이 가능하게 되었고, 합작계약서 문안 조정 작업과 병행해서 S디스플레이로부터 IR-Oven의 초도 수주를 하게 되어, 필자로서는 새로운 신사업의 축을 하나 만들 수 있게 되었다.

부임 초기 수립했던 5개년계획을 달성

'06년초 퇴직 때까지 만 4년을 근무. 결과론이지만 필자의 부임 전년도('01년) 대비 만 4년 만에 10배 정도의 성장을 이루었고, '02년 8월에 수립했던 5개년계획 상의 년도별 목표를 달성할 수 있었다.

재직 4년간의 경영실적

구분 (억원)		2001	2002	2003	2004	2005
'02. 8월 수립, 5개년계획	매출	–	60	102	167	228
	경상이익	–	7	8	17	24
경영실적	매출	28	42	106	232	280
	경상이익	▲4	2	5	20	24

재직 중에 예상치 못했던 「국산 배관자재 공급 및 수퍼바이징」 프로젝트를 성공적으로 수주한 것이나, 우연찮게 진행된 「IR-Oven」 사업의 추가 등으로 '02년 8월에 수립했던 당초 5개년계획과 매출 구성(product mix)은 차이가 있지만, 연도별로 매출 및 이익 목표는 달성을 한 셈이다.

사업을 하면서 우연치 않게 기회가 찾아올 수 있다는 얘기를 종종하는 배경의 일부이기도 하다.

경영컨설턴트가 전하는 **기업의 변신**

물론 매년 5개년(또는 3개년)계획을 Rolling plan으로 수립, 운영해 오면서, 상황 변화에 적절히 대처한 결과라 할 수도 있겠지만, 반도체, 디스플레이 투자가 지속되는 등 운도 따랐던 것 같다.

만 4년 근무로 끝났지만, 부임 초기에는 제2의 인생을 여기서 마무리하겠다는 각오로 임했고, 그러다 보니 그동안 필자가 읽고 소장했던 도서 몇 백권 전량을 회사로 옮겨 놓기도 하였다.

2. 일본합작회사 시절의 에피소드

모회사의 절대적인 신뢰와 지원

한일 두 모회사는 합작회사 설립 전부터 오퍼 세일 비즈니스를 해 오면서부터 상호 두터운 신뢰관계가 형성되어 있었고, 당사에 일본인 부사장이 상근하고 있었지만, 합작회사의 경영은 전적으로 한국측에 일임하는 형식이라 두 모회사 간의 갈등이나 문제가 전혀 없었기 때문에 필자로서도 특별히 신경 쓸 일이 없어서 다행스러웠다.

이런 신뢰 관계 덕분에, 필자가 부임 초기에 제안한 한국제 부품의 OEM 공급 건도 일본측에서 쉽게 수용해 주었고, 필자가 구상하는 신사업 전개나 IR-Oven 사업의 추가, 3사 합작으로의 전환에 대해서도 큰 반대없이 진행할 수 있었던 것 같다.

경영을 주도하던 한국측 모회사의 오너도 전적으로 믿고 맡기는 스타일이어서 사전 승인은 받지만 대부분 필자의 소신대로 추진할 수 있었던 점도 다행이라 여기고 지금도 감사하는 마음이다.

일본 모회사에 혁신을 제언하다

'02년 3월 부임 인사차 일본 모회사를 방문해서 보니 경영진들은 대부분 모회사인 미쓰비시가스화학의 출향자 중심이었다. 첫 방문시 저녁식사 자리에서 당시 No.2인 전무와 의형제를 맺었는데, 1년쯤 지나 그 분이 사장으로 승진하게 되어 필자가 재직 기간 중에 더욱 좋은 관계를 유지할 수 있었던 것 같다.

경영실적 보고 등을 위해 필자가 매월 1~2회 일본을 방문하면서, 기존제품만으로는 모회사는 물론 당사도 성장의 한계에 봉착한 상황이므로, 일부 부품을 한국에서 OEM으로 조달해 가라는 부탁과 신제품의 추가 개발 및 한국 고객들의 단(短)납기 요구에 부응하기 위한 기존 제품의 납기 단축 요구 등을 지속적으로 했었다.

특히, 가스정제장치(gas purifier)의 경우, 제대로 대응만 할 수 있다면 한국 시장에서 거의 독점을 할 수 있는 상황이므로 설계 표준화 및 제작 납기 단축을 위해 한국에서의 제조를 요청했다. 한국에서의 제조는 모회사도 매출 확보가 필요하다는 이유로 쉽게 수용되지는 않았다.

가스정제장치는 사양이 조금만 바뀌어도 거의 신규 설계를 하는 방식이라, 설계 기간 단축을 위한 방안으로서 「설계 표준화, 설비의 Unit화」의 필요성을 강조하기 위해, 60여명의 일본 모회사 설계자 전부를 모아 놓고, 필자가 경험했던 설계 표준화 사례 중심으로 2~3시간 강의와 질의응답 시간을 가졌던 적도 있다.

현장 「5S 관리」를 우리는 일본에서 배워서 실행하고 있는데, 일본 모회사의 현장 관리 상태가 너무 불량하다고 지적을 했더니, 일본 모회사 사장이 안전관리부장을 불러 필자의 지도를 받아 현장 개선 사례를 매월 필자에게 보고하도록 지시하여 1년 가까이 현장 개선 사례를 메일로 보고 받고 피드백 해 주거나, 일본 출장 때마다 현장 투어를 하면서 같이 점검했던 기억도 오래 남는 부분이다.

재직 3년차이던 '04년 봄에는 그동안 일본 모회사를 오가며 지켜보고 느꼈던 점을 중심으로, 현상의 문제점으로서 ①출향자(出向者) 중심의 경영층의 과제, ②느슨한 조직 분위기, ③중장기비전과 목표 부재, ④대표이사의 강력한 리더십 부재, ⑤사장을 보좌하는 스탭(staff) 기능의 미흡 등을 제기하면서,

전 부문(영업, 개발/설계, 생산관리/자재관리, 생산, 회계/경리)에 대한 세부적인 현상 분석과 금후 대책으로 ①현상분석과 follow, ②강력한 관련부서간의 CFT(cross functional TFT) 활동 전개, ③ 혁신을 위한 지원 요청 사항에 대해 모회사(미쓰비시가스화학)와의 담판, ④위기 경영의 선언, ⑤과감한 인재 등용과 부진 간부의 퇴출 등의 내용으로,

20여 페이지 분량의 제안서를 제출하고 혁신에 드라이브를 걸어줄 것을 건의하기도 했으나, 「제안 내용이 훌륭하다」는 립 서비스는 있었지만 그 이후 그다지 변화 노력은 없었던 것 같다.

지금 생각해 보면 젊은 혈기로, 자회사 사장이 모회사에 대놓고 혁신을 요구하는 참으로 오지랍이 넓었던 것 같다. 문제가 눈에 보이는 안타까운 실태를 보고, 무례하게 그런 제안과 건의를 했음에도 그 이후에도 변화의 몸부림이 전무한 상태를 유지하다가 2010년경에 타사에 매각되었다는 얘기를 전해 들은 바 있다.

일본의 출향 제도는 오랜 역사를 갖고 있는데, 대기업의 인력 구조조정을 위해서는 유용한 수단일 수도 있으나, 출향자를 받는 회사로서는 그다지 유용하지 못한 것 같다. 정년 퇴직을 앞둔 인사 중에서 대기업에서 자리를 주기 애매한 경우, 자회사 등에 출향을 보내는데, 통상은 자회사에서 3~4년 근무를 하다가 정년 퇴직을 하다 보니, 출향자가 자회사 사장이나 중역을 맡더라도 새로운 일을 벌리려고 하지

않고, 정년 퇴직할 때까지 대과없이 자리만 지키겠다는 경향이 강한 것이 보편적이라, 출향자에게 새로운 변화나 혁신을 기대하기는 어려운 것 같았다.

또한, 한국과는 달리 일본의 대기업들은 통상적으로 자회사 관리를 타이트하게 하지 않는 것 같았다. 자회사의 경영 실적 평가도 제대로 하지 않는지? 사업의 장래성이나 유망성 등에는 무관심한 것 같았고, 당기 이익만 나면 OK라는 얘기도 들은 바 있다.

필자가 재직 중인 회사가 '03년부터 이익이 제대로 나면서 두 모회사에 배당을 했는데, 일본측 모회사는 적자 경영이었으나 당사의 배당을 받아 이익으로 기표 되어 큰 무리없이 지나갔다는 얘기도 들었다.

코스닥 상장을 반대하여, 일본 모회사의 모회사(미쓰비시가스화학) 회장을 설득하다

필자가 재직 중인 회사가 '03년에 매출 100억 돌파를 하면서 성장 드라이브를 걸면서 2~3년 후 기업공개(IPO)를 하겠다고 했더니 일본 모회사는 과거 그룹 계열사 중에 IPO 후 문제 발생으로 모회사(미쓰비시가스화학)에 큰 부담을 준 적이 있다면서 IPO는 무조건 반대하는 분위기였다.

출향자 중심의 일본측 모회사 경영진에게 아무리 설득을 해도 소용이 없겠다고 판단되어, 일본 모회사의 모회사인 미쓰비시가스화학 회장께 상황 설명을 하고 IPO에 대한 양해를 구하기로 했다. '03년 여름 한국측 모회사의 오너를 모시고 미쓰비시가스화학 회장을 방문하여, 필자 부임 후의 경영 실적과 향후 5개년계획 등을 프리젠테이션 하고 IPO에 대해 일본측 모회사는 전적으로 반대하고 있는데, 회장님께서 일본측 모회사를 설득해 주십사는 건의를 드렸다.

미쓰비시가스화학 회장께서는 필자의 프리젠테이션을 들어 보니 「한국JV의 IPO를 반대할 이유가 없다」면서 우리 손을 들어주었고, 아울러 일본측 모회사 사장에게 「우리는 왜? 한국JV와 같은 중장기 전략 목표나 방향을 제시하지 못하느냐?」는 질책도 있었다.

이를 계기로 미쓰비시가스화학 회장께서 '04년 3월 당사를 처음으로 방문도 하였고, '05년 4월 제주도에서 있었던 설립 10주년 행사(이사회 멤버들의 부부동반)에도 참석하는 등 한국JV에 힘을 실어주는 우군이 되기도 하였다.

회사의 성장 발판을 마련하고 획기적인 성과를 내면서, 2~3년 내에 IPO를 목표로 매진 중이었으나, '06년초 예기치 못한 사고 발생으로 도의적 책임을 지고 입사 만 4년만에 회사를 떠나게 되었다. 퇴사 소식이 알려지자 일본의 두 모회사 대표들이 방한하여 퇴사를 만류하기도 했다.

오너가 모두 맡기고 전폭적인 신뢰와 지지를 해 준 덕분에 첫 중소기업에서 소신껏 일을 해 볼 수 있었던 점은 지금도 깊이 감사드리며, 아울러 사람을 쉽게 믿는 필자의 성향과 첫 중소기업에서 단기간에 성공스토리를 만들어 보겠다는 조급함 등은 여전히 되돌아보게 하는 대목이다.

3. 계열사 사장을 겸직

일본 합작회사 사장을 맡은 지 1년이 다 되어 가던 '02년말경, 설비배관시공 계열사 사장을 겸직해 주면 좋겠다는 오너의 요청으로 합작회사와 함께 2개 회사 사장을 겸직을 하게 되었다.

동사는 (설비배관 업무를 K社에서 분리할 것을 권유하는 S고객사 요청에 따라) K사의 엔지니어링 사업부문을 분리 독립하여 2000년 3월 설립한 회사. '02년 매출 58억 수준으로 업계에서 아직은 제대로 자리를 잡지 못하고 있는 실정이었다.

배관시공 업무 또한 생소한 분야이고, 업종 분류로 보자면 건설업의 일종인데, 일정한 규모가 되지 않으면 제대로 공사 입찰에 응찰도 할 수 없는 형편이었다.

건설 분야는 삼성SDI에서 PDP건설팀장을 해 본 것이 유일한 경험. 건설팀장 시절에야 현장 업무는 실무진들이 대부분 핸들링했기에 필자의 직접적인 경험은 매우 미미한 수준에 불과했지만, 그나마 겸직 회사의 초기 적응에는 상당한 도움이 되었던 것 같다.

S고객이 법인을 분리하면 발주를 많이 주겠다(?)는 약속도 지켜지지 않았고, 업력 4년차의 신생회사라 업계에 잘 알려져 있지도 않다 보니 중대형 안건에는 거의 접근도 못하는 상황이었다. '02년 매출 58억원을, 수주 규모별로 분류해 보니 1억 이하 안건이 70~80%를 점유하고 있었기에, 결국은 수주안건 별 규모를 키우는 것이 1차적인 과제라고 판단했다.

사장 겸직 수용을 하고 나서, 배관시공회사의 임직원들 얘기를 들어 보니, 일단은 회사의 외형이 커지지 않으면 시장에서 제대로 활동을 할 수 없는 것이 이 업계의 생태라고 판단되어, 우선은 이익보다는 회사의 외형을 키우는 데 초점을 맞추기로 하였다.

당초 메인으로 고려했던 반도체 라인의 혹업 공사 등의 수주 활동은 계속하면서 한편으로는, 대학과 국책 연구소의 R&D 라인이나 제약공장의 신증설 공사는 물론 일반 건설회사의 재하청 수주 활동 등에 직접 뛰어들 수밖에 없었다. 제약회사 수주 활동을 하다 보니 제약공장 생산 라인 인증 제도인 「GMP」도 공부를 하게 되었던 것 같다.

경영컨설턴트가 전하는 **기업의 변신**

기억에 남는 프로젝트들

지금은 시총 40조가 넘는 한국의 대표적인 바이오 기업으로 자리매김한 셀트리온의 경우 필자가 설비배관시공회사 사장을 겸직했을 즈음에 1기 라인 투자를 막 시작하던 단계였다. 1여 년의 사전 수주 활동을 벌인 결과, (최종적으로는 셀트리온 오너가 지정하는 중견 건설회사를 경유하여 수주를 하게 되었지만) 당시 1기 라인 배관공사 규모는 40여억원 수준으로 우리회사로서는 단일 안건으로는 최대 규모였다.

당시 셀트리온은 고객이 정해지지 않은 상태에서 자체 설계(안)으로 1기 투자를 하였으나, 공사가 막바지에 이른 시점에 고객이 정해져 많은 부분을 설계 변경하여 재시공하게 된 부분도 있었다. 중간에 끼어 있는 중견 건설회사가 제대로 대응을 해 주지 않아 최종 정산 과정에서 장시간이 소요되어 애를 먹기도 했었다.

중소 제약 공장의 배관 라인 수주를 할 때, 고객이 건축공사까지 포함해서 해 달라고 해서 배관공사 업체가 건축회사를 하청으로 거느리면서 시공하는 수주를 했던 적도 있는데, 엄격히 말하자면 법적으로는 불가능한 일이었는데, 단기적으로 회사의 외형을 키운다는 생각에서 수주, 시공을 했던 기억도 새롭다.

서울에 있는 모 대학의 R&D fab 공사를 수주한 원청인 대기업 L

건설로부터 일부 설비와 배관공사를 하청 받고, 시공 과정에 공사 현장을 방문했을 때, 현장소장과 감리 책임자와 함께 점심 식사 중에 낮술을 하면서, 건설 현장의 노골적인 밑바닥 행태를 접했던 기억하고 싶지 않은 경험도 있다.

또한, 설비 배관 만으로는 성장의 한계가 있다고 판단하여, '05년 크린 룸 시공을 신사업으로 추가하여, 사업 품목 포트폴리오 다각화를 꾀했다.

만 3년간 6배 이상의 외형 신장 성과를 달성

'03년~'05년 3년 가까이 겸직을 하는 동안, '05년에는 '02년 대비 6배 이상의 매출 성장을 하여, 업계에 제대로 이름을 알릴 수 있을 정도의 입지를 다졌다고 생각한다.

3개년 경영실적

구분 (억원)	2002	2003	2004	2005	'02년 대비
매출	58	120	380	380	6.5배 ↑
경상이익	1.3	0.4	8	32	24.6배 ↑

겸직 초기에는 고객을 만나면, 회사의 탄생 배경부터 구구절절이 소개를 해도 제대로 귀 기울여주지 않았는데, 300억대 매출 규모로 성장한 시점에는, 회사 이름이 시장에 상당히 알려져 있어서 처음 만나는 고객에게도 특별히 회사 소개가 필요 없을 정도가 되었던 것

같다.

　대형건설회사의 도급 순위처럼, 단종 업체들도 회사 규모에 따라 고객의 대응 태세가 달라지는 점을 새삼 느낄 수 있었고, 건설업의 밑바닥 생태계를 체감하면서 無경험자는 접근하기가 쉽지 않은 풍토라는 점도 재인식할 수 있었다.

　새로운 분야에의 호기심과 도전하는 자세로 겁없이 겸직을 수용했던 것 같고, 통상의 중소기업들과는 달리 오너의 배려 덕분이겠지만, 겸직한 2개 회사로부터 각각 대표이사 급여를 받게 되어 경제적으로도 도움이 되었던 것 같아, 항상 감사하는 마음이다.

4. 두 번째, 또 다른 중소기업으로…

자동차로 전국 일주 여행

　초등학교 5학년인 늦둥이 딸이 자원해서 '05년 9월부터 1년 예정으로 캐나다 밴쿠버에서 어학 연수 중이었는데, 일본합작회사를 퇴직했을 때가 마침 딸의 봄 방학 시기라 아내와 함께 밴쿠버에 가서 한 달 가까이 시간을 보내다가 3월말에 귀국을 하였다.

아들은 군대에 가 있고 필자는 백수로 집에서 놀고 있어 아내와 둘이서만 지내던 처지에다, 장모님 상을 막 치르고 힘들어 하는 아내도 위로할 겸 아무런 계획도 없이 정처없이 자동차로 전국 일주 여행을 떠나게 되었다.

강원도 고성의 통일전망대를 시작점으로 해서 해안과 내륙을 오가며 답사를 하듯이 구석구석을 둘러보고, 유명한 온천은 물론 맛집 투어를 겸하였는데 특별한 일정 계획이 없는지라 가다가 마음에 드는 곳이 있으면 머무는 식의 그야말로 자유여행이었다.

동해안을 따라 내려왔다가 남해안을 거쳐 서해안으로 올라오는 여정이었는데, 남해안과 서해안의 경우 육지에서 다리로 연결된 모든 섬들을 다 들리기도 했다.

총 45일간의 여정이었는데, 예전에 가 봤던 곳도 있었지만 우리나라가 이렇게 아름다운 풍광을 지니고 있는지에 대해 다시 한 번 느끼게 되었던 것 같다. 며칠씩 가는 국내 여행은 많이 다녀 봤지만 백수가 되니 이런 장기간 여행을 하는 호사를 누릴 수 있구나~ 라는 위안을 하면서 즐겼던 것 같다.

사회 생활을 하면서 백수가 아니면 이렇게 장기간 여행은 쉽지 않은 일이라 지금까지도 오랫동안 기억에 남는 일 중의 하나가 되었다.

국내 자동화 설비회사에서 새롭게 시작

삼성SDI 시절 문제가 있던 배터리 설비의 개조 및 신작 개발을 의뢰하여 문제 해결을 했던 인연이 있던 이 설비회사에 대해 기술력이 좋은 회사라는 이미지를 갖고 있었고, 일본합작회사 시절에는 이 설비회사 오너와 인연이 있던 S전자 출신 대학 동기와 함께 가끔씩 골프 회동을 하곤 했는데, 오너가 필자에게 「삼성 퇴직할 때 미리 알았다면 모셔왔을 것인데 기회를 놓쳤다」면서 「앞으로 기회가 되면 함께 일하자」는 얘기를 계속 했었다.

일본합작회사 퇴직 직후 만났을 때, 「앞으로 사업을 대폭 키워 나갈 계획이다. 삼성의 윤종용 부회장 같은 역할을 기대한다. 65세까지는 열심히 현역으로 일하고 그 이후에는 고문을 하면서 같이 골프나 치고 즐기자. 현재 설비회사에 10여 년 정도 계속 고문으로 일하는 분도 있다. 그 분도 65세까지는 보장한다」고 했다.

설비회사 사장실에 "창업이수성난(創業易守城難)"이라는 액자가 있는데 절에 있을 때 스님이 써 준 글이다. 이는 사업만이 아니라 개인적 인간관계에도 적용된다면서, 「인연을 중시하기에 쉽게 사귀지는 않지만 한 번 관계를 맺으면 끝까지 유지하려는 게 본인의 인생관이다.」는 등등의 얘기를 하면서 합류를 제안하기에, 삼성 퇴직 후 몇 년간 교류를 해 오면서 지켜봐 왔던 터라 별다른 고려없이 '06년 6월부터 합류를 하게 되었다.

필자가 입사할 당시에는 K전기에 CCFL 설비를 독점 공급을 하면서 300억~400억대의 매출에 이익율도 좋은 편이었다.

설비회사에 부임하면서, 영업 위주가 아닌 기술력을 바탕으로 성장해 왔으나, 주력 제품이 없는 상황인데, 필자는 "회사의 대폭적인 성장·발전에 기여하는 것"을 미션으로 생각하고 있다.

회사 운영의 큰 틀로서는, 기존의 경영체제는 큰 변화없이 유지해 가겠다, 회사는 지속적으로 성장·발전해 가야 한다, 중견기업에 걸 맞는 시스템 갖추기에 진력해야 하겠다, 우리만의 전문화, 차별화가 필요하다, 철저한 계획과 목표관리를 중시하고자 한다, 회사의 성장이 곧 자신의 성장·발전에 직결된다는 인식이 필요하다, 보고의 중요성을 강조 드린다. 는 요지의 취임의 변을 직원들에게 전했다.

부임해 보니, 소규모 기업에서 출발하여 외형은 상당히 성장했는데, 오너 중심의 의사결정체제 등 덩치가 커진 만큼 내부 관리체계의 정비가 필요해 보이고, 설계보다 생산부가 강한 특성도 있고, 영업~설계~구매~생산 부서간의 소통 부족으로 인한 혼선과 갈등도 많아 보였다.

부임 초기에 필자가 임직원 면담을 통하여 파악한 내용을 중심으로 전체 프로세스별로 현상과 문제점을 정리해서, 팀장급 이상 간부 중심으로 10여명이 1박 2일간 토론회를 가졌다. 필자가 준비하여 미리 배포한 6개의 아젠다는, ①고객감동의 조직문화 구축, ②영업 중시 풍토 조성, ③생존을 위한 원가혁신, ④외주 인프라 구축과 외주관리시스템 정비, ⑤업무 프로세스 정비 ⑥상생과 상호존중의 문화 구축 등으로 현상의 문제점과 토론 소제목을 정리했다.

아젠다의 매 소제목 별로 결론이 날 때까지 난상토론을 하다 보니 날을 새다시피 했고, 각 부서 내지는 참석자 각자가 생각하는 바를 발표하고 토론하는 과정을 거쳐 약 50여개 항목의 개선 과제를 도출하고 구체적인 실행계획을 수립해서 개선해 나가자는 결의를 다졌고, 주간 단위로 진척 상황 관리를 지속했다.

토론회에서 각자가 평소에 못했던 얘기들을 허심탄회하게 털어놓을 수 있어서 그랬는지, 부서간 소통의 문제 내지는 문제 발생시 해결을 위해 접근하는 방식 등에서 상당한 인식과 행동의 변화를 가져왔다고 기억된다.

임직원 단합을 위한 광교산 단합등반행사를 가졌는데, 20여 년의 역사를 가진 회사인데 전 사원이 참여하는 이런 행사가 처음이라면서 반기기도 하고, 내심 새로운 변화에 기대감을 갖는 직원들을 보면서 필자 또한 좋은 회사를 만드는데 일조를 하겠다는 결의를 다지기도 했었다.

원가관리 및 결산 체계 정립을 위해 저비용으로 「진행율 결산 ERP」를 도입하였고, 구조물과 가공품의 경우 도면이 BOM을 대체하고 있었는데, 설비 전체에 대한 BOM 체계 및 공수 관리 체제 정립 등을 실시하여 매월 초순까지 전월 손익 실적을 분석할 수 있도록 했는데, ERP를 운영하면서 영업과 관리부서로부터 많은 도움이 된다는 얘기를 듣기도 했다.

'07년 2월에는 회사의 발전방향 정립을 위한 중기계획 수립을 제안하였으나, 오너를 비롯해 대부분 관심을 보이지 않아 추진을 중단했었다.

당시에 매출 비중이 높던 CCFL 설비 시장이 축소되는 분위기인지라, 신규 품목 확보를 위해 삼성전기의 MLCC 설비와 삼성SDI의 배터리 설비 개발에 힘을 쏟았고, 삼성SDI로부터 소형 각형 Winder의 업체 2원화 방침에 따라 개발비를 거의 부담하는 수준의 저가로 Winder 개발 건을 수주하여 개발에 성공하였고, 필자가 자리를 옮긴 이후 5~6대의 양산 수주를 했다고 들었다.

필자가 퇴직 후 들어 보니, 설비회사는 그 자체의 성장, 발전 보다는 부품 제조를 하는 계열사를 지원하는 역할을 우선시하는 쪽으로 방침 변경을 하면서 개발 완료 및 양산 납품을 했던 소형 각형 Winder도 결국에는 중단하고 말았다고 한다. 코엠이 독점하던 Winder 시장에 진입할 수 있는 기회였는데 사업 철수를 했다고 들었다.

또한 설비회사에 대한 그런 방침 때문인지, 그동안 독점 공급자 지위였던 OLED향 Mask Tensioner도 사업 철수를 했고, 당시 Mask Tensioner의 제어부문 협력사였던 H사가 이 사업을 승계해 가서 나중에 IPO에 성공하는 등의 성과를 낸 것을 보면서 필자가 떠난 후의 일이긴 해도, 오너로서는 선택의 문제였겠지만 여러가지 측면에서 아쉽게 여겨지는 대목이었다.

1년 반 정도의 기간 동안 내부 관리체제 정비와 신규 품목 발굴 노력 등으로 일정 부분 변화를 시도, 조금씩 틀을 잡아가는 와중에 오너의 제안으로, 설비회사에서 제대로 결실을 맺지 못한 것 같은 미련을 안고, 계열사인 부품회사로 자리를 옮기게 되었다.

계열사 부품회사로 이동

모(母)회사인 설비회사는 전자 부품용 커넥터를 제조하는 중소기업을 인수하여, 오너의 자동화 기술을 접목한 자동화 라인(별도의 도금 공장 포함) 구축으로 품질, 가격 경쟁력을 확보하여 매출 700~800억대 가까이로 대폭 성장시키다 보니, 오너로서는 설비사업보다는 부품 사업을 중심으로 사업을 확대해 나가겠다는 방침을 정했던 것 같다.

설비회사 입사 1년이 되어 갈 즈음 계열사인 부품회사에서, 터치스크린패널(TSP)을 신사업으로 추가하여 신공장 건설 및 양산 라인 투자를 했는데, TSP 라인에도 자동화 컨셉트 적용과 함께 (경쟁사는 크린룸 환경인데 반해) 특이하게 크린룸이 아닌 환경에서 양산 라인을 구축했었다.

'07년 여름부터는 TSP의 해외영업 지원 요청이 있어서 부품회사 TSP 영업팀장과 함께 중국과 일본 등을 방문, 프로모션 활동을 지원하기도 했다.

부품회사 TSP사업부로 자리를 옮기기 전, 「부품회사를 코스닥 상장을 하게 되면 상당한 자금 확보가 될 것이므로 그 때 본격적으로 M&A를 할 계획이다. 당장은 TSP사업을 맡아서 상장에 기여해 주고, 그 후에 함께 M&A에 치중하는 역할을 기대한다」는 언급과 함께 부품회사 TSP사업부를 맡아 달라는 요청에 따라 10월에 부품회사의 TSP사업부로 자리를 옮겼고, 부품회사의 커넥터 부문의 대표이사가 있었지만, 11월말경 필자도 각자 대표로 등재되어 TSP사업담당을 맡게 되었다.

'07년 10월경 TSP사업부로 자리를 옮겼을 때는 3~4개의 TSP양산 라인 투자가 완료된 상태였으나, 내부적으로는 물량 확보가 안되어 라인 가동율이 저조한데다 생산, 품질 문제가 다발하였고 대외적으로는 고정적인 물량확보를 위한 고객을 발굴을 해야 하는 과제를 안고 있는 상황이라, 부임 초기부터 안팎으로 분주한 시간을 보내게 되었다.

필자가 부임해서 영업했던 일본 샤프向 안건은 필자의 퇴사 후에야 수주가 성사되었지만, 한 동안 TSP사업부의 양산 물량에 상당한 기여를 했을 것이라고 생각한다.

5. 황당한 사유로 쫓겨나다

설비회사에 입사할 때, 총 급여 중에서 절반은 계열사 사장과 동일 수준으로 정상적으로 지급을 하고, 나머지 절반은 별도로 현금으로 지급하겠다고 해서 왜 기형적인 방법을 택하는 것인지 쉽게 납득이 안 되었지만 총액 기준으로는 특별한 문제가 없다고 판단하여 동의를 했었다.

TSP사업부로 자리를 옮기고 얼마되지 않은 '07년 10월말경 오너가 기존의 커넥터 부문 대표와 필자의 급여 차이를 거론하면서 필자 급여를 커넥터 부문 대표이사와 동일 수준(별도 현금 지급분을 삭감, 즉 총액에서 1/2 삭감)으로 조정하면 어떻겠느냐고 물어보길래, 갑자기 무슨 소리인지 몰라 「아무런 이유없이 급여를 절반으로 삭감하는 것에 동의할 수 없다」며 가볍게 응대했었다.

그 이후에도 급여 반감 건을 몇 차례 거론하길래, 그 때 마다 필자는 수용불가 입장을 표명했고, 몇 가지 변형된 대안을 검토해 보겠다더니, 결국은 12월 27일 일방적인 해임 통보를 받는 것으로 급여 반감 조정 건은 마무리가 된 셈이다.

황당했던 일이라 당시의 일기에서 일부를 발췌해서 정리했다.

12월 27일(목) 오후 2시경

오너가 사무실로 찾아오겠다는 전화가 왔길래, '뭔가 해결책을 찾았나 보다' 라고 생각하면서 기다렸더니,

별도 현금으로 지급하던 급여를 일시불로 일정액을 선 지불하고 급여를 반감하는 방안 등 몇 가지 대안을 검토해 봤는데, 부품회사의 코스닥 상장을 위한 투명 경영의 필요성, 또 별도 자금 확보의 어려움 등을 장황하게 설명하더니 「별도 자금 마련은 어렵다. 별도로 자금을 만들다 보니 여러가지로 엮이게 되더라. 앞으로 더 더욱 편법은 곤란하다」는 얘기로 시작해서, 지금까지 급여 삭감 건을 거론할 때 마다 했던 얘기들을 반복하다가,

결론적으로 「도저히 방법이 없으니, (필자에게) 다른 자리를 알아 보시라」는 최후 통첩을 하는 것이 요지였다.

다소 의외의 매우 황당한 결론이었지만, 필자는 「알겠다. 그렇다면 방법이 없겠네. 결정은 오너의 몫이니까 따를 수 밖에……」라고

대응을 했는데, 이런 저런 이유로 '08년 3월말까지 근무하는 것으로 최종 협의가 되었다.

대화 중에, 「(필자에게) 2년, 늦어도 3년 후에는 반드시 필요한 사람」, 「필자를 영입하기 위해 의도적으로 접근했다.」, 「같이 골프 치는 몇 안 되는 사람 중의 한 사람」이라는 등의 언급은 더 더욱 마음을 상하게 하고 진정성에 의문을 갖게 하였다.

12월 28일(금)

낮에 고객사(T社) 연구소장 일행이 방문을 했다. 월초에 거래 재개를 위해 필자가 신임 인사차 T사를 방문, 사장을 만난 이후 얘기가 잘 진척되고 있었는데, 연구소장이 내방하여 앞으로 적극 협력하겠다는 언질이 있었다.

이런 상황에서 필자가 고객을 만난다는 것이 일종의 기만 행위처럼 여겨져 자괴감이 든다. 앞으로 석 달간 이런 기분으로 자리를 지키는 것이 맞는지 여러 가지로 생각이 많아진다.

저녁 10시가 다 되어간다. 부품회사 부임 후 10시 퇴근은 대체로 빠른 편이다. 해임 통보는 받았지만 경영계획은 완성해야겠기에 총괄 상무에게 함구할 것을 전제로 퇴임 예정을 밝히자, 매우 의아해하는 반응이다. 총괄 상무는 "앞으로 1년만 더 있으면서 틀을 잡아 주면 좋겠다"며 아쉬움을 표하기도 했다.

밤 11시경에야 경영계획(안)이 완성되어 최종 점검을 하고 년초에 오너께 보고토록 지시하고, 필자는 내일(土) 출근해서 별도의 레포트를 정리해서 보낼 것이라 첨언했다. 착잡한 심정으로 퇴근 길에 오른다.

12월 29일(토)

휴일임에도 여느 때와 마찬가지로 일찍 나와서 자리에 앉았다. 이 마당에 꼭두새벽같이 나와서 왜 이러고 있는지? 하는 생각이 들지만 '유종의 미'라고 자위해 본다. '끝까지 마무리를 잘하자'는 다짐을 하면서도 한편으로는 자신감이 없어진다. 과연 떠날 때까지 내색하지 않고 잘 견뎌낼 수 있을지?

경영계획 관련 별도 레포트를 정리해서 오너에게 메일을 발송한다. 관재팀에 몇 차례 TSP사업부의 비용구조, 10월 및 11월 결산 자료를 요청했지만, 처음에는 "언제까지"라는 반응이 있더니만, 이제는 메일 회신도 아예 없다.

여러 번 망설이다가 그래도 짧게라도 몸 담았던 조직이라는 생각에서, 보고서 말미에 주제넘는 몇 가지 현안 토픽을 추가해서 보내 놓고도 찜찜한 기분이다.

1월 1일 새해 아침

시쳇말로 꿀꿀한 새해 아침이다. 이런 기분으로 새해를 맞는 건

경영컨설턴트가 전하는 **기업의 변신**

평생 처음이다. 삼성을 떠날 때도 이러지는 않았는데……. 집에는 아직 말도 못하고…… 합류한지 1년 반 남짓, 그리고 최근 몇 달을 되돌아본다. 많은 생각으로 머리가 복잡해진다.

장기간 관행이 고착되어 있는 설비회사의 변화가 어려웠다면, TSP사업부는 신생 조직과 진배없으니 필자 스타일로 조직 체계나 업무 패턴을 정립시켜 뭔가를 이뤄보자는 생각으로 과거처럼 투지를 불태우며 두어 달 동안 많은 교육과 대화를 해 오면서 그런대로 관리의 틀을 만들어가고 있고 조만간 성과가 가시화될 것으로 기대하는 중에 하차를 한다니 아쉬움이 남는다. 허나 어찌하랴! 주인도 아니고, 인연이 없음이리라……

1월 2일(수) 새해 첫 출근

며칠간 누워 지낸 탓인지, 오늘은 유별나게 일찍 일어나 식사도 않고 사무실에 도착하니 새벽 5시 반이다. 참 한심하다는 생각을 하면서 연휴에 밀린 메일을 점검한다.

7시반쯤 총괄 상무가 와서 시무식을 어떻게 하느냐고 묻길래, 팀장들만 모아서 경영계획과 주요 현안 설명으로 대체하겠다고 했는데, 8시가 안 되어 다시 와서 오너로부터 '시무식은 어떻게 하느냐?'는 점검이 있었다고 전해준다.

오후에 오너가 사무실에 들러서, "지난 주 J사장(필자의 대학 동기)과 통화로, (필자가) 퇴직 후 설비회사와 부품회사와 관련해서 할 일이 없겠는지?" 논의를 했다면서 "환경관련 일본 설비의 도입 판매" 등의 운을 떼었다. 미안한 마음에 도움을 주려는 배려로 이해하고 고마운 마음으로 받아들여야 되는데…… 필자 자신이 옹졸한 것인지, 액면 그대로 수용이 안된다.

영업 과장이 와서, 샤프 관련 에이전트가 1월 4일 방문하겠다고 한다. 년초부터 좋은 조짐이라 여기면서 영업 과장을 격려한다. 역시 씁쓸한 기분이다. 대응을 하긴 해야 하는데…….

1월 3일(목)

내일 하루 쉬려던 계획을 바꿔서 샤프 관련 에이전트 미팅에 참석해야 하겠다. 샤프만 잡으면 적어도 100만개 물량 확보가 가능할 테니 대응을 잘 하자는 다짐을 해 본다. 잘 될 것 같아 보이는데, 한편으론 '뉴턴 링 제로'가 요구 사양이라 이익을 낼 수 있을지 걱정도 앞선다.

퇴임 후에 아무런 대책도 없는 상황인데 크게 걱정이 안 되는 점에 스스로 의아스럽다. 또 취업을 해야 할까? 이런 비슷한 상황을 상정해 보면 취직을 해서는 안 되겠다는 생각도 들고…… 푹 쉬어 볼까, 무대책으로……

1월 4일(금)

오전 8시부터 예정된 "개발·영업회의"를 주재를 하는데 거취 문제를 내색할 수 없으니 내심 겸연쩍다. 거짓말하는 것 같아 한편으로는 간부들에게 미안한 마음도 든다.

회의를 마치고 샤프 에이전트 내방 준비상황과 현장의 샘플 작업 점검을 하면서도 답답한 심정으로 총괄 상무에게 특별 관리를 당부한다.

이런 저런 상념에 젖어 있는데, 점심시간이 다 되어가는데, 오너가 필자 방에 와서 "차주에 화성시장이 인력을 대거 끌고 내방할 계획이다." 는 등 특유의 과시성 발언을 하기에 그러냐는 정도로 일축하니 겸연쩍었는지 화제를 바꿔 본론에 들어간다.

"필자에 대해 직원들이 힘들어 하는 것 같다. 어제 저녁 총괄 상무와 영업팀장이 찾아와서 어떻게 해야 할지 모르겠다"고 하더라. "본인도 필자와 대화하기가 힘들다. 대꾸를 잘 안해 주니까. 어떻게 어디까지 업무를 챙겨야 될지 모르겠다. 공장에 왔다가 필자의 차가 있으면 그냥 돌아가곤 한다. 일주일에 하루 이틀만 나오시든지……." 라고 운을 뗀다. 며칠 전에 3월말까지 근무해 주면 고맙겠다고 하더니 그 것도 작전이었나? 당시 즉석에서 얘기하기 곤란하여 일단 관두는 것까지 확정을 짓고 다음 단계로 계산한 것이 오늘인가? 라는 생각이 든다. '알겠다' 면서 '당장 짐을 빼서 가겠다'고 답변을 했다.

그럴 것이면 "설비회사에 있을 때 그만두게 하지 왜 회사(TSP사업부)를 옮겨 놓고 대표이사 등재 한 달도 채 안 되었는데 이런 짓을 하느냐?"고 했더니, "설비회사의 김OO실장의 퇴직 보고를 받고 위기감을 느꼈다. (필자가) 자존심 상할까 봐 말을 안 했지만…운운"이라며 부품회사로 자리를 옮긴 사유라고 설명을 한다. "그게 문제라면 더 더욱 설비회사에서 정리를 했어야 하는 것 아닌가? 오히려 그랬다면 이런 비참한 기분은 들지 않았을 것이다" 라는 필자의 얘기에는 대꾸가 없다.

1월 중순 필자의 대학 동기인 J사장과 골프를 치자고 한다. 그러고 싶지 않다 (무슨 기분으로?). 필자가 다음에 자기를 만나 주겠느냐고 묻는다. 지금 심정으로는 그러고 싶은 생각이 없다. 시간이 좀 지나면 어떨지 모르겠지만…… 더 해 주고 싶은 말이 많았지만 불필요한 논쟁은 말자며 멈추고 말았다.

점심 시간이 끝나 버렸다. 같이 나가서 식사를 하자고 한다. No! 차라리 굶는 게 낫다는 생각을 했다. 오너가 방을 나간 후 분노와 굴욕감을 새기면서 30분 만에 짐을 꾸렸다.

오전에 샤프 에이전트와 신년 하례회는 잘 끝났지만, 1월 중순에 또 보자고 약속해 놓았는데 나중에 꼴이 참 우습겠다는 생각을 해 본다.

총괄 상무와 영업팀장에게 어제 오너에게 가서 무슨 불편사항을 보고했느냐? 고 묻자, 일방적으로 얘기만 듣고 왔다는 답변이다. 누구 얘기가 맞는 것인지? 대충 예상했던 대로다.

마무리는 해야 한다는 생각으로 총괄 임원을 불러서 짐을 싼다는 얘기와 함께 팀장들과 간단한 티타임만 갖고 떠나겠다는 의사를 전했다. 4시에 팀장회의를 하면서 뭐라 할 말이 없었다. 그냥 관둔다는 얘기 외에……. 부임한지 얼마되지 않은 대표이사의 갑짝스런 퇴사에 대해 의아해 하면서 일부 팀장이 아쉬움이 크므로 저녁에 식사라도 하자는데, 술 한잔 마시다 보면 필자 입에서 무슨 말이 나올지도 모르겠고 어른 답지 못한 모습을 보일 수도 있겠다는 생각이 들어, 정중히 사양하고 귀가 길에 오르면서 2년이 채 안 되는 생활을 접게 되었다.

아무도 배웅 못하게 하고 그야말로 슬그머니 사무실을 나와 차에 오른다. 참 모양 고약하다.

오너가 필자에게 밝힌 「설비회사의 간부 한 사람의 퇴직」 이외에 밝히지 않은 또 다른 사유가 있었는지 모르겠으나, 입사 전 교류와 합류 당시의 제안 등을 감안해 보면, 초기의 기형적인 급여 지급 방식도 후일 이런 시나리오를 미리 염두에 두었던 것 아닌가 하는 생각마저 들게 한다.

2년이 채 안되는 기간, 납득이 안되는 황당한 사유였지만 결과적으로 쫓겨난 것이 필자의 인생 행로에 큰 오점을 남겼고 마음의 상처가 깊었던 사건으로 오랫동안 기억되는 장면이다.

부품회사를 정리하고 쉬는 중에 어느 모임에 나갔더니, 참석자 중 한 분이 술자리에서 회자되는 우스개 소리로, 우리나라 기업 오너들의 3대 덕목(?)이라면서, 「첫째, 욕심이 많다, 둘째, 변덕이 심하다, 셋째, 의심이 많다」는 것이라고 소개를 해서 한 바탕 웃으면서 공감을 표하면서 지난 일이 떠올랐던 생각이 난다.

황당하게 짤리고 나서 십수년간 1인 기업으로 활동해 온 시간들을 지금에 와서 돌이켜 보자면 '한편으론 새로운 길을 찾게 해 준, 새옹지마가 된 것' 같아 감사(?)해야 할지도 모르겠다.

6. 새로운 길을 모색하다.

30여 년 직장생활 경험 중에서 등 떠밀려 회사를 그만 둔 적이 없기에 더 더욱 황당한 기분이 들었는지 모르겠다. 한 마디로 "너무 어이없다"는 생각을 한 동안 지울 수 없었던 것 같다.

대기업 23여 년, 중소기업 6년 등 그야말로 쉼없이 달려왔던 여정이라, 이제는 충분한 휴식을 취하면서 남은 인생에서 무엇을 해 볼 것인지를 생각해 보는 시간을 갖기로 했다.

한동안 황당하고 허망한 생각에 빠져 쉬고 있는 중에도 그 동안 직간접적으로 인연이 있었던 중견기업 서너 곳의 오너들로부터 러브콜이 있었다. 사람에 대한 믿음에 금이 갔기 때문인지 직장 생활을 새롭게 한다는 것이 좀처럼 내키지도 않고, 또 새로운 회사에 가서 과연 예전처럼 열정적으로 일할 수 있을 것인지에 대해서도 회의적이어서 다시는 취업을 하지 않는 쪽으로 가닥을 잡았다. 끈 떨어진 연 같은 처지임에도 제안해 주신 분들께는 정중하게 사양하면서 깊은 감사의 말씀을 드렸다.

30년 가까이 워크홀릭으로 일해 왔고, 50대 중반의 아직은 젊은 나이라 마냥 놀고 지낼 수도 없을 것 같은데, 직접 사업을 하는 것은 집에서 반대, 취업 이외에 할 수 있는 일을 모색해 보는 시간을 갖기로 했다.

두어 달 칩거를 하면서 미뤄 두었던 책들을 읽으면서 마음 정리를 했던 것 같다. 마냥 죽치고 있을 수도 없고 해서 가벼운 국내 여행도 하고 그동안 격조했던 친구들과 지인들도 두루 만나는 등 국내에서의 탐방 시간을 보내다가, 이어서 일본, 중국 및 대만을 몇 차례씩 오가면서 과거 연(緣)이 있던 인사들과 관련 업체들을 만나면서 업계 동향 파악과 함께 새로운 길을 탐색하는 아이디어를 구하면서 상당한 시간을 보냈다.

그러던 와중에 반도체용 배관자재 유통회사를 경영하는 분이 거래하고 있는 일본의 메이커와 합작을 위한 협상이 진행 중이라면서 도움을 요청해 왔다. 마침 상대측 일본 메이커는 저도 수 년간 거래와 교류를 해 오던 잘 아는 회사여서 합작 협상을 지원하기로 했다.

일본 메이커로서는, 한국측 협력 대상인 유통회사가 지금까지 한국 시장에서는 제일 큰 고객이고, 그동안 거래를 해 오면서 신뢰 관계가 형성되어 있었기 때문인지, 처음에는 상당히 우호적으로 협상에 임하여 순조롭게 흘러 가는 듯해 보였는데, 영세한 한국측 합작 파트너의 자금 조달력과 경영 능력에 대한 의문도 있는 것 같고, 일본 메이커가 100% 자회사를 운영하는 것과 합작회사의 장단점 등의 검토가 끝났는지 시간이 지나면서 협상에 임하는 자세가 조금씩 바뀌는 기류가 감지되었다.

몇 개월 동안 서로 내왕하며 여러가지 테마에 대한 논의와 협상을 해 오면서 부정적인 낌새도 보였으나 잘 타결될 수도 있겠다는 기대가 있었는데, 어느 날 일본 메이커 오너가 투자 은행 관계자 등과 함께 방한해서 장시간 논의를 했었는데, 사전에 방침 결정을 하고 온 것인지 회의 말미에 독자적으로 한국제조법인을 설립하겠다는 방침을 통보하는 것으로 협상이 종료되고 말았다.

어느 시점부터 상대방의 태도 변화가 있었는지, 그 변화점을 제대로 캐취하고 적절한 대응을 하였는지 등 협상 합류 시점부터 종결까지의 전 과정의 리뷰를 통해, 시사점과 반성점을 정리해 보면서 색다른 경험을 했던 기억이 난다.

'08년 12월경 대학 후배 소개로, 한국인으로서 일본에서 대학교수로 재직하다가 (황동에서 구리와 아연을 분리 또는 분진철에서 아연을 추출하는) 도시광산 관련 특허 기술과 물 배관 내부의 스케일과 부식을 방지하는 아이템을 한국에 가지고 와서 사업을 시작하는 분을 알게 되어 영업지원 활동에 잠시 참여하기도 했다.

대표이사는, 전직 환경부장관과 전직 기아차 부회장 같은 분 등 저명인사들을 회사 고문으로 모시면서 대외적으로는 세를 과시하고, 일본처럼 인맥을 활용한 상층부 영업을 겨냥하는 듯 했으나 사업 품목과 한국적 실상과는 핀트가 잘 안 맞는 접근을 한다는 생각이 들었다.

여기에 참여를 하면서 도시광산 관련해서 환경부의 주무과장 및 국장을 순차적으로 만나면서 우리나라의 환경 관련 정책에 대해 많은 공부를 해 봤으나 도시광산은 대상 고객이 제한적이라 적극적인 추진이 되지 않았고, 배관 내부 스케일 방지 제품의 프로모션을 위해 삼성전자 기흥과 광주공장, 여천산단의 주요 케미칼 회사를 대부분 방문해서 소개하고 일부 검증 과정을 거치기도 하였으나 실효성 검증도 다소 미흡했으며 고객들의 추가 투자 니즈가 그다지 없는 것 같았다.

짧은 기간이었지만, 전혀 새로운 분야와 기술에 대해 접해 볼 수 있는 시간이었고, 이런 과정을 통해(일본 교수 출신의 회사명이 「XXXX 컨설팅」이었음), 「컨설팅」이란 업(業)에 대해 착안하여, 집중적으로 생각해 보게 되었던 것 같다. 이 또한 우연찮게 새로운 길을 모색하는 계기가 되었다.

컨설팅이라는 단어가 주는 부정적인 이미지가 없는 것은 아니지만, 취업을 하지 않고 오랫동안 자주적으로 일할 수 있다는 점을 고려하여 컨설팅 회사를 운영하는 것으로 방향을 정하고, 주요 업무는 ①무역/무역중개(한-중-일-대만을 연계), ②중소기업 경영컨설팅(진단, 자문/고문, 해외시장개척 지원), ③투자유치/M&A 등으로 잡고, '09년 3월에 1인 기업으로 출범을 하게 된다.

1인 기업으로 다양한 활동을 해 왔으나, 여기서는 경영컨설팅(경영진단, 경영자문) 관련 업무에 대해서만 소개를 드린다.

II.

경영의 기본

경영자문 과정에서 컨설턴트로서 지도하는 필자가 더 많은 걸 배웠다고 생각하기에
대단한 성과나 특별한 성공 스토리도 없는 필자에게 고문/자문을 의뢰해 준
국내외 경영자분들께 깊이 감사를 드린다.
소개드리는 것들은 모두가 다 들어 봤던, 익히 잘 알고 있는 내용들일 것이다.
경영자 및 임원·관리자들께서 기본에 대해 머리 정리를 한 번 해 보면 좋겠다는 생각으로
조직 생활과 경영 활동에서의 기본적인 내용을 담아봤다.
어려운 여건 속에서도 굳건히 버텨내고 있는 중소기업 경영자들에게 경의를 표한다.

7. 중소기업 경영에 대하여

중소벤처기업부 통계에 따르면, 2022년 국내 전체 기업수 8백5만3천개 중에서 중소기업 수는 99.9%, 기업체에 종사하는 전체 종업원 2천341만명 중에서 중소기업 종사자는 81%에 달하는 것으로 나와 있다.

국가 경제에 중추적인 역할을 담당하고 있는 중소기업이지만, 여전히 열악한 환경, 부적절한 거래 관행과 조건으로 애를 먹고 있는 상황에서, 중소기업을 창업하고 경영해 가고 있는 중소기업 경영자들의 창업 용기와 어려움을 버텨 나가고 있는 노고에 대한 위로와 함께 존경심을 표하고 싶다.

짧게는 수년 동안, 길게는 수십년 동안 온갖 어려움을 헤쳐 온 분들께 필자 같은 사람의 얘기가 도움이 될 수 있을지 모르겠지만, 십수년간 경영컨설턴트로 활동해 오면서, 직간접적으로 접촉해 온 다수의 국내외 중소기업 경영자들과 대화하고 자문을 하면서 강조해 왔던 내용들과 느낀 점들을 정리해 본다.

특별한 경영 이론을 소개하는 것이 아니라, 현장에서 쉽게 접하고 대부분의 경영자들이 익히 알고 있거나 경험한 내용들이라 전혀 새로울 것도 없는 이야기이지만, 새롭게 사업을 시작하는 분들이나

경영컨설턴트가 전하는 **기업의 변신**

성장 가도에서 성장통을 겪고 있는 중소기업 경영자들께서 한 번쯤 되새겨 보는 계기가 되어 기업 경영에 도움이 되면 좋겠다는 바램을 담았다.

필자의 경험과 관점을 담아 정리를 해 본 것으로서, 소개 드리는 일부 사례의 경우 설비회사에 국한된 것이라는 점도 미리 밝힌다.

기계공학도로서 삼성회장비서실(구조본) 근무를 통해 관리/회계에 대한 일부 지식을 습득한 정도에 불과하고, 경영학은 독학으로 일부 개념 정리를 했을 정도의 미흡한 필자가 이런 류의 경영에 관해 언급하는 것이 적절하지 않을 수도 있다고 생각한다. 다만, 경영학 원론을 얘기하려는 것은 아니고, 실제 현장에서 피부로 느낄 수 있는 테마들 중심으로 필자의 주관적 관점이기는 하나 현상과 대응책을 제기하는 것이므로 본 내용에 대해서는 독자들의 판단에 따라 취사선택해 주시기를 기대한다.

「기업경영은 자동차를 운전하는 것과 같다」 (독서 메모장에서 옮겨옴)

자동차를 운전할 때 80%는 앞만 보고, 양쪽 사이드 미러를 각각 7%씩 보며 나머지 6%는 백미러를 본다고 한다. 여기서 앞은 고객(소비자, 시장)이고, 양쪽 사이드 밀러의 한 쪽은 경쟁하는 국내기업이고, 또 다른 한 쪽은 외국기업이다. 그리고 백미러는 과거인데 관성에 빠지지 않기 위해서 본다.

결국 기업의 승패는 고객(소비자)에게 달려 있지, 경쟁 업체 등 주변에 달려 있는 것은 아니다. 옆차가 과속에 신호 위반을 해서 앞질러 가든 말든 자신의 속도대로 신호를 지키며 꾸준히 가다 보면, 어느새 자신이 목표한 목적지에 도달하는 것은 물론 50년 무사고 운전도 가능해지는 것이다.

성공한 사람들의 생각과 행동 패턴에 관심을 갖는 것은, 그들이 모두 옳아서가 아니라, 그들을 통해 「성공과 실패의 법칙」을 터득함으로써, 자신의 행보에 시행착오를 줄이자는 것이다.

자료 정리를 하다가, 중소기업 전문 경영인으로 근무하던 2007년 4월 '직원 관리와 커뮤니케이션'이란 제목으로 필자가 작성했던 메모를 발견하여 그대로 옮겨 본다.

중소기업 창업자의 고민과 어려움

젊은 나이에 사업을 시작하여 위험한 고비도 넘기며 많은 고생을 했지만 끝내 성공의 기회를 잡아 어느 정도 사업 기반을 잡은 창업자들이 공통적으로 겪을 법한 얘기를 해 볼까 한다. 예전의 사업 초창기나 어려웠던 시절에 비하면 이제는 돈도 어느 정도 벌었고 꽤 살만하므로 큰 욕심없이 안분지족(安分知足)의 마음으로 살 법도 하지만,

경영컨설턴트가 전하는 **기업의 변신**

인간이기에 또 지금까지 여러가지 난관을 뚫고 나름대로 성공스토리 (Success Story)를 만들어 본 경험이 있기에 현실에 안주하지 못하게 되고, 눈 앞에 어른 거리는 보다 더 크고 더 높은 목표를 향해 달리는 것 같다.

새로운 마음가짐으로 새롭게 도전의지를 불태우려고 할 때 종전과 달리 직원들로 인한 어려움과 스트레스에 직면할 것이라 여겨진다.

예전에 창업자 본인이 혼자서 사업을 시작하거나 또는 직원 몇 명을 데리고 일할 때는 본인의 의지대로, 또 본인이 원하는 방향과 내용의, 예상한 납기 대로 원활히 움직일 수가 있었는데 직원 수가 조금씩 늘어나면서 본인 뜻대로 잘 움직이지 않는 것 같아 짜증도 나게 되고 고지가 바로 저기인데 직원들이 맘대로 움직여주지 않아 일이 제대로 안된다고 여겨져 많은 스트레스를 받게 되는 것이리라.

내용상으로는 직원들의 문제가 상존한다고 할 수 있겠지만 이 또한 자세히 들여다보면 상당 부분이 창업자(경영자)의 문제일 수도 있다는 점을 종종 간과하고 있지는 않을까 하는 생각을 해 본다.

사업 초창기에는 여러가지로 어려움이 많기에 하루하루, 또 한 달을 어떻게 잘 넘길 것인가가 최대의 화두로서 그저 앞만 보고 모든 것을 건다는 심정으로 이 것 저 것 가리지 않고 당면 과제 해결에 전

력투구해 왔기에 매사가 본인의 의지대로 되어 온 것으로 여기지만 규모가 조금씩 커지고 직원 수가 늘어나게 되면 이런 저런 상황이 바뀌게 되기에 어려움에 직면하는 것이라 생각한다.

문제의 핵심은 창업자는 항상 사업 초창기의 어려움을 극복하고 나름대로 성공 스토리를 만들었다는 자신감으로 충만해 있겠지만 직원들의 마음가짐은 오너와는 엄청난 차이(속되게 표현하자면 월급쟁이 근성이 있게 마련)가 있다는 점을 잊기 쉽다는 것이지요.

자수성가한 중소기업 창업자들의 몇 가지 공통점들은,

① 자기 주장이 강하고 조직 내 다른 사람의 의견을 잘 경청하지 않는다. 반면에 본인의 외부 인적 네트워크에 속한 (평소에 본인이 신뢰한다고 생각하는) 사람의 얘기는 지나치게 쉽게 따르는 경향이 있다.
② 직원들에게 급여나 복리후생도 후하게 잘 처우해 주고 있다고 믿으며, 직원들도 이런 점에 대해 만족할 것으로 여긴다. 실제 직원들은 그 반대인 경우가 많은 데……
③ 조직운영이나 사람을 쓰는 것도 본인은 나름대로 원칙과 기준을 갖고 있다고 생각한다. 반면에 직원들은 "오너의 생각이 수시로 바뀌고 원칙과 기준이 있는지 잘 모르겠다고 반문하는 경향이 있다." 는 등으로 정리해 볼 수 있겠는데,

이는 통상은 창업자와 직원들간에 인식의 갭(gap)이 상당히 크다

경영컨설턴트가 전하는 **기업의 변신**

는 점을 시사한다고 하겠다.

이런 인식의 차이는 여러가지에 기인하겠지만 그 중에서 큰 것 중의 한 가지는 창업자의 과거 경험과 현실 인식의 차이에서 기인되는 것 아닐까 하는 생각을 해 보게 된다. 과거 조직 생활 및 조직관리 경험 여부, 사업 초창기 때와 현재 시점과의 변화된 환경에 대해, 본인의 사고와 인식이 어느 정도 변해 왔느냐는 점과 또 그러한 변화에 대처하기 위해 얼마나 노력해 왔느냐는 점 등을 들 수 있으리라 본다.

중소기업 창업자들이 겪는 많은 어려움 가운데 일부라고 여겨지지만 이러한 어려움들을 여하히 극복하느냐가 일정 규모 도달 후 계속 성장 가부를 결정짓는 중요한 요소가 될 것이라는 생각을 해 본다.

사업에 성공하고 어느 정도 기반은 닦았지만 창업주 또한 인간이기에 완전 무결할 수는 없겠지요. 그러나 이러한 난관을 극복하기 위해 어떻게 현실인식을 하고 여하히 노력하느냐는 것은 매우 중요한 요소라고 하겠다.

(그 당시부터 경영컨설턴트로서 소양이 있었던 것인지? 하는 생각이 들기도 해서 옛날 메모를 옮겨 보았음)

8. 경영학 구루가 전하는 경영의 기본

「기본으로 돌아가라(Back to the Basic)」는 얘기는 우리가 곧잘 듣는 경구이다. 경영에 있어서도 기본을 지킨다는 것이 중요하다는 측면에서, 경영학의 구루(guru)라 할 수 있는 다섯 사람의 이야기를 뽑아서 간추린 책인 ≪깨달음이 있는 경영≫[01]의 내용을 소개한다.

① 피터 드러커의 "경영은 무엇인가?"

경영자들은 왜 기업을 하는가? 기업을 하는 목적이 무엇이라고 생각하는가? 라는 질문에 흔히 돈을 벌기 위해서라고 답한다. 하지만 과연 그럴까? 이 말은 왜 사느냐는 질문에 죽지 않기 위해 산다는 대답처럼 사실일 것 같지만, 진실은 될 수 없는 말이다.

기업에 있어 이익은 목적이 아니라 제약 조건이고, 의사결정의 타당성을 판정하는 기준일뿐이다. 기업의 목적은 시장을 창출하는 것이다. 새로운 가치를 가진 제품이나 서비스를 내 놓음으로써 새로운 시장을 만들어 내는 것이 기업의 목적이다.

"No business without a customer." 고객이 없으면 사업은 존

---

01 이동현 저, "깨달음이 있는 경영", 바다출판사 발간(2003.7)

재할 수 없는 것이다. 그렇다면 시장 창출을 위해 기업이 해야 할 일은 무엇일까? 첫째, 고객이 무엇을 좋아하는지를 발견하는 것이다. 이 것이 마케팅이다. 이상적인 마케팅은 판매 활동을 필요 없도록 만드는 것이다. 팔고자 하는 것이 무엇인가 라는 질문 대신에 고객이 구입하려는 것이 무엇인가 라는 질문을 던져 보라. 둘째, 고객이 깨닫지 못한 욕구를 찾아내는 것이다. 이것이 이노베이션(innovation)이다. 이는 반드시 새로운 제품을 발명하는 것만을 의미하지는 않는다. 기존 제품이나 서비스라도 새로운 용도를 찾아 내면 그 것 역시 혁신이라 할 수 있다. 기업이 성과를 올리는 것은 마케팅과 혁신, 이 두가지 뿐이다.

② 마이클 포터의 "경쟁론"

경영자는 경쟁에 대해 넓게 이해해야 한다. 그래야 제대로 된 전략을 만들 수 있다. 경쟁 요인에는 라이벌 기업뿐 만이 아니라 대체품, 구매자와 공급자, 잠재적 경쟁자도 포함된다.

경쟁에서 우위를 차지하기 위한 방법으로 3가지 전략이 있다. 월마트가 사용하는 원가우위 전략이 첫번째이고, 디자인과 마케팅으로 유명한 나이키의 차별화 전략이 두 번째이며, 김치 냉장고로 성공한 만도의 집중화 전략이 그 세번째이다. 이 3가지 중에서 경쟁에서 이기기 위한 여러분의 전략은 무엇인가?

「신중하게 전략을 선택하고 끝까지 밀어붙여라. 효율성 향상을 전략이라고 착각하지 말아라. 전략은 열심히 하는 데 있지 않고 다르게 하는 데 있다.」… 마이클 포터의 충고이다.

③ 게리 하멜의 "핵심역량"

현재 우리 회사가 혹은 나 자신이 가장 잘 할 수 있는 것은 무엇인가? 경쟁의 판도는 나무의 과실에 해당하는 최종 제품의 우열에만 달려 있는 것은 아니다. 그 보다는 오히려 눈에 보이지 않는 뿌리에 해당하는 기업의 핵심역량에 따라 결정된다.

오토바이를 만들던 혼다(本田)가 자동차에서 성공한 것은 그들이 갖고 있던 소형 엔진 기술 덕분이다. 카메라를 만들던 캐논이 복사기 시장에서 성공을 거둘 수 있었던 것은 정밀기술, 광학기술이라는 핵심역량이 있었기에 가능했다.

핵심역량은 크게 기술, 자산, 프로세스로 나눌 수 있다. 샤프의 핵심기술은 액정 기술이고, 질레트는 제조기술과 혁신적인 디자인이다. 핵심 자산은 기업이 보유하고 있는 브랜드, 기반시설, 기술적 표준, 고객 데이터 등 희소하면서 가치 있는 자원을 의미한다. 핵심 프로세스도 핵심역량의 하나인데, 기업 종사자들이 실제 수행하고 있는 작업 과정을 의미한다.

경영컨설턴트가 전하는 **기업의 변신**

핵심 역량에 대한 하멜의 메시지는 간단하다. 지금까지 '내가 무엇을 하고 싶은가'에 의존했다면, 앞으로는 '내가 무엇을 잘 할 수 있느냐'를 먼저 생각하라는 것이다. 즉, "네 안에 잠든 거인을 깨워라"라는 메시지와 일맥상통한다.

④ 톰 피터스의 "우수성"에 대하여

「적당한 수준, 조금 잘 하는 수준으로는 결코 1등 기업이 될 수 없다. 고객을 감동시켜라. 고객 만족, 고객의 불만 처리 정도로는 살아남을 수 없다. 작은 실험을 계속하고 실패를 장려하라. 확실하게 권한 이양을 하고, 분권화를 실현하라. 작고 민첩한 조직 만이 답이다. 기존의 방법으로는 아무 것도 해 낼 수 없다…….」

그의 주장은 도전적이고 파괴적이고 도발적이기까지 하다. 그렇기 때문에 급변하는 오늘날 더 큰 호소력을 가질 수 있을 것이다.

⑤ 잭 웰치의 리더십

GE의 잭 웰치는 경영학자는 아니지만, 20세기에 가장 큰 성과를 낸 경영자로 손 꼽힌다. 그의 탁월한 리더십 덕분인데, 그의 리더십의 요체는 간단하다. 현실을 직시해서 의사 결정을 하고 행동하는 것이다. 막연한 희망이나 기대는 결코 갖지 말아야 한다.

혁신을 위해 가장 중요한 것은 명확한 비전이다. 경영자는 기업의 미래상을 명확하게 설정하고 직원들에게 주지시켜 힘을 결집하는 데 가장 많은 에너지를 쏟아야 한다. 이를 위해서는 사람에 대해 많은 시간을 투자해야 한다.

직원을 차별화해야 한다. 모든 직원에게 공정한 것만큼 불공정한 행위는 없다. 작은 문제라도 실천하고 행동하는 데 열정을 갖춘 직원을 우대해야 한다. 당장 성과가 부족하더라도 열정이 높은 사람이 필요하다.

최고의 인재를 골라 최고의 기회를 제공해 주어야 한다. 경영자의 역할은 올바른 사람을 찾아 그에게 올바른 일과 자금을 지원하는 것이다. 기업 경영의 핵심이 바로 사람이기 때문이다. 좋은 사람은 좋은 환경에서 길러진다.

잭 웰치는 1983년 크론토빌 연수원 신축공사를 위한 4600만 달러의 예산안에 사인을 했다. 투자회수기간이 어떻게 되느냐의 항목에 "무한대(infinite)"라고 써넣었다.

경영 구루들의 5가지 메시지에서 무엇을 느꼈을까? 특별히 새로운 것은 없고 대부분 들어 본 내용들이다. 다만, 우리가 자주 잊어버

릴 뿐이다. 늘 알고 있다고 생각하지만, 많은 사람들이 놓치고 있는
것, 바로 "기본"이다.

상당히 오래 전의 얘기들이지만, 지금 시점에서 보더라도 틀린
얘기는 없는 것 같다. 중소기업 경영자들이 그들의 이야기를 통해 다
시 한 번 경영에 대한 생각을 정리해 보는 계기가 되었으면 좋겠다는
바램을 담아 본다.

9. 조직생활의 기본 - 호(報), 렌(連), 소우(相)[02]

아주 오래전의 일이지만, 일본 회사에서 신입 사원 교육에서 강
조되고 있는 부분이 "호(報), 렌(連), 소우(相)"라는 얘기를 들었는데,
필자도 공감하는 부분이라 교육할 때 자주 인용하곤 한다.

"호·렌·소우"는 보고(報告), 연락(連絡), 상담(相談)의 일본어 발음
의 첫 글자를 딴 것인데, 보고·연락·상담은 업무 절차 가운데에서 없
어서는 안 될 요소라 하겠다. 회사 업무 대부분은 상사의 지시사항의
실행, 결과 보고로 끝이 나며, 상사에게 보고, 연락, 상담을 하면서 상
사로부터 여러가지 지식과 조언을 전달받는다.

---

02 스크랩 및 교육 자료들을 재구성, 편집함.

보고, 연락, 상담과정에서 유익한 정보와 지식을 엄청나게 흡수할 수도 있고, 짧은 시간 내에 자신의 능력을 향상시킬 수도 있다. 따라서 보고, 연락, 상담은 단순히 상사를 만족시키는 업무 절차가 아니라 자신에게도 도움이 된다는 점을 염두에 두어야 한다.

업무의 흐름을 파악하기 위해서는 PDCA의 절차를 거쳐야 한다. P(Plan), D(Do), C(Check), A(Action)사이클을 회전시키는 것이 업무의 기본 흐름이다. 동료간에도 보고, 연락, 상담 과정을 성실하게 실행해야 한다. 또한, 상사의 지시사항 실행도 결국은 PDCA이다. (상사의 지시→PDCA실행→상사에게 보고)

언제나 바쁜 상사가 매번 정확하게 지시를 내리지 않거나 주의사항을 자상하게 말해 주지 않는 경우가 많기 때문에, 좋은 결과를 얻기 위해서는, 지시와 의뢰 사항을 정확하게 파악하는 것이 중요하다. 지시, 의뢰 사항을 확실하게 파악한 다음 필요한 사항과 업무의 목적, 중점 사항 등을 염두에 두고 계획을 세워 실행한다.

보고, 연락, 상담의 원칙은 그 것을 게을리하지 않고, 적극적으로 하는 것이다.

지시를 내린 상사는 부하 직원의 보고를 기다린다. 보고는 우선 결론부터 간결하게 보고하는 것이 원칙이다. 좋은 결과를 보고할 때 그 과정에서 고생을 많이 했다는 이야기부터 하고 싶은 것이 사람의

경영컨설턴트가 전하는 **기업의 변신**

심리이지만, 그런 공치사는 삼가 한다. 아울러 나쁜 결과를 보고할 때도 그 책임이 자신에게 있다면 변명을 길게 늘어 놓지 않는 것이 좋겠다.

결과 보고를 할 때 중요한 것은 어디까지나 객관적인 사실(fact)이다.

자신의 의견을 말하고 싶을 때는, '제 의견입니다만' 이라는 말을 덧붙여 사실과 구분해야 한다는 점도 잊지 말아야 할 대목이다. 업무는 지시와 의뢰로 시작되고, "보고"로 끝난다는 것을 기억하자.

보고의 4가지 포인트는, ①지시, 의뢰를 한 사람에게 보고한다. ②"결론"부터 먼저 보고한다. ③객관적인 사실만을 보고한다. ④자신의 의견을 말할 때는 미리 밝혀서 객관적인 사실과 개인적인 의견을 확실하게 구분해서 한다는 것이다.

그 때 그 때 상황에 따라 그 다음의 업무 처리가 달라지기 때문에, 시간이 많이 소요되는 업무일수록 중간보고가 중요하다.

반드시 중간보고가 필요한 상황들: ①상황 변화로 진행과정을 변경해야 할 때, ②진행이 늦어질 때, ③업무 종료의 윤곽이 잡혔을 때, ④실수나 문제가 발생했을 때 (문책 당하더라도 곧 바로 보고하고, 초기 단계에서의 대책 강구로 문제가 더 커지는 것을 방지할 수 있다)

또한, 이런 실수는 하지 않아야 한다: ①맡은 일이 끝나지 않을 때까지 보고하지 않는다. ②일의 진행 상황을 숨기려고 한다. ③좋은 일만 보고한다. ④실수나 문제를 숨기려고 한다.

연락이란, 상대방에게 전하고 싶은 내용을 확실하게 이해시키는 것이다.

중요 사항은 반드시 전화로 직접 통화하거나 직접 만나서 확인해야 한다. 특히, 이메일, 문자메세지 등에 의존해서는 안된다. 즉, 중요한 사항은 상대방에게 직접 전한다는 것이다.

혼자서 해결할 수 없는 문제에 직면했을 때, '주위에 폐를 끼치지 않고 어떻게든지 혼자서 해결해야 하겠다'고 생각하는 사람들이 있는데, 이유야 어떠하든 이처럼 독단적으로 처리하다 보면, 문제가 더욱 커져 심각한 상황을 초래하기도 하기 때문에 혼자 고민하지 말고 경험이 풍부한 사람과 상담을 하는 것이 필요하다.

상담은 먼저 자신의 생각을 얘기하고 상대방의 의견이나 지시를 진지하게 경청하는 것이 중요하다. 상담을 하게 되면 결과를 피드백해 주는 것이 기본이며, 그래야 다음에 또 상담을 청하게 되면 성의껏 조언을 받을 수 있다.

10. PDCA 사이클

임직원 교육을 할 때 마다 업무추진의 기본개념으로 강조해 온 PDCA 사이클에 대해 소개를 한다.

PDCA 사이클이란?

PDCA사이클은 변화를 수반하는, 계획(Plan)-실행(Do)-점검(Check)-조치(Action) 등 4단계로 구성되어 있다.

PDCA 사이클은, 문제를 해결하고 해결책을 엄격하고 체계적으로 구현하는, 간단하지만 효과적인 접근 방식을 제공한다.

PDCA 사이클의 약사(略史)

PDCA 사이클의 역사는 꽤 흥미롭고 수십년에 걸쳐 있는데, 과학적인 방법과 품질관리 원리에 깊은 뿌리를 두고 있다 하겠다.

초기 컨셉트는, 벨연구소(Bell Telephone Laboratories)의 물리학자인 셰하트(W. A Shewhart)에 의해 개발되었고, 1920년대에 제조부문의 품질관리 사이클로 소개되었는데, 당시에는 사양(specification), 생산(production) 및 검사(inspection) 등 S-P-I의 3개 스텝으로 구성되어 있었다.

1950년대, 통계학자 및 경영 컨설턴트였던 데밍(W.E.Deming)박사가 셰하트의 개념을 배워서 재정립하였고, 데밍은 '셰하트 사이클' 또는 'PDSA(Plan-Do-Study-Act)'로 소개하였다.

일본은 1950년대~1960년대에 데밍의 이 개념을 수용하여 카이젠(Kaizen, 改善)의 기반을 다졌고, 일본 기업들이 1970년대~1980년대에 세계 시장에서 두각을 나타내면서, 서구 기업들이 PDCA사이클을 포함한 일본의 품질관리기법에 관심을 갖기 시작했다.

PDCA사이클은, 1980년대와 1990년대에 미국과 유럽 비즈니스를 휩쓴, '총체적 품질관리 운동(TQM : Total Quality Management)'의 핵심 부분이 되었다.
오늘날 PDCA사이클은 단순하지만 다양한 산업과 분야에 걸쳐서 폭넓게 사용되고 있다.

경영컨설턴트가 전하는 **기업의 변신**

PDCA의 세부 내용과 활용

PDCA 사이클은, 비즈니스 및 프로젝트 관리에 사용되는 지속적인 개선 프로세스이다.

Plan(계획) : 문제나 기회를 파악하고 해결책을 계획한다. 목표를 설정하고 목표를 달성하는데 필요한 조치를 결정한다.
Do(실행) : 계획을 실천에 옮긴다.
Check(점검) : 실제 결과와 예상 결과를 비교하여 테스트 결과를 평가한다. 무엇이 효과가 있었고, 무엇이 효과가 없었는지 분석한다.
Action(조치) : 조치를 취한다. 소규모 솔루션이 성공한 경우 대규모로 구현한다. 성공하지 못한 경우 필요한 조정을 수행하고 원하는 결과가 나올 때까지 반복한다.

PDCA 사이클은 린(Lean) 문제해결 및 변화관리를 위한 4단계 모델로서, 문제 해결, 품질관리, 신제품개발, 비즈니스 프로세스 관리 등에서 최고의 솔루션을 구현할 수 있게 해준다.

PDCA 사이클은 문제를 해결하기 위한 과학적 접근방식의 하나이다. 시간이 경과하고 경험이 쌓임에 따라, 우리는 PDCA가 경영의 진수라고 생각하게 된다. 즉, PDCA를 통해 현재 우리가 하고 있는 일을 확실하게 처리할 수 있으며, 미래에 그 일을 더 나은 방식으로 처리하는 방법을 배우게 된 것이다.

직원들과 함께 해야 할 일의 계획을 세우고, 그 계획을 실행하며, 기대했던 성과가 얻어졌는지 알기 위해 결과를 검토한 다음, 미비점을 보완하여 행동조치를 취하고 그로부터 교훈을 얻도록 하는 일이 바로 경영관리자의 직무이다. PDCA 사이클을 얼마나 자주, 얼마나 빨리, 그리고 효과적으로 돌리는가에 따라, 직무 수행 정도와 업무개선 속도를 높일 수 있다.

PDCA를 최대한 효과적으로 활용하는데 필요한 몇 가지 핵심요소가 있다.
① 상황에 맞추어라 계획을 세우기 어렵다면 실행(D)부터 시작해도 좋고, 그마저 어렵다면 점검(C)부터 시작해도 무방하다고 할 수 있다.
② 먼저 아이디어를 소규모로 시도해 보라……먼저 소규모로 계획을 실행하고 솔루션 또는 개선사항을 테스트한다. 이렇게 하면 본격적인 계획을 실행하기 전에 실행 가능한지를 확인하는데 도움이 된다.
③ 진전 정도를 평가할 방법을 미리 정하라….…계획수립단계에서 '일이 잘되고 있는지를 알 수 있는 방법'을 결정하는 과정이 종종 간과되고 있다. 변화를 추진하기 전에, 기대되는 이익과 실제로 그러한 이익이 얻어졌는지 여부를 알 수 있는 방법을 적어 보라.

④ PDCA 기능을 통합하라…….부서별 역할에 따라 PDCA를 분담하는 경우도 있으나, 단편적으로 나누어져 있는 이 모든 것을 하나로 통합하지 않으면 어떠한 진전도 기대할 수 없다.

모든 직원들이 PDCA의 4가지 요소 전부에 적극 참여할 때, 비로소 각자의 업무나 고객에게 공급되는 제품 및 서비스를 개선할 능력이 있다고 느끼기 시작한다.

PDCA는 회사의 사업계획은 물론 직원 개개인의 업무에도 적용할 수 있는 유용한 도구이기도 하고, 조직원들 또한 업무의 기본으로 활용해야 하는 좋은 수단이라고 할 수 있겠다.

11. 문제 해결의 접근법

임원과 관리자는 문제 해결을 위해 존재한다고 해도 과언이 아닐 것이다.

단위 조직을 책임지고 있는 관리자나 임원은 자신이 해당 조직의 최고경영자(의사결정권자)라는

입장에서 당면한 문제에 접근하는 책임의식이 요구된다.

문제가 발생하면 발생 즉시 보고해야 하지만, 문제에 대한 보고

는 대책(안)과 같이 보고한다는 자세를 견지하고, 유관부서와 여하히 협력해서 문제 해결에 임할 것인지도 중요한 고려 사항이라 하겠다.

또한 최고 의사결정권자가 선택 가능한 대안을 강구해서 보고해야 결론 도출이 용이할 것이다.

「문제는 나이를 먹고 자란다!」는 점을 유념하여 모든 문제는 덮는 것이 아니라 테이블 위에 올리는 것이 중요하다. (문제의 현재화顯在化)

문제를 대신 해결해 줄 사람은 없다. 일시적으로 다른 사람(부서)에게 미룰 수는 있겠지만 결국은 자신에게 돌아온다. 초기 단계에 해결책을 강구하면 쉬운 문제도, 시간이 경과하면 더 큰 문제를 유발하게 되는 것이다. (화재의 초기 진압 원리)

따라서, 문제는 반드시 해결해야 한다는 점을 잊지 말았으면 좋겠다.

자신의 부서에서 독자적으로 해결 가능한 문제도 있으나, 대부분은 전후 공정의 유관 부서와 관련성이 많으므로 유관 부서 또는 유관 담당자와 합심하여 중지를 모으고 공동의 노력으로 문제를 해결하여 전체 조직의 시너지를 발휘하고 이를 극대화한다는 자세로 접근하면 좋겠다.

문제 해결을 위한 여러가지 접근법이 있는데, 통상적인 패턴은 「현상파악-원인분석-대책수립」의 수순으로 진행된다.

모든 업무는 현상 파악이 시작점이고, 현상 파악은 3現주의(현장, 현물, 현실)에 입각해서 관측된 내용의 데이터化와 기록 유지는 물론 타 부서와 공유하는 자세가 필요하다.

원인 분석은 누구의 책임 추궁이 아니라 근본적인 대책 강구를 위한 것이므로 액면 그대로 해석해서 근원(뿌리)에 접근하는 자세와 노력이 요구된다.
5-Why? - 왜? 를 5번 반복하면서, 있는 그대로를 드러낼 수 있는 조직원 각자의 용기와 실패를 용인하는 조직 문화가 요구된다.

대책 수립은 선택 가능한 대안을 제시하되, 미봉책의 임시 대책으로 눈가림하는 것은 금물이며, 발본색원의 자세로 근본적인 대책을 강구하여 재발방지가 될 수 있어야 한다. 따라서, 대책 강구에 그치지 않고 제도와 시스템 변경이 필요한 부분은 별도의 과제로 등록하여 프로젝트化 하여 실행 관리를 해 가야 한다는 점을 유념하면 좋겠다.
위에 설명한 내용을 도식화해 본다.

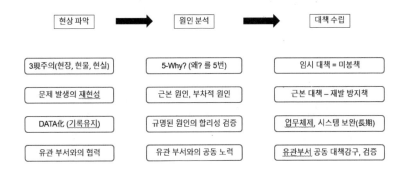

현상 파악	원인 분석	대책 수립
3現주의(현장, 현물, 현실)	5-Why? (왜? 를 5번)	임시 대책 = 미봉책
문제 발생의 재현성	근본 원인, 부차적 원인	근본 대책 – 재발 방지책
DATA化 (기록유지)	규명된 원인의 합리성 검증	업무체제, 시스템 보완(長期)
유관 부서와의 협력	유관 부서와의 공동 노력	유관부서 공동 대책강구, 검증

문제 해결의 촉진도 결국은 대화와 소통이 필요하다.

자기 부서 내부의 소통, 사업부장(임원) 중심으로 관리자들과 소통하는 것은 물론 타 부서와의 소통도 중요하다. 모든 것을 오픈해서 타 부서와의 협력을 일상화, 체질화하기 위한 노력과 분위기 조성에 힘써야 한다.

"문제 해결의 시범"을 보여주는 것은 부하 육성을 위한 하나의 과정으로 인식해야 하겠다.

그렇게 함으로써 지시에 따르기만 하는 우수 사원이 아닌, 문제 해결력을 겸비한 주도적 사원으로 육성을 해 가야 한다.

문제 해결 과정에서 우리의 현재 위치를 재 인식하는 계기로 삼아, 나 자신, 우리 팀, 우리 사업부 및 우리 회사가 나아갈 방향을 모색해 가는 것이 필요하다. 또한, 이를 통해 나 자신은 언제까지, 무엇을, 어떻게, 보완·발전시켜야 성장해 갈 수 있을지를 점검해 보는 계기로 삼아야 하겠다.

문제에 임하면, 우리 각자는 문제 해결의 최후 보루라는 인식이 중요하다. 또한, 임원과 관리자는 「문제는 끝까지 추적, 해결한다」는 자세를 견지해야 한다. 즉, 문제로 등록되면 「끝장을 본다」는 자세로 해결에 임해야 한다는 것이다. 부하는 상사를 보고 그대로 배우는 것이므로, 부하 육성 차원에서도 끝까지 문제 해결에 임하는 시범을 보여주는 것이 중요하다 하겠다.

관리자(특히, 임원)는, 근본을 바꿔야 하는 문제에 집중하고 대안을 강구하는 자세가 필요하다. 업무 시스템이나 관행 등 근본적인 변화가 필요한 과제를 도출하여, 다른 임원들과 함께 대안을 강구하고, 최고경영자를 설득해서 회사의 기초를 강화하는 노력도 매우 중요한 것이다.

근본을 변화시키는 과제들의 발굴과 대책 강구에 관리자와 임원들이 힘을 쏟기를 기대해 본다.

12. 리더들의 필수 덕목, 소통하며 공감하라

소통의 시작은 경청으로부터

잘 듣는다는 것은 잘 보는 것이다.

잘 보는 5단계는, 현상을 그냥 보는 견(見), 마음을 담아서 보는 시(視), 생각의 의미를 담아 보는 간(看), 본질을 꿰뚫어 보는 관(觀),

보이지 않는 것까지 찾아서 보는 찰(察)로 구분할 수 있고, 경청은 「마음까지 담아 듣고 보이지 않는 것까지 듣는 것」이라 하겠다.

스티븐 코비(Stephen Covey)는 "성공하는 사람들의 7가지 습관" 중 5번째 "경청한 다음 이해시켜라."를 들었고, 성공하는 사람과 실패하는 사람의 대화 습관엔 뚜렷한 차이가 있다. 바로 경청하는 습관이라고 했다.

공자는 예기(禮記)에서 "들어라, 듣는 것이 말하는 것이다."라고 했고, 육십이순(六十耳順)이라는 말은, 말하고, 읽고, 쓰는 것은 6년이면 거의 다 배우지만 듣는 것은 60년이 걸린다고 해서 이순(耳順)이라고 했다. 그 만큼 잘 듣는다는 것이 어렵다는 뜻일 것이다.

공감적 경청하라[03]

상대방의 말에 제대로 공감한다는 것은 잘 듣는 것과 연관되어 있다. 그래서 '공감적 경청'이라고 말한다.

대화를 할 때는 제대로 공감할 분위기를 만들어 충분한 시간을 가지고 무조건 들어주어야 한다. 대화를 끊지 않으며 상대방의 말을 있는 그대로 들으며 내 방식대로 판단하지 않는 것이다. 온전하게 그

---

03 '소통과 공감' 유경철 대표의 'Staff traing('21.3)' 기고문에서 발췌, 편집

사람에게 집중할 때 공감은 극대화된다.

첫째, 무조건 듣는다.
공감한다는 것은 무조건 입을 닫고 듣는 경청이다. 오감을 활용해 이야기에 대해 절대로 판단하지 않고 그냥 들어만 준다.

둘째, 중간에 말을 끊지 않는다.
이야기를 듣다 보니 내가 하고 싶은 말이 있다. 하지만 아무리 답답해도 끝까지 들어 보려고 노력한다. 그럼에도 불구하고 오해나 틀린 부분이 있어 중간에 반드시 이야기를 해야겠다면 상대방에게 양해를 구한다.

셋째, 상대방의 말을 내 자의(自意)대로 판단하지 않는다.
대부분의 사람들은 대화를 하면서 '이 사람이 이래서 그렇구나.' '이런 스타일이라 저렇게 생각하는구나.' 라고 스스로 단정한다. 상대방이 어떤 스타일인지 내가 알고 있어도 그 이야기를 듣고 있는 순간 만큼은 절대로 판단하면 안된다.

넷째, 상대방의 말에 적극적인 반응을 한다.
말하는 사람의 표정을 보면서 오감으로 어떤 상태인지를 느껴야 한다. 내가 얼마나 열심히 들어주고 있는지를 눈으로 보여주고 상대방에게 집중하면서 Facing (얼굴 맞추기), Mirroring (거울 반응하기), Back tracking (逆추적)과 같은 라포스킬(Rapport

skill)[04]을 활용하는 것도 방법이다. 특정 동작이나 행동, 표정을 따라 하는 Mirroring이나 동작 이외의 것들, 즉 말투나 호흡, 음조 등을 맞추는 Facing, 대화 중 핵심이 되는 내용을 다시 반복해서 맞장구 치는 백트래킹을 통해 신뢰를 얻으며 상대를 안정시켜야 대화를 이끌어 갈 수 있다.

<u>다섯째, 편안한 분위기를 유지하며 피드백을 한다.</u>
대화를 한다는 것은 최대한 편안한 분위기를 만든다는 의미다. 편안한 분위기 속에서 상대방에게 들은 내용을 요약해서 정확하게 피드백 해야 한다.

이런 내용을 정리하면서 고백하건대 필자도 제대로 지키지 못한 부분이 많아 많은 반성이 된다.

밀레니엄(M)·Z세대들과의 소통은 신중하게 접근해야 한다. 그들의 특성을 충분히 이해하고 설득할 수 있는 포인트를 갖고 팩트(Fact) 중심으로 논리적으로 소통해야 한다. 소통할 때 설령 일을 잘못했더라도 무시하는 어투로 말하거나 사기를 꺾는 피드백은 피하는 것이 좋다. 팩트 중심으로 잘못을 지적하되, 어떻게 하면 더 잘 할 수 있는지에 대해서 알려 주는 것을 잊어서는 안 되겠다.

---

04 라포(rapport) : '조화, 일치, 교류' 등의 의미를 지닌 프랑스어 'rapport(참고, 관계)'에서 유래됨. 사람과 사람사이에 생기는 상호신뢰관계를 말하는 심리학 용어.

경영컨설턴트가 전하는 **기업의 변신**

또한, 사적인 일과 공적인 일은 구분해서 소통하라.

상사라고 해서 자신의 사생활을 다 알아야 할 필요는 없기 때문에, 공과 사를 명확히 구분하는 소통을 해야 한다.

미래지향적 성장과 관련된 대화를 하라.

Z 세대의 직장 선택 기준에서 가장 중요한 조건 중의 하나는 자신의 성장 여부다. 아무리 급여 수준이 높고 복지 수준이 좋아도 자신이 성장할 수 없는 일터라면 과감하게 사표를 던질 수 있는 세대다. 자신이 하는 일에 대한 의미와 가치를 깨닫게 해주고, 그 일의 중요성을 느끼게 해 주는 것이 중요하다. 따라서 대화를 할 때도 지금 하는 일이 미래의 당신에게 소중한 밑거름이 되고 그것이 성공적인 직장 생활에 보탬이 될 것이라는 점을 강조할 필요가 있다.

이건희 회장이 1978년 삼성 물산 부회장으로 취임할 당시, 이병철 창업회장께서 이건희 부회장에게 "경청"을 붓글씨로 직접 써서 전했다는 얘기도 시사하는 바가 크다 하겠다.

공감의 어려움

공감의 사전적 의미는 '남의 감정, 의견, 주장 따위에 대하여 자기도 그렇다고 느낌'이다.

타인의 감정과 생각에 대해서 자신도 그렇다고 느끼는 것인데, 현실에서는 실행하기가 쉽지 않다. 따라서 공감의 본질적인 의미를 해석한 세계적인 상담 심리학자인 윌리엄 밀러(William R. Miller)는, 공감을 "상대방의 입장에서 상대방의 세계를 지각하고 있음을 보여주는 의사 소통 상태이지만, 상대방의 입장일 뿐, 실제 그 사람이 되는 것은 아니다."라고 정의한다.

상대방을 이해하려고 최대한 노력하지만 내가 다른 생각을 가질 수도 있다는 것이다. 단, 그 사람의 입장을 충분히 이해해 주려고 노력하는 것이 핵심 포인트이다.

조직에서 "공감"이란 뜻밖에 매우 중요하다. "공감"은 서로 다른 조직이나 사람들 사이에서 진정한 대화가 이루어지도록 해 주는 매우 특별한 능력이다.

공감하는 리더와 일하는 것과 그렇지 못한 리더와 일하는 것은 업무를 다루는 태도를 크게 다르게 만든다. 그런데 조직의 리더들은 누구나 자신은 공감하는 능력이 뛰어나다고 생각하는 것 같다. 아마도 남다른 공감의 능력을 갖고 싶어서 일 것이다.

공감이란 그렇게 수월한 것은 아니다.

특히나 어느 기업을 대표하는 정도의 사람이라면 공감하는 능력

경영컨설턴트가 전하는 **기업의 변신**

은 부족할 가능성이 매우 높다. 성향이나 성격, 성장해 온 환경, 특히나 기업을 대표해야 하는 입장 등을 고려해 볼 때 그러하다. 다만, 논리적으로 그 사람을 이해하는 능력을 "공감"이라고 착각하는 것 뿐이다.

공감이 그렇게 중요한 것은 공감은 조직 문화의 핵심 중 하나이며, 조직 문화란 결과적으로 서로 공감하며 일 할 수 있도록 해주는 장치이기 때문이다. 세상이 그 어느 때 보다 빠르게 변화하고 있기에, 리더의 소통과 공감 능력은 더욱 중요해졌다.

대부분의 리더들은 스스로 공감 능력이 뛰어나다고 생각하지만, 부하 직원들은 반대로 리더들의 소통과 공감 능력이 떨어진다고 생각한다. 왜 이렇게 다를까?

리더들은 수많은 사람을 만나 이야기를 듣고 의사결정을 해야 하는 경우가 많다. 그 상황에서 타인의 말에 충분히 공감하며 소통하고 있는가? 그 사람의 입장에서 생각하고, 그 사람의 세계를 지각하려고 노력하는 마음, 즉 소통과 공감 능력이 지금의 리더에게는 가장 필요한 덕목이라 하겠다.

Ⅲ.

기업은 사람이다

'왜 사업을 하는가?' '어떤 기업을 지향하는가(가치관)?' 를 자문해 보면서
자신이 경영하는 업(業)의 본질에 대해서도 다시 한번 생각해 보면 좋겠다.
'기업은 사람이다' 라고 한 삼성의 이병철 회장 말씀 이외에도
여기에 소개되는 많은 분들이 이구동성으로 인재의 중요성을 강조하고 있음을
재삼 되새겨 보았으면 한다.
결국은 어떤 사람들이 회사의 주축이 되고 있는지가 그 기업의 미래를 좌우한다는 것이다.

13. 왜 사업을 하는가?

중소기업을 창업하여 경영하고 있는 많은 창업자들이 사업을 하게 된 배경은 다양할 것으로 여겨지지만, 통상 사업을 하는 이유를 정리해 보면,

① 돈을 벌기 위하여,

② 자기가 하고 싶은 일을 하기 위하여,

③ 사회적 지위와 명예를 위하여,

④ 국가와 인류 사회에 공헌하기 위하여 등으로 대별할 수 있을 것 같다.

물론 창업 초창기부터 회사가 성장 발전해 감에 따라 그 명분도 적절히 바뀌어가는 경우도 있을 것이다.

파나소닉(舊 松下) 창업자인 마쓰시타 고노스케(松下幸之助), 혼다 창업자인 혼다 소우이치로(本田宗一郎)와 함께, 일본에서 가장 존경받는 3대 기업가 중의 한 분으로, '경영의 신(神)'이라는 찬사를 듣는, 2022년 타계한 교세라 창업주 故 이나모리 가즈오(稻盛和夫)회장의 「왜 사업을 하는가?」라는 책에서 몇 가지를 발췌, 소개한다.

무언가를 이루어 내려면 많은 사람의 마음을 얻어 그들의 참여를 이끌어 낼 수 있을 만큼 순수하고 강한 동기가 필요하다. 그렇기 때문

에 누가 봐도, 어떤 방향에서 봐도 당당하게 말할 수 있는 고매한 뜻, 목적 의식이 없으면 모든 힘을 다 들여도 주위사람들의 협력을 얻을 수도, 그 일을 성공시킬 수도 없다.

기업을 경영한다는 것은 '자신의 꿈을 실현하는 것'이 아니라, '직원과 그 가족의 현재 그리고 미래까지 책임지는 것' 임을 깨달았던 것이다.

나는 「물심양면으로 모든 직원의 행복을 추구한다」는 것을 경영 이념의 최우선으로 삼고, 거기에 회사의 일원으로서 책임을 다하기 위해 「인류와 사회의 진보 및 발전에 공헌하는 것」 이라는 항목을 추가해 교세라의 경영이념으로 삼았다. (경영이념='사람의 마음')

어떤 역경이 있어도 그 것을 뛰어 넘으려는 사람. 성취할 때까지 끝까지 해 내려는 강한 의지가 몸 속 깊은 곳에서 솟구쳐 나오는 사람. 그런 사람이 아니면 결코 창조적인 일을 할 수가 없다.

기본이란 무엇인가? "어떻게 살아가야만 하는가?", "인간으로서 무엇이 올바른 것인가?"라는 것을 항상 배우고, 실천하고, 반성하는 일이다…… 배운 것을 바탕으로 매일같이 반성하고, 매일같이 실천하는 것의 소중함을 (강연에서) 학생들에게 반복해서 강조하는 것이다…… 내가 말하고 강조하는 삶의 태도나 경영 원칙에 공감하고 그 것을 따르고 실천하는 사람만 남게 된다.

"매출 최대, 비용 최소"가 경영의 핵심이라는 것과 "리더는 부하로부터 존경받는 훌륭한 인간성을 가져야 한다"는 것, 그리고 동시에 "목표는 어떤 환경 변화가 있어도 달성해야 한다는 강한 의지를 갖지 않으면 안된다"는 것 등을 거듭해서 강조했다.

새로운 사업에서 성공을 거두고 싶다면, 성공에 이르는 프로세스가 머리 속에 그려질 때까지 강한 집념을 품고 있어야 한다. 그렇게 깊이 몰두하지 않으면 새로운 경지를 개척하는 경영은 불가능하다.

일과 인생의 성과를 나타내는 방정식 :
【일과 인생의 결과=사고방식 X 열의 X 능력】

지름길을 찾는 꼼수를 버려라. 불타오르는 '열의'를 가슴에 품고, 누구에게도 지지 않는 노력을 기울였다.

또 사업을 통해 직원을 비롯한 세상의 많은 사람에게 공헌하고 싶다는 숭고한 사고방식을 갖고 있었다……보통 유명 대학을 나와 공부를 하면 할수록 "능력"에 의존하고, "열의"나 "사고방식"의 중요성에 대한 인식이 부족해지는 경우가 많다. 그래서인지 창업자로 성공한 사람 중에는 유명 대학 출신이 의외로 적다. 재능이 있으면 오히려 겸허하게 생각하거나 있는 그대로 노력할 수 없는 것은 아닐까 하는 생각마저 들 때가 많다.

「꾸준한 열정을 가지고, 성실하게 착실하게 노력을 계속해 나간다」 라는 지극히도 우직한 방법이 바로 성공을 불러오는 왕도(王道)이다.

「사람과 세상을 위해 도움이 되는 것이 인간으로서의 최고의 행위이다」

중소기업을 창업해서 경영하는 분들께서도 차제에 사업을 시작할 때 어떤 생각과 마음가짐으로 임했으며, 세월이 흐른 지금은 어떤 생각을 하고 있는지 되짚어보는 기회가 되었으면 한다. 또한 사업 초기의 동기가 어떠했는지? 현재 시점에서 어느 정도 성공을 거둔 분들의 경우에도 본인의 경영철학 내지는 경영이념에 대한 생각을 해 보면 좋겠다.

10여 년 전 중국 주하이(珠海)의 PCB 메이커를 방문했을 때, 동양화를 전공했다는 오너가 세계 각국의 주요 기업들의 경영이념과 기업 문화에 깊이 심취하여 10여권의 두터운 다이어리에 세계의 다양한 기업들의 경영이념 등을 스크랩한 것을 보여주면서, 필자가 삼성 출신이라고 하자 삼성의 경영이념과 기업 문화에 대해 장시간 토론을 했던 매우 인상적인 기억이 있다.

거창하게 경영철학 내지는 경영이념이라 내세우지 않는다고 하더라도 본인이 어떤 지향점을 가지고 어떤 가치를 지닌 기업으로 키워 나가겠다는 생각과 포부를 가지고 경영에 임하고 있는지를 차제에 한 번 정리해 보기를 권하고 싶다.

또한, 본인이 기업 경영을 하면서, 「회사를 최소한 어느 규모까지 키우겠다」는 목표도 설정해 보기를 권유 드리고 싶다. 그런 목표 가 있어야 경영자 본인은 물론 주요 임직원들의 지향점이 생기는 것이고, 그런 지향점에 도달하기 위한 구체적인 전략과 수단을 강구할 수 있을 것이기 때문이다.

나는 왜 사업을 하는가? 를 되새겨 보면서, 오늘보다 나은 내일을 설계해 보는 계기가 되었으면 좋겠다는 바램을 담아 본다.

이나모리 가즈오 회장은 1959년 자본금 300만엔, 28명의 종업 원으로 교토세라믹주식회사(현재의 KYOCERA)를 설립하고, 그의 선경지명으로 교세라는 출범 첫 해에 매출 2,600만엔을 달성하고, 당시 불모지였던 미국 시장까지 진출하여 현재 최고의 세라믹회사로 성장하였다.

당시 그는 회사를 효율적으로 관리하기 위하여 '아메바 경영'이 라는 경영 방식을 창조해 냈고, 지금도 이를 배우기 위해 전세계 의 경영인들이 교세라(Kyocera)를 따라하고 있다.

2010년 경영 파탄에 직면한 일본항공(JAL) 문제 해결을 위해 당

경영컨설턴트가 전하는 **기업의 변신**

시 민주당 정권 요청으로 무보수 회장으로 취임하여, 과감한 구조 조정과 함께 일본항공 사원들에게 채산성 의식을 철저하게 갖게 함으로써 재건에 성공하여, 경영 파탄 2년8개월만인 2012년 도쿄주식시장에 再상장하여, 부실 적자 항공사를 정상궤도에 올려놓는 경영 수완을 발휘한 바 있고, 이 때문에 일본에서는 '경영의 神'으로 불리고 있다.

기업 경영자들이 되새겨보면 좋을 만한 이나모리 회장의 어록의 일부를 소개 드린다.

∨ 사업의 의의와 목적을 명확히 하라. 구체적인 목표를 세워라.
∨ 강렬한 열망을 품어라. 누구에게도 뒤지지 않는 노력을 하라.
∨ 매출은 최대화하고, 비용은 최소화하라. 가치(가격)를 결정하는 것이 경영이다.
∨ 강한 의지, 불타는 투혼, 용기를 가지고 일에 임하라.
∨ 항상 창조적으로 일하라.
∨ 배려의 마음으로 성실하게. 항상 밝고 긍정적으로 꿈과 희망을 갖고 순수한 마음으로 경영하라.
∨ 높이 스스로를 이끌어 가려고 한다면, 굳이 장벽에 맞서 나가야 한다.
   그 때 제 일의 장벽은 안일을 추구하는 자신의 마음이다. 그런 자신을 극복하여 장벽을 극복하고 뛰어난 성과를 거둘 수 있다.
∨ 리더는 항상 겸손해야 한다. 겸손한 리더 만이 협조성이 있

는 집단을 쌓고, 그 집단을 조화롭게 지속적으로 성공시킬 수 있다.

V 긴 인생 여정 동안 실망과 어려움 및 시련의 때가 몇 번 있다. 하지만 자신의 꿈의 실현을 목표로 모든 힘을 내어 성실하게 노력하면, 그 시기는 절호의 기회이기도 하다.

V 하지 못할 수 있더라도 그 것은 지금의 자신에게 할 수 없는 것이고, 미래의 자신이라면 가능하다고 미래 진행형으로 생각하는 것이 중요하다.

V "솔직한 마음", "열정", "노력", 같은 말은 너무 원시적인데, 아무도 신경쓰지 않는다. 그러나 <u>그런 간단한 원리야 말로 인생을 결정하는 포인트인 것이다.</u>

V 리더의 행동, 태도, 자세는 그 것이 선이든 악이든 본인 한 사람에 그치지 않고, 집단 전체에 등불처럼 확산된다. <u>집단, 그것은 지도자를 비추는 거울인 것이다.</u>

V 인간으로서 보편적으로 올바른 판단 기준은 간단히 말하면, 공평, 정의, 노력, 용기, 자비, 성실이라는 단어로 표현할 수 있는 것이다. 자신의 마음속에 이러한 인간으로서 보편적으로 올바른 판단 기준을 설정하고, 그에 따라 행동하는 것이 성공의 왕도이다.

V <u>회사가 커지고 나서 (회계 및 내부)시스템을 만드는 것이 아니라, 작을 때부터 확고한 시스템을 만들었기 때문에, 교세라는 회사가 커져도 큰 문제가 일어나지 않았다.</u>

V 다른 환경에서 자란 사람들의 마음을 연결하고 전세계 사람들

로부터 신뢰와 존경, 교감과 감동을 얻을 수 있는 보편적인 경영 철학이 있어야 한다. 그런 경영 이념을 세계 각지의 직원이 공유해야만 문화의 벽을 넘어 하나가 되어 사업을 추진할 수 있는 것은 아닐까?

14. 기업 가치관이란 무엇인가?[05]

어느 정도 규모가 있는 기업이라면 대부분 경영이념, 비전, 인재상 등을 갖추고 있는데, 직원들에게 회사 가치관이 무엇인지 물어보면 제대로 답하지 못할 때가 많다.

먹고 사는 게 우선이지, 미션이나 비전 같은 공자님 말씀은 사치스런 고민이 아니냐고 말할 수도 있다. 그러나 이는 기업 가치관 정립의 목적을 이해하지 못해 생기는 오해다.

기업이 거친 바다 위를 항해하는 배라면 기업 가치관은 항해의 목적과 방식을 정하는 일과 같다. 당장 먹고 사는, 눈앞의 파도를 넘기에만 급급해서는 망망대해를 표류하게 될 가능성이 크다. 멀고 험난한 여정을 성공적으로 마치려면, "왜 이 항해를 떠나야만

---

05 중소기업 최고경영자들에게 전하고 싶은 메시지 내용이 잘 정리되어 있는 것 같아, "더밸류즈가치관경영연구소 정진호 소장이 대한상의 브리프 109호(2019.11.11자)에 기고한 글"을 재구성해서 소개 드린다.

하는가?", "항해 중 지켜야 할 규칙은 무엇이고, 어떤 마음가짐이 필요한가?" 등에 대한 답을 정하고 선장부터 말단 선원까지 공유해야 한다.

기업에서는 이러한 질문에 대한 답을 '기업 가치관'에 담는다. 기업의 공통된 가치관을 정립함으로써 구성원 모두가 한 방향을 바라보고 하나의 목표에 집중하도록 한다.

기업 가치관은 "미션", "비전", "핵심가치"로 구분해서 알아보고자 한다.

> **【기업 가치관의 구분】**
> 미션 : "왜 존재하고 영속해야 하는가?"
> 비전 : "무엇을 이룰 것인가?"
> 핵심 가치 : "어떻게 일하는가?"

미션(Mission)이란?

미션은 기업이 '왜 존재하고 영속해야 하는가?'에 대한 답이다. 기업 가치관 중 최고 상위의 개념이기 때문에 미션이 제대로 갖춰지지 않으면 비전, 핵심도 자리잡기 어렵다.

한국 기업의 미션 상당수는 명확하지 않고 거창한 표현으로 포장되어 있곤 하다. 이를테면 '인류의 행복에 공헌'이나 '글로벌 Top3', '미래기술 선도' 같은 경우다.

반면에 글로벌 기업들의 미션은 명확하고 단순하지만 구체적이다. 누구나 이해할 수 있고, 실제 업무에서 처하는 의사결정 순간에 판단의 가이드 라인이 될 수 있도록 하는 것이다.

글로벌 기업들이 미션에 더 신경을 쓰는 이유는 명확한 미션을 통해 전 세계의 경쟁사들 가운데 자사만의 정체성을 차별화할 수 있기 때문이다.

비전(Vision)이란?

비전은 '무엇을 이룰 것인가?'에 대한 답이다. 미션이 기업의 존재 이유라면, 비전은 미션을 증명하기 위해 달성해야 하는 구체적인 목표이다.

비전은 미션보다 구체적이고, 중장기 전략에 가깝기 때문에 조직원들의 동기부여에 더 효과적이고, 고객과 투자자에게도 기업의 미래를 가늠할 수 있는 척도가 된다. 또한, 비전은 미션과 달리 가변적이다. 글로벌 기업들은 기존 목표를 달성하거나 경영환경 변화 등으로 사업의 우선순위가 바뀔 때 마다 비전을 재 검토해 조직의 큰 방향성을 수정해 나가곤 한다.

마이크로소프트는 비전 정립의 좋은 사례로 꼽힌다. 1975년 빌 게이츠가 설립 당시 마이크로소프트의 비전은 "모든 가정이 PC를 하나씩 보유토록 하겠다" 였다. 아주 도전적이면서도 기업의 목표를 명확히 보여주는 문장이다. 그리고, 각 가정의 PC 보급이 현실화된 오늘날 마이크로스프트의 비전은 "모든 개인과 기업들의 잠재력을 이끌어 내는 것"으로 바뀌었다. PC시장을 넘어 SW, AI 등 넓은 영역에서 '혁신의 틀'을 만들겠다는 방향성을 읽을 수 있는 비전이다.

비전은 구체성이 담보되어야 영향력을 발휘할 수 있기 때문에 구체적이어야 하며, 비전은 공개적으로 설명되어야 하는데, 설명을 잘하려면 비전이 단순하고 명료해야 한다. 아울러 비전이 현실에서 잘 구현되도록 꼼꼼하게 관리해 나가야 하는데, 현상의 업무들이 비전과 여하히 연계되는지를 알 수 있게 진행해야 한다는 점을 명심하면 좋겠다.

핵심가치(Core Value)란?

핵심가치는 목표 달성을 위해 일하는 방식을 규정한다. 달리 말하면 '어떻게 일하는가?', '일할 때 판단기준은 무엇인가?'에 대한 답이라 할 수 있다.

가치판단 기준은 사람 수만큼 다양하다. 핵심가치는 이들 중 몇

개를 선택해 구성원들이 업무를 수행하면서 가장 우선하도록 정하는 것이다.

핵심가치는 회사 차원의 중대한 정책 결정에서부터 모든 구성원이 일상적으로 보여주는 행동과 결정까지 영향을 미친다.

예를 들어 애플의 핵심가치는 '단순함, 디자인, 품질'이다. 아무리 좋은 기능이 있어도 복잡하고 미적으로 좋지 않으면 우선순위에서 제외된다.

구글의 'Don't be evil(사악해지지 말자)'이라는 문구도 유명하다. 당연한 말이지만, 독특한 표현으로 기억에 남아 임직원들이 의사결정 과정에서 다시 한번 고민해 보게 만드는 기준 역할을 해 왔다.
국내에서도 배달의 민족, 토스 등 혁신기업이나 스타트업을 중심으로 기업의 특성과 의견을 반영한 핵심가치를 수립하는 경우가 늘고 있다.

만약 핵심가치가 없거나 조직원에게 충분히 내재화 되지 않는다면 각 조직원은 각자의 판단기준에 맞춰 일을 진행하게 되어 기업 행동에 일관성이 없어지고 대외적 신뢰를 잃거나 잘못된 결정을 내릴 가능성이 커진다.

【우아한 형제들(배달의 민족)의 핵심가치】

송파구에서 일을 더 잘하는 11가지 방법

1. 12시 1분은 12시가 아니다.

2. 실행은 수직적!!, 문화는 수평적~

3. 잡담을 많이 나누는 것이 경쟁력이다.

4. 쓰레기는 먼저 본 사람이 줍는다.

5. 휴가나 퇴근시 눈치 주는 농담을 하지 않는다.

6. 보고는 팩트에 기반한다.

7. 일의 목적, 기간, 결과, 공유자를 고민하며 말한다.

8. 책임은 실행한 사람이 아닌 결정한 사람이 진다.

9. 가족에게 부끄러운 일은 하지 않는다.

10. 모든 일의 궁극적 목적은 '고객창출'과 '고객만족'이다.

11. 이끌거나, 따르거나, 떠나거나!!

기업 가치관을 어떻게 만들까?

① 준비: 경영자, 전 직원 참여

기업 가치관 수립을 준비하는 단계에서 가장 잦은 실수는 일부 부서에 안을 마련하라고 지시하는 것이다. 이 경우 기업 전체를 아우르지 못한 채, '고객만족', '주주가치 극대화' 등 상투적 수사로 채운 결과물이 나올 가능성이 높아, 임직원들이 수립된 기업 가치관을 신뢰하지 않게 된다.

기업에 대해 가장 잘 알고 있는 경영자가 직접 참여해 진두지휘하거나, 적어도 많은 직원들의 다양한 의견을 수렴할 수 있도록 독려해야 한다.

② 수립: 표현은 짧게, 내용은 현실적으로

과욕을 부려 너무 많은 것을 넣다 보면 표현이 상투적이고 내용도 현실성 없는 '좋은 말씀'이 되기 십상이다. 표현은 짧고 독특하게, 내용은 핵심적이고 현실적으로 쓰는 것이 좋다. 혹시 너무 축약해서 상세 설명이 필요하다는 생각이 들면, 원본은 간단한 채로 놓아두고 따로 설명집을 만들어도 좋다.

③ 확산: 내재화를 위한 지속적인 독려

가장 좋지 않은 경우는 위의 단계를 밟아 정립한 기업 가치관을 화려한 선포식을 마지막으로 더 이상 찾지 않게 되는 것이다. 물론 선포식 등 대외적 공표는 필요한 작업이다. 하지만 더욱 중요한 일은 새로 제정한 가치들을 직원들에게 내재화하는 것이다. 지속적 교육과 캠페인으로 새로운 가치관을 실무에 적용토록 독려해야 하고, 때로는 이를 어긴 조직원에 대한 제재도 필요하다.

중소기업으로서는 너무 거창하고 사치스런 작업이라 치부할 수도 있겠으나, 기업의 규모와 상관없이 기업의 최고경영자는 이와 같은 기업 가치관 정립에 평소에 관심을 갖고 준비를 해 보면 좋겠다는 의미로 인용해서 소개를 드린다.

15. 업(業)의 개념

삼성 이건희 회장은 취임 후 「업(業)의 개념」이라는 다소 생소한 개념을 설파하였다. 신경영선언 이후 삼성의 전 계열사 및 각 사업부 문별로 업(業)의 개념을 종합적으로 정리한 적이 있다. 주요 정리 내용은, ①Mission(업의 변화 추세), ②업의 본질과 특성, ③중점관리 포인트(핵심역량) 등으로 사업부 단위까지 그룹 전체를 정리한 내용은 200여페이지 분량이 되었다.

일반인들에게는 다소 생소한 용어겠지만, 이건희 회장이 주창한 내용은 중소기업 경영인들도 한 번쯤은 되새겨 봄직한 것이라 생각되어 일부를 소개드린다.

사업이라는 건 저마다 독특한 본질과 특성을 갖고 있다.

업(業)의 본질이 다르니 핵심 성공 요인도 달라진다.

업의 본질과 특성을 제대로 알고 핵심 성공요인을 찾아 관리 역량을 집중하는 것이 전략 경영의 요체다.

경영자가 자기 업의 개념을 모르면 전략·전술이 나올 수 없으므로 제대로 관리할 수 없다.

과거에 우리가 업의 개념을 잘못 알아서 1억$ 수주에 1억$ 손해를 보는 등 수주업 분야에서 수조원의 기회 손실이 있었다. 우리가 수주업의 개념을 잘 몰라 함정에 빠졌기 때문이다.

신규 사업을 전개해 온 것을 보더라도 첫 3년간은 완전히 헤메고, 그 다음 2년간은 수습하는데 시간을 보냈다. 업의 개념을 제대로 아는데까지 빠르면 5년, 길게는 8년이 걸렸다.

업(業)의 개념은 고정불변이 아니다.
시대와 상황에 따라 개념의 폭과 넓이, 깊이가 달라진다.

따라서 누가 먼저 정확하게 변화하는 業의 개념을 잡아내는 것이 기회 선점의 관건이다.
무엇이 핵심기술이며 그 기술이 어디로 가는지, 우리의 고객은 누구이고, 고객의 기호가 어디로 가는지, 경쟁력의 핵심은 무엇인지를 항상 파악하고 있어야 한다.

業의 개념을 제대로 파악하기 위해서는, 입체적 사고와 발상의 전환을 통해 *Macro*와 *Micro*, *Hard*와 *Soft*적 속성을 모두 분석해야 한다.

이러한 내용을 바탕으로, 필자가 나름대로 정리해 본 설비회사의 업의 개념을 소개한다.

설비회사는, 메카트로닉스(Mechatronics)와 소프트웨어 기술을 바탕으로, 부가가치 높은 정밀기계를 개발·공급함으로써, 고객의 경쟁력 제고에 기여하는 「정밀기술시스템業」의 수주업이다.

설비회사의 핵심역량(중점관리포인트)은,

① 자본재 생산 공급사업: 고품질의 고객 대응 체제(동일 설비 반복 수주 少), 영업력이 중요

② 기술집약적 고부가사업: 핵심인력 확보/양성, 기술도입/국제 협력을 통한 부족기술 확보

③ Timing 사업: 고객의 短납기 요구에 대응하고 기술 변화를 예측한 선행 개발이 필수

④ A/S 即대응이 중요: 판매된 설비가 영업사원, 설비 가동률 보증은 필수 요건

등으로 정리를 해 보았다.

설비회사의 경영자들도, 설비업의 본질과 특성을 이해하고 일상 경영 활동에서도 그 요체를 염두에 두고 경영에 임하면 도움이 되지 않을까 하는 생각을 해 본다.

사업의 본질을 이해한다는 측면에서 필자가 깊게 관련하고 있는 2차전지(배터리) 사업의 특성을 나름대로 정리해 본 것을 소개한다. (cell maker 관점 중심)

① 「규모의 경제」가 요구되는 사업. : 일정 규모(수십GWh)에 도

달할 때까지 지속적인 투자가 필요

② 수요자 중심 시장 (Buyer's Market, not Seller's Market) : 선 고객 확보로 수주 확보(order made)가 투자의 선결 요건 이고, 투자 회수기간이 길다.

③ 제품 개발능력이 경쟁력의 핵심요소 : 성능/품질(Q), Cost…. 원통형 18650은 2000년대 초에 max. 1800mAh였으나 현재는 동일 사이즈임에도 3400~3500mAh로 용량이 증대됨.

④ 장치산업의 일종 : 설비 가동율과 제품 양품율 관리가 핵심 관리요소임.

⑤ 안정적인 공급망(Supply Chain)이 중요 : 재료비가 배터리 제조원가의 60% 수준.

16. 기업은 사람이다

삼성그룹 창업자 이병철 회장께서 전국경제인연합회 최고경영자 연수회에서 강연한 말씀이다.

나는 기업 생활을 통해서 「기업은 사람」 이라는 원리를 잠시도 잊지 않고 실천해 왔습니다. 국가의 발전이 탁월한 정치가에 달렸다면 기업의 발전은 유능한 경영자에 달려 있습니다.

삼성이 발전한 원인도 결국 남보다 유능한 인재를 많이 기용한 결과라고 하겠습니다.

회사의 차이는 회사를 구성하는 사람의 차이에 따라서 결정되는 것입니다.

기업 내에 사람이 퇴보하면 그 나라 경제가 퇴보합니다.

아무리 유능한 신입사원을 뽑았더라도 입사 후에 지도가 나쁘면 쓸모 없는 인간이 되는 수가 있고, 입사할 때에 다소 성적이 나빴던 사람도 사내 훈련으로 유능해지는 예를 많이 보았습니다. 따라서 입사 후의 사내 교육이 중요합니다.

이병철 회장은, ① 사업 보국, ② 인재 제일, ③ 합리 추구를 경영 이념으로 해서 삼성을 이끌었고, 그 중에서도 "인재 제일"을 최우선으로 강조해 왔다. 한 동안 이병철 회장께서 직접 신입사원 채용 면접에 참여했다는 일화는 유명하다.

이나모리 회장의 직원들에 대한 생각도 이병철 회장의 인재 중시 경영과 큰 차이는 없는 것 같고, 특히 중소기업에서 좋은 인재를 뽑기 어렵다는 애로 토로와 직원들의 마음을 얻고 애정을 기울여야 한다는 언급 등은 우리 중소기업인들도 공감하는 부분이 많을 것 같아, 이나모리 회장의 저서「사장의 그릇」에서 일부를 발췌해서 소개한다.

중소기업에는 아주 훌륭한 직원이 올 리가 없습니다. "교세라"도 영세 기업으로 시작했습니다만, 당시에 어디에나 있을 법한 인재 밖에 들어오지 않았습니다. 하지만 그러한 사람들을 우선 중요하게 여기는 것부터 시작해야 합니다.

(냉정히 말하면) 중소기업은 돈이 없을 뿐더러 기술도 없습니다. 중소기업이 의지할 수 있는 것은 거기에 모여든 직원들 밖에 없습니다. 그러니 그 사람들의 마음을 사장을 중심으로 결속시켜야 합니다.

직원들이 "우리 사장은 참 훌륭해"라고 말할 수 있도록, 그 들의 마음을 사로잡아야 합니다. 직원을 홀리는 것이 불가능하다면 중소기업은 성공할 수 없다고 저는 생각합니다.

직원을 홀리려면 우선 직원을 소중하게 여길 줄 알아야 합니다. 물론 가능한 범위 내에서 말이지요. 회사도 아직 제대로 운영되고 있지 않는데 터무니없이 높은 급여를 지급할 수는 없을 겁니다.

실제로 (많은 중소기업들은) 세간의 평균보다 적은 급여 밖에 주지 못합니다. 이런 커다란 모순을 안고 있는 데다가 노동 시간도 다른 회사 보다 길 경우, 사장이 직원에게 엄청난 애정을 갖지 않는 한 물질적인 것 만으로 직원이 (사장을) 따를 리 없습니다.

그렇기에 다른 그 어떤 회사보다 더 많이 힘내라고 격려해야 합니다. 직원들로 하여금 '사장을 따라 힘 내보자'라고 생각하게 만들려면 그 사장이 직원들에게 애정을 기울이는 수 밖에 없습니다.

사람의 마음은 변하기 쉬운 것이지만, (그래도) 한 번 강하게 결속으로 맺어진다면, 사람의 마음만큼 강한 것도 없습니다.

우리 중소기업인들도 사람 문제로 많은 어려움을 겪고 있을 것이라 생각한다. '사람 뽑기가 어려운데, 더구나 좋은 사람 뽑기는 더 더욱 어렵다. 이직이 잦다. 주요 포스트 책임자급 영입은 더욱 어렵다'는 등등의 현실적인 애로를 쉽게 들을 수 있는 부분이다.

그럴수록 회사의 지향점과 전략 목표를 명확히 하고 이의 단계적 달성을 실현함으로써 직원들에게 희망을 불어넣어줄 수 있어야 하지 않을까?

주요 포스트 인력에 대한 사전 포석의 중요성

대부분의 중소기업은 설립 초기에는 뜻이 맞는, 소위 말하는 창업 동지라 할 수 있는 몇 명(5~20명 정도)의 소규모 인력으로 출범해서 회사가 단계별로 성장을 해 감에 따라, 인력 규모도 50명→ 100명 → 200명→ 300명 등으로 증가해서 덩치가 커져가는 것이 통상적인

경영컨설턴트가 전하는 **기업의 변신**

중소기업의 성장 과정이라 하겠다.

초창기의 소규모 기업에서는 조직이나 역할 분담 없이도 조직원 각자가 올-라운드-플레이(all round play)를 한다는 생각으로 서로 협력해서 직면한 문제들을 슬기롭게 잘 헤쳐 나가기도 하지만, 인력이 늘어나고 조직이 확대되면 업무 분장이나 조직 정비 등의 과제가 대두되기도 한다.

회사가 성장해 가면서 대부분의 초창기 멤버들도 회사와 같이 동반 성장하여 조직의 중추적인 역할을 맡게 되고, 오너 또한 초창기부터 고생한 멤버들에 대한 보답 차원에서 의리를 지키기 위해 나름대로 예우를 해 가면서 계속 같이 가기를 원하는 것이 통상적인 것 같다.

다만, 회사가 일정 규모까지 성장해 갈 때는 그다지 문제가 되지 않지만, 그 이상 규모로 성장하게 되면(성장하기 위해서는) 초창기 멤버들의 관리 능력이 문제가 되는 경우도 더러 있는 것 같다.

이는 설립 초창기 멤버들이, 회사가 일정 규모 이상으로 성장한 상황에서도 초창기 소규모인 시절의 생각과 업무 관행을 바꾸지 못함에 기인하는 경우가 많고, 특히 오너나 회사가 당장 걸려 있는 업무에 몰두하다 보니, 초창기 멤버들의 경영에 대한 안목이나 관리 능력을 향상시킬 수 있는 교육이나 계기를 만들어주지 못함에 기인하는 부분도 있다고 생각한다.

어떤 회사의 경우, 초창기 멤버들이 '초창기에는 이러했다'는 나름의 무용담과 경험담에 사로 잡혀서, 조직이 상당히 커졌음에도 과거 방식에 몰입해서 변화를 가로막거나, 본인들의 과거 경험만이 유일한 성공 사례라는 생각에 갇혀서, 새로 합류한 멤버들에게 이질감을 조성하고 갈등 요소가 되는 사례도 많이 보아왔기에 소개를 드린다.

오너(경영자)는 회사의 발전 전략(중장기 목표)에 따라 회사의 성장 단계별로 조직은 어떻게 구성할 것이며, 각 조직의 주요 포스트는 누가 적합할 것인지에 대해 조직이 (다음 단계로) 커지기 전, 적어도 2~3년 전부터 선제적으로 구상하고 검토를 해야 한다는 점을 강조드리고 싶다.

2~3년 후 조직이 확대되었을 때에도 초창기 멤버들을 포함한 기존 인력들을 육성해서 그대로 맡길 수 있겠는지? 아니면 새로운 인력을 영입하여 일부 포스트를 맡길 것인지?

이와 같은 주요 포스트에 적재적소의 인력 배치를 하는 문제가 오너(경영자)로서는 최우선 과제라고 생각한다.

초창기 멤버들을 무조건 무시하거나 비하하려는 의미는 전혀 아니므로 오해가 없기를 바란다.

필자는, 초창기 멤버들을 포함한 기존 인력들의 관리 능력이 회사의 성장에 걸맞게 동반해서 성장, 발전해 갈 수 있느냐? 는 데 주안점을 두고 하는 말이다.

물론 오너나 최고경영자는 기존 멤버들의 관리 능력을 향상시키고, 경영에 대한 안목을 넓힐 수 있도록 스스로 교육을 하거나 외부 교육을 통해 기존의 생각(고정관념)에서 벗어나 새로운 관점과 역량을 기를 수 있도록 충분히 지원을 해야 하겠다.

개인별로 차이가 있어서, 사내외 교육이나 직원들 각자의 노력으로 눈에 띄는 변화와 성장을 보여주는 사람이 있는가 하면, 아무리 자극을 줘도 거의 변하지 않는 사람도 있기 때문에, 회사가 성장하면서 조직이 확대되어 갈 때 초창기 멤버라고 해서 반드시 중요 포스트를 맡긴다는 생각은 버려야 할 것 같다. 그렇다고 초창기부터 고생해 온 멤버들을 홀대하거나 내치라는 것이 아니라 보유 역량에 걸 맞는 적재적소에 배치해서 활용해야 한다는 점을 강조하는 것이다.

초창기 멤버들에 대해 오너가 의리 때문에 역량에 걸맞지 않은 자리를 맡기게 되면, 그 조직 내지는 회사 전체에 마이너스가 되는 사례를 많이 봐 왔기 때문에, 주요 포스트에는 (출신에 관계없이) 역량에 걸 맞는 인재를 배치해야 한다는 것이다.

물론 오너는 평소에 역량의 보완이 필요한 당사자들과 많은 대화를 통해서 새로운 중책을 맡기 위해 어떤 역량을 보강해야 하는지를 구체적으로 일러주면서 본인들이 준비할 시간과 기회를 제공하고 기다려 주되, 일정한 시간이 지나도 변화가 없을 경우 근속년수와 초창기 멤버라는 이유 만으로 주요 포스트를 맡길 수는 없다는 점을 인식시키는 것도 필요하다 하겠다.

따라서, 오너나 최고경영자는 이와 같이 기존 멤버들을 육성하는 과제와 함께, 대안으로 외부 인력을 수혈하여 주요 포스트를 맡기는 방안도 병행해서 고민해야 하고, 회사의 단계별 성장 목표에 선행해서 선제적으로 2~3년 후에 필요한 주요 포스트 인력을 사전에 확보하는 노력을 평소에 기울이는 것이 필수적인 과업이라는 점을 강조드린다.

실제로 많은 회사에서, 초창기에 대리, 과장 정도의 직급이었던 사람이 세월이 흐르고 회사가 성장함에 따라 고위 임원의 자리를 맡게 되는 경우가 대부분인데, 이런 분들이 회사의 성장에 걸맞게 자신의 생각이나 안목은 물론 관리 능력을 겸비하는 등 보완 노력을 해 가면 다행이겠지만, 그렇지 못하고 회사의 초창기 시절(대리, 과장급 정도)의 사고에 머물러 있을 경우 전체 조직에서 걸림돌이 되는 경우를 많이 볼 수 있기 때문에 주요 포스트 인력에 대해서 여러가지 언급을 하고 있는 것이다.

경영컨설턴트가 전하는 **기업의 변신**

이나모리 회장 어록에서, 중소기업은 처음부터 좋은 사람을 뽑기 어렵다는 점, 또 일단 입사한 사람은 좋은 직원이 되도록 잘 육성해야 한다는 점 등을 살펴보았다.

우리 중소기업의 현실에서는 오너나 최고경영자가 관심이 없는 것은 아니지만, 당장 걸려 있는 현안에 몰두하다 보면 직원 교육에 거의 신경을 쓸 수 없기도 하고, 중장기 성장 전략이 없는 경우도 많고, 있다고 하더라도 체계적으로 관리를 하지 못하다 보니 2~3년 후에 주요 포스트 인력 구상 같은 것은 거의 하지 못하고 있는 것이 현실인 것 같다.

"기업은 사람이다"고 할 정도로 기업의 규모에 관계없이 기업 경영에서 최우선 과제가 "주요 포스트를 누구에게 맡길 것인가?" 이므로,
오너나 최고경영자로서는 최우선 화두로 기업 경영의 중추가 되는 주요 포스트 인력에 대한 고민을 끊임없이 하면서 2~3년 후를 대비한 사전 포석에도 만전을 기하기를 기대해 본다.

반드시 확보해야 할 인재와 곁에 두어서는 안 될 직원[06]

아래에 열거된 항목들이 모두 다 옳다고 할 수 없을 수도 있겠으나, 경영자들에게 주는 시사점이 있다고 생각되어 소개를 드린다.

---

06 작자 불명의 ppt('23.1월 입수), 「도대체 저 사람은 왜 나보다 빨리 승진했을까?」에서 발췌, 인용함

반드시 확보해야 할 인재의 10가지 특징

① 사람이 모여든다.

② 큰 그림을 그릴 수 있다.

③ 물러설 때를 안다.

④ 목표가 분명하다.

⑤ 뭔가를 만들어 낸다.

⑥ 몰입한다.

⑦ 스스로 동기를 찾아낸다.

⑧ 인재의 중요성을 알고 있다.

⑨ 총무(궂은 일을 도맡음)를 자처한다.

⑩ 호기심이 많다.

곁에 두어서는 안 될 직원의 10가지 특징

① 조직과 다른 목표를 가지고 있다.

② 혼자서 밥을 먹는다.

③ 평론과 컨설팅을 즐긴다.

④ 세력을 규합한다.

⑤ 조직 내 사적 연결고리를 중시한다.

⑥ 말을 잘 옮긴다.

⑦ 상황에 따라 다른 잣대를 들이댄다.

⑧ 설득하지 못하고 설득 당한다.

⑨ 사람을 데려오지 않는다.

⑩ 자기 계발에 관심이 없다.

사람이 먼저…...그 다음에 할 일(First Who, then What)[07]

위대한 리더들이 전환에 착수하면서 맨 처음 한 일은 적합한 사람들을 버스에 태우고, 부적합한 사람들을 버스에서 내리게 하는 일이었다. 그리고 나서 버스를 어디로 몰고 갈지 생각했다. 즉, 비전, 전략, 조직 시스템, 전술 등이 아니라 누구와 함께 일할 것인가가 더 중요한 일의 지침이었다.

「사람이 중요한 자산이 아니라 적합한 사람이 중요한 자산이다」라는 것이다. 이들은 사람에 대해 엄격했지만 비정한 해고와 구조조정을 실적 증진의 수단(전략)으로 사용하지는 않는다.

위대한 리더들의 인력 운영에 대한 기본 사고에 대해서, 우리 경영자들도 곱씹어 보면 좋겠다.

첫째, 의심스러울 때는 채용하지 말고 계속 지켜 본다.
둘째, 사람을 바꿀 필요가 있을 때는 즉시 실행하라.
셋째, 최고의 인재를 문제가 가장 큰 곳에 배치하는 것이 아니라, 기회가 가장 큰 곳에 배치하라

---

07 짐 콜린스(Jim Collins)의 「좋은 기업을 넘어……위대한 기업으로(2001년)」에서 인용

Ⅳ.

경영자의 역할과 책무

이건희 회장께서는 '전투는 몸만 쓰면 되고, 전술은 몸과 머리를 반반이며,
전략은 머리 위주로서 머리를 쓰려면 정보가 많아야 한다.' 고 했다.
차제에 경영자들께서 전략-전술-전투에 대한 개념 정리를 다시 한 번 해 보시기 바란다.
전략과 전술을 다루는 CEO(경영자)와 임원·관리자의 역할과 책무와 함께
각 직급별로 해야 할 일과 갖추어야 할 소양 등에 대해 점검해 보는 기회가 되면 좋겠다.
(임원·관리자 및 직원들에 대한 사내 교육 자료로 활용되기를 기대한다)

17. CEO의 역할과 책무

경영자의 역할에 대해 삼성의 이건희 회장이 지(知), 행(行), 용(用), 훈(訓), 평(評)으로 표현한, 바람직한 경영자상(像) 즉 "경영자는 종합 예술가"라는 정의에 많은 것이 함축되어 있다고 생각해서 소개를 드린다.

이건희 회장은, 「경영자는 우선 아는 것이 많아야 하고(知), 스스로 할 줄 알아야 하고(行), 남을 시킬 줄 알아야 하고(用), 가르칠 수 있어야 하며(訓), 사람과 일을 제대로 평가할 줄 아는(評), 종합 예술가가 되어야 한다」고 강조했다.

또한, 포기하지 않으면 언젠가는 성공하는 법, 포기하지 않고 역경을 견뎌내는 것, 이 것이야말로 CEO에게 꼭 필요한 자질임을 강조한 일본 사쿠라전기(桜電気)의 마쓰모토 켄이치(松本健一)회장의, 「경영자란 역경 속에서도 포기하지 않고 살아갈 길을 찾는 사람」이라고 강조한 점도 되새겨 봄직한 내용이라 생각한다.

유능한 리더가 포진해 있지 않은 기업은 안정적 성장을 기대할 수 없다. 기업에서 리더를 키우는 것은 경영자의 가장 중요한 책무이다. 회사의 리더를 키운다는 것은 회사 미래 비전을 설정하는 일과 맞물려 있다.

일반적으로 경영자가 해야 할 일은,

① 회사의 비전을 만들고 유지하는 것,

② 직원들에게 확신을 심어 주는 일,

③ CEO는 직원들이 비전을 실현해 가도록 도와야 하는 등의 크게 3가지로 얘기할 수 있겠다.

특히, 비전은 구체성이 담보되어야 영향력을 발휘할 수 있으므로 구체적이어야 하며, 설명을 잘 할 수 있으려면 단순 명확해야 하고 공개적으로 설명되어야 한다. 또한, 현상의 업무들이 비전과 어떻게 연계되는지를 알 수 있게 진행하여 현실에서 구현되도록 꼼꼼하게 관리해 나가는 것이 필요하다.

경영자의 역할과 책무를 다양하게 설명하고 있지만, 사람에 관련된 다음 3가지만 잘 하면 경영에 성공할 수 있다고 단언할 수 있겠다.

첫째, 우수한 인재를 확보하는 것이다.

인재 확보는 경영자(CEO) 몫이라 하겠다.

둘째, 그렇게 모은 인재를 조직하는 것이다.

우수한 인재들이 모여 조직적으로 일하도록 만드는 것(조직과 운영·관리체제 구축)이다.

셋째, 임직원들이 미치도록 일하게 만들고 몰입할 수 있도록 조직 구성원들에게 일하는 동기를 부여하는 것이다.

어떤 조직이든 조직의 성장과 발전에 기여하는 사람들의 뚜렷한 공통점은, 분명한 목표가 있고, 그 목표가 높고 크며, 그 목표를 위해 집요하게 노력하는 사람이라는 점 등을 들 수 있다. 앞에서도 언급했듯이 기업 경영은 결국에는 사람이 하는 것이기에, CEO로서는 우수한 인재를 확보, 육성하고 여하히 조직화해 가느냐가 핵심이라는 점을 거듭 강조 드린다.

인재 채용에서 가장 중요한 것은 품성과 태도라고 생각된다. 스마트한가? 성실한가? 목표가 있는가? 등 CEO들은 인재 채용의 기준도 차제에 한 번 더 정리해 보기를 권유 드린다.

또한, 중소기업 경영에서 중추적인 역할을 담당하는 임원 선발의 기준으로, ① 자발성, ② 회사의 가치와 철학을 존중, ③ 충성심, ④ 결과에 대해 책임을 지는 책임감 등을 추천한다.

성과를 내는 리더십은 마냥 지켜보고 격려하고 받아주기만 하는 것이 아니다. 적지 않은 임원들이 성과를 관리하지 않고 부하 직원을 관리하려고 한다.

또한, 「착한 상사 콤플렉스」가 심한 임원들은 통상 악역을 맡기를 싫어한다. 임원이 악역을 맡지 않으면 그 역할은 고스란히 CEO의 몫이 되고 만다. 결국 성과관리 책임도 CEO가 질 수밖에 없게 된다. 이런 임원들은 무늬만 임원일 뿐, 여전히 실무자에 불과하다.

착한 경영자, 착한 임원은 존재할 수 없다. 그런 임원들은 성과보다 관계에 더 높은 가치를 두고 있기 때문에 조직의 성과관리 책임자로 적합하지 않다.

<u>핵심임원으로 절대 영입하면 안 될 사람들</u>은,

첫째 가장 경계해야 하는 사람은, <u>조직이 추구해 온 가치와 비전을 송두리째 무시하는 사람</u>이다. 이런 사람은 완전히 자기 회사를 운영하는 것처럼 회사의 설립 취지를 외면하고 임직원들이 추구해 온 목표를 무시하는 등의 사람을 영입하는 것은 금물이다.

두 번째로는 "조직에 뼈를 묻을 각오"가 아니라 <u>직책을 이용하여 자기 커리어 관리에만 치중하는 사람</u>은 언젠가는 떠날 사람이다.
즉, 조직의 일을 하지 않고 자기 일을 하는 사람은 임원으로 영입해서는 안된다.

마지막으로 <u>자기 세력을 구축하는 임원</u>은 뽑지 말아야 한다.
이런 성향 역시 직장을 옮겨 다니면서 굳어진 것으로 이런 유형은 기존 직원보다 외부에서 들어온 인원을 선호하고, 기회가 닿을 때마다 기존 임직원들을 선별해 자기 사람으로 만들어 이 때문에 회사에 줄서기와 편가르기 현상이 일어나게 된다.

대표이사의 역할을 음미해 볼 수 있는, "BLT 특허법인의 엄정한 변리사"가 대표이사들에 대한 조언으로 기고(2023.5)한 "대표이사 10계명"을 압축·재정리해서 소개 드린다.

대표이사 십계명
1. 사람을 중시 여겨야 한다.
사람을 이용하고 버리는 사람은 결국 주변에 사람이 남지 않게 되고, 혼자 쓸쓸하게 외로운 삶을 살게 될 수 밖에 없다.

2. 바쁘면 안된다.
대표는 모든 일을 직접하는 사람이 아니라 일의 방향을 제시하는 사람이다. 대표이사는 바빠서는 안 된다. 다급한 결정을 하지 않기 위해서 대표는 항상 여유가 있어야 하고 '생각'을 할 수 있어야 한다. 자신의 시간을 컨트롤 할 수 없는 사람은 대표로서 실격이다.

3. 조직을 만들 줄 알아야 한다.
조직을 만들지 못하면 계속해서 모든 일을 대표이사가 스스로 해결해야 되기 때문에 계속해서 바쁠 수 밖에 없고 계속해서 자기의 시간을 현안 해결에 사용해야 되기 때문에 계속해서 바빠지게 될 뿐이다.
따라서 조직을 만드는 일은 당신의 시간을 확보하기 위해서 필수이다. 인간을 도구로 여기고 바쁜 사람은 대표로서 실격이다.

경영컨설턴트가 전하는 **기업의 변신**

4. 비전을 제시해야 한다.

비전이 없는 조직은 성장할 수 없다. 어떠한 조직이든, 스스로 한 문장으로 된 짧고 쉬운 '비전과 미션'을 반드시 갖고 있어야 한다. 비전을 제시하지 못하는 사람은 대표로서 실격이다.

5. 커뮤니케이션 스킬을 키워야 한다.

커뮤니케이션 스킬은 투자자들이 투자를 결정할 때 가장 중요한 요소로 판단하는 요소이다. 망하는 회사, 정당들의 대표적인 공통점은 대표이사가 주어와 목적어를 정확하게 얘기하지 않는 것이다. 커뮤니케이션 스킬 향상에 관심이 없는 사람은 대표로서 실격이다.

6. 글쓰기를 생활화하여야 한다.

대표이사는 자신의 생각을 명확하게 전달해야 된다. 대표이사 자신의 생각을 글로 명확하게 표현하는 연습을 하여야 한다. 자신이 하고자 하는 일을 분명하게 글로 쓰지 못하는 사람은 대표로 오래가지 못한다.

7. 숫자에 밝아야 한다.

회사는 수익 창출을 위한 조직이다. 회사 내에서 재무적인 부정 행위가 탐지되었을 때 반드시 짚어 주어야 한다. 한 번 구정물이 번지기 시작하면, 그 조직은 아주 쉽게 더러워진다.

따라서, 재무적인 상황에 대해서는 CFO 에게 맡기되, 실시간으로 '점검'을 해야 하며, 자신의 조직이 어느 정도의 리소스를 보유하고 있는지, 외부에서 자본을 끌어와야 하는지 등에 대해서도 항상 염두에 두어야 한다. 재무를 소홀히 하는 사람은 대표로서 실격이다.

8. 패션에 신경써야 한다.

패션은 나를 표현하는 가장 좋은 방법이다. 나를 소중하게 생각하지 않는 사람은 대표가 될 자격이 없다. 리더의 힘은 스스로에 대한 자신감에서 나온다.

9. 시장을 선도해야 한다.

트렌드를 좇는 것 보다는 '트렌드를 만든다'는 생각으로 일을 하는 것이 훨씬 더 효과적이다.

대표이사는 항상 '생각'을 해야 하고 고객의 말을 들어야 한다. 조직원들의 말을 들어야 하고, 투자자들의 말을 들을 필요가 있다. 시장을 선도하는 새로운 트렌드를 만들고, 그 트렌드를 기반으로 업계를 선도하고 사회를 보다 발전적인 방향으로 만들 수 있도록 '생각'해야 한다.

10. 행동해야 한다.

위 아홉 가지 내용들은 결국 행동하지 않으면 아무런 의미가 없다.

여유를 갖고 세상을 관조하면, 다양한 문제점을 발견할 수 있고 그 문제점은 사업의 기회가 된다. 자신이 생각한 사업의 기회를 무조건 시도해 봐야 한다. 시도하지 않고는 답을 알 수가 없다.

행동을 하고, 결과를 복기하고, 잘못된 전략을 수정하고, 전술을 실행하는 것이 인생이고 사업이며 정치다.

혼자서 생각만 하고, 행동에 옮기지 않는 사람은 대표로서 실격이다. 행복은 소유가 아니라 행동에서 온다. 세상을 향해서 나아가고 수많은 사람들을 만나고, 그들과 함께 느끼는 것 행동하는 것 그것이 바로 삶의 목표이다.

자리가 사람을 만든다. 대표라는 자리에 올랐다면, 위 열가지를 항상 생각하고, 그것을 기반으로 멋진 조직을 만들고, 그 조직이 사회의 발전에 도움이 되도록 만드는 것이 대표이사의 행복이다.

CEO께 드리는 제언

CEO가 현업에 너무 빠질 수밖에 없는 구조라면, CEO가 내일을 위한 구상을 하는 것은 불가능할 것이다. 필자가 젊은 후배 CEO들에게 곧잘 드리는 제언은, 「CEO는 가용 시간의 30% 정도만 현업에 할애하고 잔여 70%를 미래를 위한 준비에 투여할 수 있어야 회사의 미래를 담보할 수 있다」는 것이다.

CEO의 가용 시간 70%를 미래사업 발굴, 주요 포스트 인력의 사전 탐색과 섭외, 고객사와 협력회사 이외의 (다른 산업분야를 망라하는) 인적 네트워크 구축 등에 할애할 수 있으려면, 사전에 내부 관리 체제의 정비가 미리 이뤄져야 할 것이고, 아울러 핵심 임원들의 역할

강화가 전제되어야 가능할 것이다.

또한, 필자가 70%라고 얘기한 부분도 상징적인 의미도 있지만 회사 사정이나 CEO 성향에 따라서는 반드시 70%를 할애하라고 주장하는 것은 아니며, 그 정도로 CEO가 현업에서 자유로워질 수 있어야 함을 강조 드리는 것이다.

비슷한 표현으로 피터 드러커의 「경영자의 최고 자산은 시간 활용의 지혜」라는 대목인데, CEO들께서 한 번 음미해 보시기를 기대하며 소개한다.

최고경영자는 다른 누구에게도 맡겨서는 안 되는 다음 2가지 과제에 몰두할 시간을 반드시 가지도록 직무 계획을 짜야 한다.

즉, <u>첫째 고객, 시장, 기술을 위한 시간</u>이며, 다른 하나는 <u>사내의 핵심 요원과 만나서 차분히 이야기하기 위한 시간</u>이다.

다시 말하자면, 경영자의 최고 자산은 시간이며, 가장 귀중한 자산인 시간을 잘 활용하기 위해서는 집중이 필요하고, 한편으로는 최고경영자에게는 <u>자유로운 시간, 용무가 전혀 없는 시간, 문제 처리로 고민하지 않아도 되는 시간</u>이 필요하다는 지적이다.

최고경영자에 대한 비슷한 요지의 삼성전자 권오현 前회장의 발

경영컨설턴트가 전하는 **기업의 변신**

언의 일부이다('초격차'에서).

　가장 먼 미래를 보는 새가 모든 것을 가져간다. 모름지기 <u>한 회사</u>
<u>의 최고경영자라면, 자신의 업무 중 최소한 절반은 변화를 분석</u>
<u>하고, 불확실한 미래를 준비하는 데 바쳐야 한다.</u> 지금 당장의 이
슈에 함몰되다 보면, 멀리서 다가오는 변화의 먹구름을 보지 못
할 때가 있다. 리더가 눈 앞의 성과에만 매달릴 때 회사의 미래는
없다는 점을 꼭 명심하자.

18. 경영자가 꼭 해야 할 일

「어떤 조직이든 리더가 항상 깨어 있어야 한다」.
　기업의 관리시스템이 정상적으로 돌아가고 있는지? 제대로 일할
만한 사람이 조직을 든든하게 받치고 있는지? 를 항상 체크하는 것이
경영자의 기본 자세라 하겠다.
　2011년 지방 출장 중에 읽었던 『디테일(Detail)의 힘』이라는 책
의 부록에 소개된 시기별로, 주기적으로 「경영자가 꼭 해야 할
일」은, 업종 별로 차이가 있을 수도 있겠고, 제시된 항목들이 모
든 기업에 그대로 해당되지 않을 수도 있겠지만, 기업 경영에 임
하는 CEO나 임원들에게는 많은 시사점을 안겨줄 것으로 여기며,

중소기업 경영 자문을 할 때 마다 CEO들에게 소개해 오고 있다.

이 책에는 사소한 일들을 소홀히 하여 큰 일을 그르친 여러 가지 사례들이 소개되고 있고, 경영자는 큰 전략과 구상도 해야 하지만 사소한 일들(디테일)도 제대로 챙겨야 한다는 점을 역설하고 있는데, 이는 三星 신경영을 설파할 당시 이건희 회장의 "경영자는 마크로(Macro)하게도 접근해야 하고, 아울러 마이크로(Micro)한 것도 간과해서는 안된다"는 말씀과 일맥 상통한다고 하겠다.

필자가 중소기업을 직접 경영하면서 실천했던 사항들도 더러 있고, 평소에 강조해 오던 사항들도 포함되어 있어서 적극 소개를 드리고 있다. 책이 출판된 시점이 오래 되었고, 일반론적인 언급도 있어서 독자에 따라 취사 선택이 필요 하겠으나, 기회가 되면 『디테일의 힘』이라는 책의 일독을 권해 드리고 싶다.

이 책의 저자(汪中求)는, 2011년 당시 베이징 대학교 부설 '디테일 경영연구소장'을 맡고 있고, 1992년 봄, 덩 샤오핑의 개혁 추진 의지에 감명을 받아 경제계에 투신하여 홍콩의 헝아(恒亞)그룹, 칭화퉁팡(淸華同方), 타이하오커치(泰豪科技) 등 유수의 기업에서 일하는 동안 말단 영업사원에서 시작하여 대표이사의 자리에 오르기도 하였으며, 10여 년간 27개 도시를 돌며 무려 2,000건이 넘는 계약과 협정을 체결하였으며, 치정(奇正)컨설팅의 마케팅 관리 수석 고문으로 활동한 바 있다. 영업 사원으로 일하게 된 첫 날부터 10여 년 동안 하루도 빠짐없이 일기를 쓰고, 기업

관리를 전문적으로 연구하여 지금까지 여러 권의 책을 집필하였으며, 기업의 CEO로 있으면서 마케팅에서 기업 관리로 시야를 돌렸고, 그간의 경험에서 얻은 교훈과 노하우를 바탕으로 "디테일의 힘"을 집필했다고 한다. 중국 사회 각계 각층의 뜨거운 호응에 힘입어 2011년 당시 전국 순회 강연을 통해, '디테일 전도사'로 맹활약을 하고 있었다.

경영자가 시기별로 해야 할 일들을 열거한 것인데, CEO들께서 새겨 보면서 본인이 미진한 부분이 있다면 보완 기회로 활용하거나, 또 해당 항목들도 자기 회사에 맞도록 일부 조정해서 적용하면 좋겠다는 의견을 드린다. (디테일의 힘 부록 내용을 그대로 옮김)

경영자가 매일 해야할 일

1. 그 날 마감해야 할 일을 정리한다.
2. 내일 해야 할 주요 업무를 생각한다.
3. 특정 지역의 매출 현황을 알아보고 적절한 지시사항을 내린다.
4. 회사의 부족한 점을 찾아 내고, 개선방안을 마련한다.
5. 직원 한 명의 이름과 특징을 기억한다.
6. 매일 보아야 할 보고서를 검토한다 (제품의 재고 현황, 은행 잔고 등)
7. 그 날 업무 중 실수가 없었는지 확인한다.
8. 업무 수준과 효율을 더 높일 수 없는지 생각해 본다.
9. 결재하거나 답해야 할 보고서를 검토한다.

10. 유익한 신문 1부를 읽는다.

경영자가 매주 해야할 일

1. 중역(임원)회의를 개최한다.
2. 주요 부서와 좌담회를 갖는다.
3. 현재 주도적으로 업무를 수행하고 있거나 앞으로 그럴 것으로 예상되는 직원과 대화를 나눈다.
4. 오너에게 한 차례 종합보고를 올린다.
5. 각 지역에서의 매출 현황을 정리한다.
6. 품질과 관련된 회의를 개최한다.
7. 회사 내의 세부적인 부분에서 부적절한 점이 있을 경우 그것을 수정·개선한다.
8. 지난 주에 하달한 개선·조치 사항이 제대로 시행되고 있는지 점검한다.
9. 자신의 업무 상황을 되돌아본다 (비공식).
10. 생산과정을 자세히 알아본다.
11. 서류와 책상을 정리한다.
12. 회사 외부의 친구들과 만나 이야기를 나눈다.
13. 재무제표의 변화 사항을 체크한다.
14. 중요한 고객에게 연락한다.
15. 매주 검토해야 할 보고서를 본다.
16. 거래 업체와 연락한다.
17. 잡지 1권을 읽는다.

경영컨설턴트가 전하는 **기업의 변신**

18. 유능한 부하 직원을 표창한다.

경영자가 매 15일마다 해야할 일

1. 직원들과 함께 식사를 하거나 차를 마신다.
2. 재무 부서와 미팅을 갖는다.
3. 일부 지역의 매출 향상을 집중적으로 돕는다.
4. 거래 업체를 방문한다.

경영자가 매월 해야할 일

1. 각 지역의 매출 상황을 점검한다.
2. 중요한 고객을 만난다.
3. 스스로를 반성한다.
4. 월간 재무제표를 검토한다.
5. 월간 생산 현황을 검토한다.
6. 월간 매출 현황을 검토한다.
7. 다음 달 매출 계획을 수립한다.
8. 다음 달 매출 전략을 수립한다.
9. 다음 달 판매 가격을 결정한다.
10. 월간 품질개선 상황을 검토한다.
11. 책 1권을 읽는다.
12. 직원들의 생산 현황을 알아본다.
13. 직원들을 위한 교육을 실시한다.
14. 클레임 처리 현황을 점검한다.

15. 비용 예산에 따라 다음 달 계획을 수립한다.

16. 거래 업체를 점검한다.

17. 주요 경쟁사를 점검한다.

18. 관리 수준이 높은 다른 기업을 방문한다.

19. 재무지표 관리에 대해 심도 있게 분석하고 건설적인 의견을 내 놓는다.

경영자가 매 분기마다 해야할 일

1. 각 분기별 프로젝트를 점검한다.

2. 직원 체육행사를 갖는다.

3. 인사 업무를 점검한다.

4. 미수금을 정리한다.

5. 재고 현황을 점검한다.

6. 전 직원의 건의 사항을 수렴한다.

7. 업무의 효율성을 점검한다.

8. 직원들을 표창한다.

경영자가 매 반기(6개월) 마다 해야할 일

1. 6개월간의 업무 현황을 종합한다.

2. 직원들을 격려한다.

3. 전략의 효과와 집행 현황을 평가한다.

경영자가 매년 해야할 일

1. 년간 결산보고서를 검토한다.

2. 영업(판매) 직원들에게 한 약속을 지킨다.

3. 거래 업체에 한 약속을 지킨다.

4. 자신에게 한 약속을 지킨다.

5. 내년도 업무를 계획한다.

6. 직원 단합대회를 개최한다.

7. 년간 재무제표를 검토한다.

8. 신제품을 출시한다.

9. 직원 총회를 개최한다.

10. 고향을 방문한다.

19. 임원과 관리자의 역할

임원이란?

직장인이라면 누구라도 임원을 꿈꾼다. 하지만 아무나 갈 수 없는 자리이기도 하다. 임원은 빛을 내지만 그 만큼 고된 자리이다. 회사가 부여하는 소임을 수행하는 것은 물론, 직원들을 보듬어야 하는 임무도 해 내야 한다. 경영자총연합회 조사(2016년)에 따르면, 신입

사원이 임원이 되는 비율은 0.74%, 대기업의 경우 0.47%이고 임원이 되기까지 20여 년이 소요된다고 한다.

중소기업의 경우, 교육 여건상 계층별, 직급별 교육 실시가 쉽지 않은 상황이고 임원에 대한 개념이나 역할, 임원이 갖추어야 할 요건 (자질) 등에 대해, 달리 들어 볼 기회가 없었을 수도 있다고 생각되며, 특히, 경륜이 쌓이고 승진 연한이 되어 임원으로 승진하였음에도, 조직과 일에 대한 생각이나 일하는 방식이 임원 승진 이전과 그다지 바뀌지 않는 경우들을 더러 볼 수 있는 것이 우리 중소기업의 현실인 것 같아 중소기업의 임원의 역할에 대해 살펴보고자 한다.

대다수는 명확한 개념을 갖고 임원 역할을 잘 수행하고 있을 것으로 짐작하고 있지만, 기존 임원이나 앞으로 임원이 될 후보들이 머리를 정리해 본다는 차원에서 살펴보기를 바란다.
중소기업에는 맞지 않는 내용도 있을 수 있겠으나 전반적으로 조명해 보는 것으로 이해 바란다.

임원은 회사 경영 업무에 주요한 권한이 있고, 경영에 책임을 지는 사람으로서 이사회에 등재되는 등기임원과 등재되지 않는 비등기 임원으로 구분되나 통상적으로는 이를 구분하지 않고 임원으로 칭하며, 중요한 역할을 맡아 보는 사람이므로 임원을 중역이라고도 한다.

대기업의 임원을 군대 조직에 대입해 보면 장성급과 비슷한 위치이므로, 임원 승진을 하면 "☆별을 단다" 라는 은어도 사용되는데 군대에서 장성이 되는 만큼이나 기업에서의 임원 승진이 어렵다는 의미일 것이다.

조직 기능을 계층별로 구분해 보면,

기업의 경영 정책의 의사결정과 책임을 지는 **경영기능**(CEO/임원: 전략),

경영 기능을 기초로 각 기능 조직의 실행 방식을 결정하는 **관리기능**(임원/관리자: 전술),

관리 기능에 기반하여 조직의 기능(해당 직무)을 구체적으로 실행하는 **실시기능**(관리자/실무담당자: 전투)으로 나누어진다.

임원은 자신의 역할을 알고 방향을 정해 주며, 제대로 의사결정을 해야 한다.

임원은 임원이라는 직책에 걸 맞는 역할과 과제를 수행해야 한다.

임원으로 승진하였음에도 자신이 팀장이나 실무 담당자로 있을 때의 경험과 지식 만으로 조직을 이끈다면 그가 속한 조직이나 회사의 미래는 암울할 수밖에 없을 것이다.

임원의 역할과 자질

임원에게 요구되는 5가지 역할을 소개한다. ('나도 이런 임원이 되고 싶다', 2017년 이새출판사)

① 사업과 연계하여 비전과 전략을 수립하고 실행하도록 하며,

② 길고 멀리 보며, 전략적 의사결정을 해야 한다.

③ 정도(正道) 경영을 해야 하며, 악착같은 솔선수범으로 성과를 창출하고,

④ 대내외 네트워크를 활용하여 회사 이미지 제고를 강화하며,

⑤ 자율을 기반으로 조직과 구성원의 역량을 강화해야 한다. (부하 육성)

이러한 임원에게 요구되는 역량은 쉽게 이뤄지지 않기 때문에, 현업을 통해 역량을 강화해 가야 하며, 상사와 외부 전문가와의 만남을 통해 지식과 경험을 쌓고, 상황에 대해 어떻게 할 것인가를 머리 속에서 끊임없이 시뮬레이션을 해 나가야 한다.

자신의 가치를 스스로 끌어 올리려는 열정이 없으면, 임원의 변화와 성장은 이루어지지 않는다. 따라서, 최고경영자는 지속적이고 체계적으로 임원을 진단하고 피드백하면, 임원들도 변화해야 함을 자각하게 될 것이다.

기업들이 요구하는 임원의 자질 7가지[08]를 소개한다.

1위 : 「리더십」

기술보다 리더십을 더 중요시하고, 영감을 주는 리더십, 책임감

---

08 하버드 비즈니스 리뷰에서, 헤드헌트 수백명을 대상으로 C-레벨 임원에 대한 설문조사를 실시한 결과로서, 우리 중소기업 상황에는 부적합 부분도 있을 것 같으나, 여러가지로 시사하는 바가 있다고 생각되어 소개한다.
[The Seven Skills You Need to Thrive in the C-Suite]

있는 리더십, 전략적 리더십 등을 들고 있다. 회사가 새로운 시도를 할 때 혹은 어려운 시기를 보낼 때 리더십은 더욱 그 역할이 중요하다 하겠다.

2위 : 「전략적 사고와 수행 능력」
비전을 전략적으로 그려 나가는 것이 필요하고 수행 능력의 척도를 높게 잡는 것 등이다.

3위 : 「전문적인 기술」
"특히 법, 행정, 기술 분야에 있어서는, 특정한 전문지식이 중요하다." 그리고, "기술이 회사에 어떤 영향을 주고 있는지 알고 있어야 한다."

4위 : 「조직 개발과 관계 능력(Team Building)」.
"똑똑한 1인 플레이어로는 더 이상 성공할 수 없다. 강한 리더십 팀을 개발해야 한다.", "자기중심적이지 않고 팀 중심적이어야 한다.", "팀의 개발을 위해 힘써야 한다." 그리고, 경쟁없이, 스트레스없이, 번 아웃(burn-out)이 오지 않도록---Do all of this with a big smile! (환한 미소로 모든 것을 해야 한다)

5위 : 「소통과 프리젠테이션 역량」
청중은 다양하다. "board-ready"(언제라도 떠날 준비가 되어 있는 사람) - 언제라도 이야기할 수 있는 사람이어야 한다. 또한 프리젠테이션 능력은 성공의 열쇠이다. 까다로운 청중과도 대화할 줄 알고 정보를 받아들이고 통합할 줄 아는 능력에 대한 설명이다.

6위 : 「변화 관리능력(Change-management)」
조직의 개선(upgrade)을 위하여 때로는 변화 에이전트가 필요하다. 더 나은 시스템과 과정을 위해 리더십을 개발하고 시장점유율을 높이고, 상업적 관계도 개선해야 한다. 또 다른 헤드 헌터는 특정한 변화와 성장을 위해 새로운 기술 도입도 언급한다.

7위 : 「진정성」
물어볼 필요도 없이 당연히 도덕적으로 윤리적으로 진실한 임원이 필요하다. 다양한 직원들과 함께 일하면서 그들을 수용할 수 있는 진정성이 필요하다고 언급한다.

세계적인 헤드 헌터 대상의 설문 결과이지만, '우리 같은 중소기업과는 너무 먼 이야기'로 치부할 것만은 아닌 것 같다. CEO들께서 임원·관리자들을 훌륭한 리더로 양성하는 데 참고가 되면 좋겠다.

후계자가 보여야 미래가 보인다

아울러 현업을 수행하면서 임원들이 유념해야 할 몇 가지를 당부

드린다.

임원(경영자)의 제1책무는 후진 양성이다.

따라서, 자신의 자리를 물려 받을 후진을 키우는 것이 매우 중요하다. 후진 양성을 잘 해두면 자신은 떠 밀려서 더 높은 직위로 올라간다는 생각을 해야 하는데, 극히 일부이겠지만 "후진을 잘 양성해 놓으면 자신이 팽 당할지 모른다"는 옹졸한 생각으로 후진 양성이 아니라 아예 부하들의 성장의 싹을 자르려는 사례도 더러 볼 수 있었는데 이는 참으로 잘못된 생각이라 하겠다.

주요 직책 마다 후계자를 키워야 한다.

임원들은 자신의 후임자 후보를 3명 정도 선발해서 양성해 가야 한다.

결과에 책임질 줄 아는 리더를 발굴해야 한다.

승계 후보자를 고를 때는 기본적으로 리더가 될 수 있는 자질을 검증해야 한다. 리더의 자질은, 우선 좋은 눈과 귀를 가지고 있어야 한다. 즉, 남들이 보지 못하는 것을 보고 남들이 흘려 버리고 간과하는 것 안에 숨어 있는 중요한 것을 포착할 수 있어야 한다.

스스로 판단하고 결정할 수 있어야 한다.

마지막으로 결과에 대해 책임을 져야 한다.

중소기업에 필요한 임원의 리더십 스타일[09]

중소기업의 현실을 보면, 인력 규모는 적지만 그 구조가 대기업과 유사하거나 이 보다 더 복잡하고 유난히 임원의 수가 많은 기업도 있다. 이런 기업들은 대개 어떠한 경영환경을 극복하기 위해 역량 있는 대기업 출신자를 영입한 경우가 많고, 또 창업 멤버들을 배려하다 보니 이와 같은 형태의 조직 구조가 될 수 밖에 없는 상황도 있다.

물론 그와 같은 인력구조를 가지고 있어도 개인 역량 중심으로 조직에 기여하도록 하는 경우라면 큰 문제는 발생하지 않는다. 대기업에서의 '전문임원(연구위원)'을 운영하는 형태가 적절한 비유가 될 수 있을 것이다.

문제는 '높은 직위=많은 조직의 관장'을 무조건 기본으로 채택하고 있는 경우다. 상당수 중소기업은 대기업처럼 업무를 처리하는 조직적 시스템이 완벽하지 않고 세련되어 있지 않다. 이와 같은

조직의 특성에서 대기업처럼 업무 지시가 계층 구조 중심으로 지시되다 보면 지시만 있고 결과는 없는 문제가 발생하기 쉽다.

한 가지 예를 들어보자. 지시된 업무의 시작과 끝을 훤히 들여다

---

09 우리 중소기업의 임원들에게 현실적이고도 상당한 시사점을 주는 내용이라서 「급여아웃소싱 전문기업 헬로인사(www.helloinsa.com) 조문형 대표이사의 기고문」을 옮겨 편집함.

경영컨설턴트가 전하는 **기업의 변신**

보면서 관련 임원이 이를 자기가 관리하는 부장에게 지시하고 또 부장은 이를 팀원들에게 지시했다고 하자. 부장이 임원의 지시사항을 잘 파악하고 추진 능력이 있으면 이 일은 잘 마무리될 수 있겠지만 그렇지 않는다면 이 일은 지시만 내려가고 피드백이 잘 안 되게 되어 있다. 만약 이와 같은 상황을 갖는 조직이라면 차라리 곧 바로 자신이 팀장의 위치에서 지시를 하고 챙겨야 업무가 진행된다. 지시사항을 기다리고만 있으면 '사람이 없다'는 핑계만 하게 된다.

만약 지시에 대한 조직의 수용성을 무시하고 일을 추진하다 보면, 시간이 흐르면서 해당 임원은 스스로 힘이 빠져간다. 많은 대기업에서 영입된 중소기업 임원들이 중소기업에서 성공을 거두지 못한 사례가 이와 무관하지 않다.

대기업에서의 업무 추진 프로세스가 먹혀 들지 않을 때가 많다는 이야기다. 이와 같은 상황에서 업무 진행은 조직 운영의 모형을 바꾸어 과감히 자신을 실무자의 일부로 투입해야 한다. 그러면서 서서히 인력을 육성해야 한다.

직위가 높을수록 조직을 통해 업무 성과를 높여야 하는 것이 만고의 진리다. 그런데 많은 중소기업이 이와 같은 조직이론이 전혀 먹혀 들지 않는 경우가 많다.

이와 같은 조직에서 처음에는 인력에 대한 능력을 탓할 수 있어도 이런 핑계는 오래할 수 없다. 결국 자신의 능력 유무로 평가되기 때문이다.

중소기업에서 '조직을 통해 업무성과를 높여야 한다는 것'은 임원이 단순한 지시 중심의 업무 스타일이 아니라, **때로는 코치가 되기도 하고 때로는 실무자가 되기도 하면서 항상 지원자의 위치에 있을 것을 요구하는 것이다.**

상황에 맞는 조직운영과 리더십 스타일이 제대로 된 업무성과를 만들어낸다.

이는 곧 조직을 작게 만들고 일을 지시하는 사람이 실무형이 되어야 한다는 것을 의미하기도 한다. 경우에 따라서 사원이나 대리 이상으로 실무에 능해야 한다. 업무 처리의 큰 방향을 잡아주고 정해진 방향 내에서 지시를 받는 인력들이 일을 정확히 해 내도록 지원해야 한다.

이와 같은 시스템이 이뤄지지 않고서는 늘 머리만 있고 몸통이나 다리가 없는 쓸모 없는 사상누각의 집이 되기 쉽다. 조직 내의 호칭 중심으로 역할을 할 것이 아니라 그 조직의 규모나 일을 수용해 낼 수 있는 역량에 따라 자신의 역할을 맞추는 리더십이 필요한 것이다.

경영컨설턴트가 전하는 **기업의 변신**

많은 경영이론들은 CEO나 임원들이 해야 할 일을 기획, 사업 비전 수립 등에 비중을 두어 기술되고 있다. 맞는 이야기지만 이는 안정된 조직에서의 이야기다.

작은 조직은 작은 조직답게 임원이나 관리자가 그에 맞게 움직여야 한다.

그렇다고 완전히 실무자가 되라는 뜻이 아니다. 실무자의 역할과 중간 역할 그리고 임원으로서 그 조직에 요구되는 모든 역량을 또해 나가야 한다.
조직 내의 호칭이나 위치가 중요한 것이 아니라 관리라는 효율을 먼저 생각해야 하고 여기에 맞는 리더십이 필요한 것이다. 한 마디로 중소기업의 임원은 감독형이 아닌 코치나 지원자형 리더십이 필수적이다. 조직을 안정화시키고 직원들을 제대로 육성한 후 그 때 리더십의 유형을 바꿀 필요가 있는 것이다.

관리자의 임무와 역할

관리(管理, Management)는, 조직의 목표를 달성하기 위해 조직의 협동적 노력을 지휘·조정하는 과정을 말하며, 조직의 목표를 설정하고 계획을 세우며 인적·물적 자원을 조직화하고, 구성원의 활동을 지휘·조정·통제하는 과정을 통해 이루어진다. (지식백과사전)

관리를 하는 사람, 즉 조직에서 중추적인 역할을 하는 사람을 관리자라 한다.

일반 기업에서는 과장~부장급을 칭한다. 관리자에 대한 또 다른 표현으로 간부(幹部)라고도 하는데 과거에는 과장급 이상을 칭하였는데 간부의 간(幹)은 '줄기 간'으로, 간부는 조직의 중추적인 역할을 담당하는 허리라는 의미가 되겠다. 사람도 그러하듯 조직도 허리가 튼튼해야 강한 조직이 될 수 있는 것이다.

따라서, 조직의 중추적인 역할(허리)를 맡고 있는 관리자들의 인식과 추진력이 조직의 성과를 좌우한다는 점을 강조 드린다.

관리자에게 요구되는 기술 :
        고유기술 ['마케팅, 설계, 제조' 등의 전문기술]
        관리기술 [매니지먼트(일관리, 사람관리)]
        사회기술 ['리더십, 인간관계']

관리자가 져야 할 책임과 가중치 :
        업적(목표)달성 책임 60%,
        부하육성 책임 30%,
        상사 보좌책임 10% 등

상사를 보좌하는 것보다 부하 육성 책임이 3배나 된다는 점에 주목해 주기 바란다.

경영컨설턴트가 전하는 **기업의 변신**

관리자에게 필요한 능력에 대해 살펴보자.

1. 관리능력+리더십

부하들의 효율적인 능력 발휘를 위해 부하들과의 인간 관계 확립으로 리더십을 발휘해야 하고, 관리자로서 '일에 대한 관리능력'은 필수이고, 효율적으로 성과를 창출할 수 있도록 '사람에 대한 관리능력'도 반드시 필요하다. 어떤 면에서라도 부하보다 한 단계 위에 있어야 관리자 역할을 제대로 수행할 수 있다는 점을 명심하면 좋겠다.

2. 책임감

목표를 가능한 빨리, 효율적으로 달성하기 위한 우선순위를 정하고, 방법을 선택하는 판단력을 갖고 있어야 목표와 계획 달성이 가능한 것이다.

그리고, 전문 분야를 추구하여 하나라도 젊은 부하들의 지지를 얻을 수 있도록 리더십 발휘가 가능한 자신의 전문성을 확보할 수 있는 개발능력을 갖는 것 또한 중요하다 하겠다.

3. 부하육성

관리자 책무의 상당 부분이 부하 육성이며, 관리자는 부하 육성을 잘 해 두어야 본인에게도 성장 기회가 온다는 점을 명심하면 좋겠다.

4. 전략 마인드

CEO는 3년 단위 사업 구상, 관리자는 1년 단위로, 관리자의 전술성은 월 단위로, 전투성은 하루 일과에 해당되는 것으로 관리자의 비중은 전략 3, 전술 4, 전투 3 정도로 할당되는 것으로 이해하면 좋겠다.

특히, 임원으로 성장하기 위해 자신은 무엇을 보완해야 하는가를 항상 생각하면서 준비를 해 가기 바란다.

관리자가 문제의식이 없으면, 문제가 있는지 없는지도 모르고 늘 같은 생각, 같은 행동을 하다 보면 일할 의욕이 생기지 않는다. 그렇게 되면 급변하는 경영 환경과 극심한 경쟁에서 뒤쳐지는 기업이 되고 만다.

문제의 유형은, 현재 겪고 있는 애로, 풀리지 않는 문제, 해야 할 일 등의 **부딪히는 문제**, 상대방에게 요구당하는 상황이나 고객 불만과 상사의 지시 등 **부여되는 문제**, 당장은 문제가 안 되지만, 앞으로 문제가 될 소지가 있는 **발견되는 문제** 등으로 구분될 수 있는데, 관리자들은 각 유형별 문제에 어떻게 대처할 것인지도 깊이 생각해 보면 좋겠다.

에어비엔비(Airbnb)의 "Elephants, dead fish, and vomit(코끼리, 썩은 생선, 그리고 구토)"라는 구호가 비슷한 비유가 아닐까 한다. 모두가 알지만 아무도 말하지 않는 문제(코끼리), 점점 악취를 풍기기 시작하는 문제(썩은 생선), 사람들이 속을 털어 놓아야 하는 좌절감(구토)을 솔직히 털어 놓고 해결해 가도록 유도하는 것이 필요하겠다.

간부(관리자, 임원)의 존재 이유는 문제를 해결하기 위함이다. 문제 의식이란, '문제가 있는지?' 또는 '문제가 없는지?'가 출발점이며, 당면 현안 과제는 물론 미래의 (예상)문제를 예견해 내는 훈련도 필요하다 하겠다.

"문제는, 그냥 두면 나이를 먹는다!" "씨앗이 되어 자란다"고 할 수 있으므로, 문제는 반드시 해결해야 한다. 당면 현안 등의 부딪히는 문제에 허우적거리는 회사는 3류, 의뢰, 수명 사항 중심의 부여되는 문제와 씨름하는 회사는 2류, 앞으로 문제가 될 소지가 있는 과제 중심의 발견되는 문제를 해결하는 기업은 1류라고 할 수 있다.

문제의 유형과 해결 측면에서 보자면 우리 회사는 어디에 가까울까?

관리자로서, 우리의 현실은 어떠한가? 관리자로서, 자기 부서의 미래에 대한 고민은 어느 정도하고 있을까?

부서별로 관심 사항은 다를 수 있겠지만, 제품경쟁력(국내외 경쟁사 대비 우리의 현주소에 대한 분석, Bench marking), 원가경쟁력(우리 제품은 원가경쟁력이 있는가? 무엇이 문제인가?), 영업전략(국내에 안주하지 않고 세계 시장으로의 진출을 위한 준비는?), 품질과 납기관리(우리는 글로벌 스탠다드에 맞는 내부 관리가 되고 있는가?) 등의 과제에 대해 현실 진단과 대책을 어느 정도 고민을 하고 있는지 자문해 보시기 바란다.

관리자로서, 회사의 미래 준비에 대한 고민은 하고 있는가? 또한, 관리자로서, 본인의 미래 준비에 대한 고민은 어느 정도하고 있는가?

회사의 성장, 발전에 맞춰서 본인 개인의 성장, 발전에 대한 고민은 얼마나 하고 있는가? 본인이 준비가 되지 않으면 회사의 성장, 발전에 걸맞게 본인의 성장을 담보할 수 없음을 인식하고 있을까? 3~5년 후 본인의 조직 내 위상(또는 목표)과 이에 필요한 보유 역량과 대비책에 대한 구상을 하고 있는가?

전문 지식(기술)의 함양, 관리자 내지는 임원(경영자)으로서 보유해야 할 역량을 정의해 보고 이를 확보하기 위한 구체적인 계획과 실행을 하고 있는지? 를 자문해 보면서 회사와 본인이 동반 성장할 수 있는 방안을 강구해 보면 좋겠다.

회사 조직의 근간이 되는 임원·관리자들이 자신을 반추해 보면서 보스가 아닌 진정한 리더가 되는 길을 모색해 보고 노력해 가기를 바란다.

직원들의 역량 강화를 위해서

사람들은 통상적으로 어떤 일을 오래하면 당연히 뛰어난 실력이 있을 것이라는 생각을 하곤 한다. 그런데 의외로 많은 직장인들의 성장 커브는 시간이 지나면서 급성장하는 J-curve가 아니다. 대부분 초기에 급상승했다가 시간이 갈수록 평탄해지는 (정체)커브를 보인다.

기업의 규모가 커지고, 사업구조가 안정적이며, 숨기 쉬울수록 이런 현상이 강해진다. 오래될수록 「말빨」과 「관계력」은 높아지지만 코어가 되는 실력은 3년차나 10년차나 큰 차이가 없는 경우가 많다.

실력이란 근속연수가 많다고 비례해서 상승하는 것이 아니다. 동일한 일을 오래한다고 실력이 느는 것은 아니라는 뜻이다.

실력이 상승되려면, 첫째, 더 높은 목표를 설정하고 의도적인 훈련을 해야 한다.
여기에는 절대 시간이 필요하며, 피드백과 코칭을 받으면 더 좋겠다. 그런데 무조건 시간을 쓰고 열심히 한다고 되는 것도 아니다. 동일한 방식의 반복과 열심은 편해지게 할 뿐 실력을 향상시키는 것이 아니므로 이를 착각해서는 안된다.

둘째, 기존에 해 왔던 방식에 의문을 품고, 다른 관점으로 보며,

다른 방식으로 변화를 시도해야 한다.

지금 익숙하고 그저 편하다면 성장이 정체되어 있을 가능성이 높다는 것이다.

후배들이 그냥 설렁설렁 연차를 쌓은 (선배)분들을 극복하는 것은 어렵지 않다. 따라잡는데 2~3년을 열심히 한다면 충분하다.

관리자 스스로는 물론 부하 직원들 모두 「성장 열망이나 학습능력이 있는지?」를 점검해 보면서 새로운 도전을 꿈꾸어 보기를 기대한다.

보스가 아닌 리더가 되라

보스는 공포를 조성하지만, 리더는 자신감을 키운다.

보스는 누구를 탓할 지 결정하지만, 리더는 실수를 바로잡는다.

보스는 자신에게 관심이 있지만, 리더는 팀에 관심이 있다.

보스는 일을 힘들게 하지만, 리더는 일을 흥미롭게 한다.

보스는 다 아는 체하지만, 리더는 질문을 던진다.

20. 전략-전술-전투

전략(戰略, Strategy)은 고대 그리스어 스트라테고스(strategos, 군대를 지휘하는 장군), 스트라테고(stratego, 자원의 효과적 사용을 통해 적을 패배시키기 위한 계획 수립)에서 유래된 군사용어. 한자 문화권에서는 전략 이전에 계획을 뜻하는 책(策) 또는 더 이전에는 략(略)이라고 썼다. 다만, 이는 용병술 체계 상 국가전략-군사전략-전술의 구분은 없었다. 가령 A나라와 동맹을 맺는 것도 책(策)이고, 야밤에 성문을 나가서 기습하는 것도 책(策)이다. 한편 20세기 초반에는 전술(戰術)로 번역되기도 했다.

전략이란 일반적으로 전쟁에서 승리하기 위한 계획이라는 의미였으나, 일반적으로 기업 경영에 있어서는 '경쟁에서 승리하기 위한 계획'이라는 의미로 사용한다.

전략의 정의

"전략이란 생존에 중요한 역할을 하는 것으로서 삶과 죽음의 문제이기도 하며, 안전과 존망에 영향을 미치는 것이다. 어떠한 경우라도 전략을 소홀히 여겨서는 안된다" – 손자 (손자병법) –

"전략이란 기업의 장기적인 관점에서 목적과 목표를 결정하는 것. 그리고 그 목표를 달성하기 위해 행동을 채택하고, 경영자원을 배분하는 일이다." - Alfred D. Chandler (Strategy and Structure) -

"경영전략이란 한 마디로 어떻게 하면 경쟁자에 비해서 경쟁우위를 가질 것인가 하는 문제이다. 정보 없이는 전략도 없다. 전략은 정보에서 시작하여 정보에서 끝난다." - Kenichi Ohmae (The mind of the strategist) -

"경영전략이란, 경쟁에서 어떻게 승리하느냐에 관해 기업이 지향하는 이론이다." - Peter Drucker -

마케팅의 4P에 비유되는 전략의 4P는,

① Plan(계획) - 목적 달성을 위한 의도적 행동 계획이나 지침,

② Pattern(양식) - 반복되는 행동에서 발견되는 일관성,

③ Position(위치) - 환경 내 기업의 위치 선정 수단 또는 기업과 환경 간의 매개변수,

④ Perspective(관점) - 구성원들이 공유하는 준거(準據)체계나 패러다임 등을 말한다.

전략에서 가장 중요한 키 포인트는 대국적이라는 키워드이며, 대국적으로 승리하지 못하면 전쟁(경쟁)에서 질 수 있다는 것이다.

기업경영에서 전략이란 한정된 자원을 활용하여 중장기적으로 경쟁업체와의 경쟁에서 승리해, 기업을 성장 발전시키기 위한 방법을 생각하는 **그랜드 디자인(grand design)**이다. 전쟁과 다른 점은 경쟁업체와의 경쟁에서 '고객'이라는 외적 변수가 존재하며 고객의 지지를 얻어야 경쟁자를 이길 수 있다는 것이다.

전략과 전술의 비교

전략(Strategy)은 기업이나 국가가 경쟁우위를 갖기 위하여 경영자원을 배분하는 전반적인 계획을 의미하는 것으로서, 전투가 아닌 전쟁에서 승리하기 위한 계략을 말한다.

전술(Tactic)은 특정한 기능 분야 또는 시장에서 성과를 높이는 계획이며, 소규모 전투에서 승리하기 위한 작전이다.

전략과 전술은 상호 보완적인 개념이지만, 그 목적과 적용범위에서 차이가 있다.

구분		차이점
목적	전략	장기 목표를 설정하고, 이를 달성하기 위한 방향을 제시한다.
	전술	단기적인 목표를 달성하기 위한 구체적인 행동계획을 수립한다.
시간범위	전략	장기적인 시간 범위를 가지고 있으며, 몇 년에서 수십년에 이르는 계획을 포함한다.
	전술	단기적인 시간범위를 가지고 있으며, 몇 주에서 몇 달내에 실행될 수 있는 계획을 포함한다.
포괄성	전략	전체적인 접근방식을 포함하여, 조직의 모든 부문에 영향을 미친다.
	전술	특정 상황이나 문제에 대한 구체적인 해결 방안을 제시한다.
유연성	전략	큰 변화없이 장기간 유지되며, 상황 변화에 따라 수정될 수 있다.
	전술	상황에 따라 빠르게 변경될 수 있으면, 즉각적인 대응이 필요하다.

경영전략의 단계별 정의

경영전략은 "사명(Mission) - 목표(Goal) - 전략(Strategy) - 전술/정책(Tactics/Policy)" 등 4단계로 구분해 볼 수 있다.

사명(Mission) : 조직이 장기적인 관점에서 추진해야 할 과제(기업의 사명), ①사업영역, ②경쟁우위 등

목표(Goal) : 회사의 사명이 내포된 이행과제(기업의 장단기 목
　　　　　표설정), ①전략적 목표, ②재무적 목표 등
전략(Strategy) : 사명과 목표 추구를 위한 수단과 방법(효과적인
　　　　　　　전략수립), ①매력적 사업영역 확보, ②지속적
　　　　　　　경쟁우위 보유 등
전술/정책(Tactics/Policy) : 전략수행을 위한 수단(세부 행동계
　　　　　　　　　　　획과 구체적 실행), ①조직구조, ②
　　　　　　　　　　　조직문화 등

　경영전략의 구성요소는 사명/목표, 경쟁적 포지션 및 경쟁우위
등이다.
　사명/목표는 주주, 고객, 종업원에의 영향은 수익성, 시장성, 시
장점유율 및 기술력과 관계가 있고
　경쟁적 포지션은 제품, 서비스 및 시장의 잠재적 위치 설정을 고
려해야 하며
　경쟁우위는 특허제품 및 다른 기업이 모방하기 어려운 핵심기술
을 보유해야 한다는 점 등이다.

　참고로 소프트뱅크 손정의 회장의 창업 당시의 경영전략 구상에
대한 일화를 소개한다.

　손회장은 미국 유학에서 돌아온 후, **"제곱병법(兵法)"**의 원리에 따
라, 1년반 동안 40여개의 비즈니스 모델을 고안해 놓고, 각각 10

년치 비즈니스 플랜을 철저하게 짜 보는 과정을 40번 반복한 다음 소프트뱅크를 창업했다고 한다. 1,500개 기업에 투자했고, 300년 지속 가능한 기업을 목표로 하였으며,

그는 "이길 확률이 9할일 때 싸우러 가는 것은 너무 늦고, 반반일 때 싸우는 것은 어리석다. 확률이 7할일 때 가장 승부하기 좋다"고 말한다.

제곱병법이란, 손회장이 사업을 시작하고 경영에 임하는 자세에 대해 손자병법을 바탕으로 작성한 5가지의 경구로서 우리 중소기업 경영자들의 경영전략 수립에 참고가 될까 해서 간단히 소개한다.

① 도천지장법(道天地將法) : 싸움(기업경쟁)에 나서는 자세
   - 道는 기업의 이념. : 손회장의 경우, '정보혁명으로 사람을 행복하게 만드는 것'
   - 天은 하늘이 준 타이밍
   - 地는 사업의 중심지인 아시아를,
   - 將은 기업의 리더
   - 法은 시스템과 규범이 중요함을 의미

② 정정략칠투(頂情略七鬪) : 기업의 비전과 신사업 진출 원칙을 의미
   - 頂은 정상, 즉 '산마루에서 내려다본 경치를 그려라'는 뜻.

경영컨설턴트가 전하는 **기업의 변신**

최소 10년이나 30년 후 장기 비전을 그림

- 情은 그 비전이 올바른지 빈틈없이 정보를 수집하라는 뜻..
- 略은 정보를 수집한 다음 가장 중요한 한 가지로 압축해 전
  략을 세워 실행하라는 것
- 七鬪는 7할의 승산이 있으면 목숨을 걸고 싸워야 일이 성사
  된다는 '칠할승산론'이다.

③ 일류공수군(一流攻守群)
  - 一은 1등에 대한 강한 고집
  - 流는 시대의 흐름을 간파하라
  - 攻守는 공격과 방어력을 겸비하라
  - 群은 단독 행동이 아니라 동지적 결합, 전략적 동맹으로 기
    업 전쟁에 나서야 한다는 것

④ 지신인용엄(智信仁勇嚴)
  - 손자병법 '計'편에 나오는 리더의 5대 자질로 智는 통찰력,
    信은 신의와 신용, 仁은 어질고 자애로움, 勇은 용기, 嚴은
    엄격함을 각각 뜻함

⑤ 풍림화산해(風林火山海)
  - 손자병법의 '군쟁(軍爭)'편에 나오는 풍림화산의 4구절에 손
    회장 자신이 해(海)를 추가한 것.
  - 사업 추진의 빠르기는 바람 같고, 조용하기는 숲과 같고, 공

격은 불 같아야 하며, 움직이지 않는 게 산 같아야 하며, 묵묵히 펼쳐진 바다처럼 넓고 굳세게 사업을 밀고 나가야 한다는 것.

전략의 기본원칙 5대 요소 : 손정의 회장도 제곱병법에서 첫 번째로 뽑은 구절

필수요소	유형	손자의 전략 기본원칙	현대 경영전략 기본원칙
도(道)	명분	군주의 백성이 추구하는 목적	기업경영에서 조직구성원들이 목표, 비전추구
천(天)	기후	낮과 밤, 날씨변화	시장개방, 정부규제완화, 혁신적 기술, 외부환경 변화
지(地)	지형	험준함, 넓고 좁음, 산과 강 위치	산업의 구조적 특성, 경쟁의 성격
장(將)	지도자	능력, 지혜, 신의	기업의 최고 경영자
법(法)	지휘체제	군대의 편성, 명령계통	조직구조, 관리프로세스

다수의 중소기업 CEO들은 사업계획을 수립해도 잘 맞지 않을 뿐더러, 거창한 경영전략 따위는 본인에게는 해당되지 않는 일 정도로 치부하고 마는 경향이 많으나, 당장 작성하는 것이 어렵다고 느껴지더라도 차제에 그 의의와 필요성에 대해서 곱씹어 보는 계기가 되었으면 하는 바램이다.

전략경영의 필요성

직면한 경영 환경에서 기회 포착과 위험을 회피하면서 전략적 과제를 파악하고, 경영정보를 조직적으로 수집하여 장기간을 요하는 사

업에 대비하고, 사업의 통합과 자원배분의 합리화는 물론 구조조정을 통한 미래의 업무 균형의 달성과 경영혁신을 완수하기 위해서 전략경영이 필요하다는 점을 강조드린다.

만일 훌륭한 경영전략이 세워져 있다면, 하루 하루의 경영에 있어서 한 두가지 오류를 범하더라도, 궁극적으로는 그 기업은 성공을 이끌어 낼 수 있을 것이다.

경영자와 관리자의 역할 (전략-전술-전투)

3년~10년 앞의 중장기 사업 방향과 전략을 구상하는 것은 중장기 전략의 중심에 위치한 경영자(CEO 및 핵심 중역)의 몫이다. 최고경영자는 10년 앞의 미래를 보면서 「장기 비전과 차3개년 중기계획」 등에 대한 구상과 전략적인 방법을 제시하고 실행 전략을 강구해야 한다.

또한 임원과 관리자는 3년 앞의 목표를 달성하기 위한 「전략/전술」을 구상하고, 실천해야 한다. 관리자는 전략(30%)-전술(40%)-전투(30%)를 병행해서 수행하는 조직의 허리 역할(幹部)을 담당하는 중요한 계층이라 할 수 있겠다.

그러기 위해서는 년간 경영계획과 월간 계획의 수립과 실행을 하면서, 추진 방법을 고민하고, 부하들의 실행을 지도하고 독려하는 역할을 하게 된다.

일반 직원들은 전투에 임하면서 전술을 습득해야 하며, 월간, 주간, 일일 계획의 수립과 실행을 하고, 관리자가 생각한 "방법"을 효율적이고 효과적으로 실행하면서, 관리자의 전술 운용을 직, 간접적으로 습득하여 미래에 본인의 성장을 준비해 가는 것이다.

경영자와 관리자의 역할에 대해서는 아래 도표를 참조하기 바라며, 각 계층별로 자신의 역할을 깨닫고 실행하는 것이 매우 중요하다 하겠다.

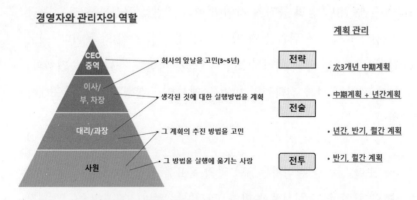

CEO와 임원은 앞 날을 고민하는 사람(전략)이고, 임원과 관리자는 생각한 것에 대한 실행 방법을 계획하고 실행을 주도하는 역할(전술)을 하고, 감독자와 사원은 그 방법을 실행에 옮기는 사람(전투) 이다.

즉, 계층별로 각자의 임무 인식이 제대로 안 되면 조직 전체가 아무리 열심히 해도 적절한 성과가 나오지 않게 되는 것이다. 특히, 조직의 중추적인 역할(허리)을 맡고 있는 임원과 관리자의 인식과 추진력이 조직의 성과를 좌우한다는 점을 잊지 말아야겠다.

장기 비전과 중기 전략(차3개년계획)은 현실을 바탕으로 한 지향점으로서, 회사가 추구하는 목표와 방향을 설정하고 달성 수단으로서 전략과 전술을 강구하는 것이고, 이를 통해 예측 가능한 경영을 추구함은 물론 조직원들과 비전과 목표를 공유하게 되는 것이다.

필자가 성장론자인 이유도 있지만, 기업이 속한 업종이나 산업의 특성, CEO의 철학(성향), 사업 품목에 따라 성장 속도의 차이는 있을 수 있지만(성장 그래프의 기울기는 차이가 있더라도 우상향 커브를 그려야 하겠음), 기본적으로 「기업은 지속적으로 성장·발전할 때 존재의 의미가 있다」는 주장을 곧잘 하곤 한다.

21. 신설회사의 유의사항 - JV의 중국인 총경리에게 했던 제언

필자의 주선으로 중국 광저우 소재 설비회사와 국내 모 중소기업과의 합작회사를 중국에 설립함. 중국에 JV 설립을 준비하는 시점에 중국 회사 총경리에게 제언했던 내용. *(시제품 제작을 끝낸 후에 양산 수주를 준비하는 과정에서 JV 설립을 추진 중인 상황에서의 제언: 2018년 가을)*

<u>신설하는 JV는 심플한 조직으로 신속한 의사결정이 가능한 구조를 고려하면 좋겠다.</u>

신설 회사의 초기 조직은 가능한 심플하게 구성하되, 대부대과제(大部大課制) 개념을 도입하여 역할 분담의 최소화를 고려하기 바란다. 설립 초기에는 역할 분담과 무관하게 멀티 플레이(Multi-Playing) 개념의 조직 운영이 필요하다. 특히, 초기에는 조직의 역할 분담에 구애되지 않고, 『우리 각자는 모두가 자신의 일이다』라는 시각으로 접근하는 자세가 요구된다 하겠다.

신속한 의사결정은 소규모 회사의 장점이라 하겠다
총경리(CEO) 중심의 원활한 내부 소통 문화가 긴요하다. 발생된 문제, 발생이 예상되는 문제를 발견 즉시 오픈하는 풍토를 조성하도록 노력해야 한다. 문제가 발생되면 즉각 보고하고, 부서간 협의 및 대책을 강구하고, 즉각 개선 대책을 실행하는 구조가 필요하다.

신설회사에서 우선 필요한 것은 조직력과 단합력(Team-work)이다.

조직의 성패는 결국 사람에게 달려 있다. 기업은, 역할 분담에 따라 여러 조직으로 기능과 역할이 분담되게 되어 있으나, 이들 조직을 움직이는 것은 결국 사람이다.

신설회사(조직)에서는 특히 사람이 중요하다.

신설회사에서는 일사불란한 조직력과 단합력이 절대적으로 요구된다. 회사(CEO) 방침에 따라, 각 조직이 효율적이고 체계적으로 가동되어야 성과 창출이 용이한 것이다. 따라서 주요 포스트(Post)를 맡고 있는 리더들의 마음가짐과 자세가 매우 중요한 것이다.

조직 구성과 주요 포스트를 기능별로 보면, 영업, 설계(기구/제어), 구매, 제조(생산관리, QA, CS) 등으로 대별되는 데, 이들 조직(주요 포스트)의 장(長)이 조직 성과를 좌우하게 되므로 조직/인력 구성에서 세심한 검토와 고려가 필요하다.

주요 포스트 간부들에게 요구되는 덕목은, 전문지식, 책임감과 함께 타 부서와의 협력·협동심, 회사 전체의 총화(시너지) 창출 등으로 정의할 수 있으며, 조직에 의한 역할 분담에 국한하지 않고, 모두가 자신의 일이라는 자세와 Multi-player 정신으로 임해야 하겠다. (신설회사 초기에는 조직별 역할 분담은 되지만, 이에 제한받지 않고 주요 Post의 간부들이 협동심을 발휘하는 것이 매

우 중요한 요소이고, 이런 협동심을 유발시키는 것 또한 CEO의
몫이다)

CEO는 회사의 주요 목표를, 이들 주요 Post 간부들과 공유하고
독려해 가면서, 궁극적으로 회사의 경영 목표를 달성해 내는 전체 조
직의 시너지 발휘가 가능하도록 유도해 나가야 한다.

프로젝트 마스터스케쥴의 사내 공유와 주기적인 진도 관리에 신
경쓰기 바란다.
가능한 세분화된 실행계획을 수립해서 주요 포스트와 공유하되,
시계열적, 각 부서와의 연계성 명시 등 가능한 한 세부적으로 구분
(Breakdown)된 실행계획을 운영하기 바란다. 주요 포스트 간부들과
의 목표와 상황에 대한 인식 공유가 매우 중요하다.

세분화된 계획은 선제적 대응과 준비를 위해 필요하고, 주요 포
스트 간부들 스스로 방향 설정을 하는 데도 도움이 될 것이다.

주기적인 진도 관리와 실행계획의 미세 조정도 지속되어야 한다.
주간 프로젝트 진도관리 회의(가칭) 등에서 프로젝트 전반의 진
도 관리와 조율을 하고, 문제점이나 차질이 발생하는 경우 즉시
보고하고 목표 대비 차질의 최소화, 예상 문제점의 사전 도출 등
의 사전관리에도 만전을 기하기 바란다.
프로젝트 일정관리는 주지하듯이 「건설공사에서의 공기(工期)관

경영컨설턴트가 전하는 **기업의 변신**

리」와 같은 개념이다. 일정 차질은 결국 프로젝트 비용 증가로 귀결되므로 회사의 손익에 악영향을 초래하는 것이므로, 진도관리회의에서「프로젝트 일정 준수는 곧 원가절감이다」라는 인식을 공유하는 장(場)으로 활용하기 바란다.

원가관리에 대하여

설비업에서 이익 창출이 가능한 원가 구조는 일반적으로 재료비 60%, 인건비 10%, 제조경비 5%, 판매관리비 10% 정도면 15% 정도의 영업이익이 날 수 있다고 하겠다. (뒤에 소개하는 '원가관리에 대하여' 와 중복을 피하기 위해 여기서 세부 내용은 생략함)

원가 점유 비중이 높은 순서대로 우선 관리를 해야 하겠다. (ABC 관리, 예, 재료비부터 중점관리)

목표 재료비 설정과 실행 관리

판매가격은 시장가격 내지는 고객의 요구 조건이므로, 원가와 무관하게 따를 수밖에 없는 상황이다. 즉, 우리의 원가가 아무리 높다고 하더라도 판매가격을 올릴 수 없는 것이 현실이고, 앞서서 데모기 1台를 제작해 봤지만, 현재 재료비 수준의 예상이 가능할지? 의문이나, 판매가격 대비 50% 이하 수준의 목표 재료비를 설정해 보고, 이의 달성 방안을 지금부터 연구해 나가야 한다.

이는 <u>양산 수주를 받기 전에, 양산 사양으로 1台를 선행 제작해 보는 것이 좋겠다</u>고 제안한 배경의 일부이다. (제작 과정의 시행착오

감소+재료비/노무비 등 원가 수준 파악을 위해서도 필요)

양산 수주 이전에 1대의 선행 제작을 하지 못하는 경우에는, 목
표재료비를 설정, 관리하는 방안을 별도로 강구할 필요가 있다.

재료비 관리를 위해서는 경쟁력 있는 공급선(협력업체)을 선별하
는 것이 관건이다. 목표 QCD(품질, 원가, 납기)를 만족할 수 있는 협
력업체를 선정해야 하고, 기계가공 부품이 많은 제품의 특성에 비추
어 원가 경쟁력을 확보하기 위한 수단으로서, 당장은 어렵겠지만, 중
기적으로는 『부품의 사내 기계가공』의 검토가 필요하다.

또한, 구매 책임자의 원가 의식과 구매에 대한 기량(know-how)
도 중요한 고려 사항이다. 효율적인 작업 관리로 낭비(Loss)를 근절
해야 한다.

대당(台當) 목표 조립 공수를 설정하고 (단계별 목표 관리 방안의
강구와 실행), 초기 조립 과정에서 발생하는 수정 작업(설계, 가
공부품, 조립 재작업)의 손실 원가를 집계해서, 이를 단계별로 개
선해 가는 대책을 강구해야 한다. 지금부터 "How to do"를 디자
인해 봐야 한다는 것이다.

초기 납품 시에는, 고객 현장에서의 Set-up 과정에서도 다수
의 수정, 보완 작업이 불가피할 것인데, 이 또한 단계별로 여하히
개선해 나갈 것인지에 대한 방향 설정과 함께, 개선 실행을 하려면
Set-up 과정에서의 비효율/낭비 요소에 대한 원가 집계 방안을 사전

에 구상해 두어야 하겠다.

사내외 실패비용을 집계하고 이에 대한 개선 대책의 강구와 실행이 일상 업무가 될 수 있는 체제를 지금부터 준비해야 한다.
- 사내 조립 과정의 실패 비용
: (설계, 부품 및 작업 Error에 기인한) 수정/재작업
- 고객 현장의 Set-up 과정의 추가 비용 발생
: 수정/재작업 등등

재료비 및 제조비용(노무비+제조경비) 관리 보다 이들 사내외 실패비용의 최소화가 현실적으로 더 큰 과제가 될 수 있음에 유의하기 바란다. (수주 당시에 이익 창출이 가능한 원가 구조라 하더라도 이런 사내외 실패비용으로 종국에는 적자 프로젝트로 전환될 수도 있는 것이 현실이므로)

초기부터 이러한 원가에 대한 기획(계획)을 통해 선제적으로 관리해 나가야 한다. 그 동안 JV의 母회사를 직접 경영해 왔기에 익히 잘 아시는 내용이겠지만, JV가 신설회사이기에 특히, 원가 관리에 대해서는 현 시점부터 어떻게 해 나갈 것인가를 사전적으로 검토해야 한다는 것이다.

사전에 목표 원가를 설정하고(원가기획), 부품 발주단계에서의 엄격한 실행 관리와 실적 집계, 실행 과정에서 원가 요소별 집계 체제

구축, 계획 대비 실적의 집계/분석, 개선 대책 강구/실행 등의 사이클이 일상(Routine)의 업무 패턴이 될 수 있도록 초기부터 이런 관리에 유념하면 좋겠다.

"양산 수주 전에 자체적으로 선행해서 1대를 제작해 보면 좋겠다." 이는 선행 생산 과정을 통해 양산 시의 시행착오를 최소화하고, 사전에 원가 기획을 하고 엄격한 실행 관리를 통해서 원가 목표를 달성할 수 있는 체제 구축의 계기로 활용하기를 바란다.

또한, "초기 수주는 물량에 너무 욕심을 내지 말고, 최소한의 의미 있는 대수(예, 10~20대)를 수주해서 효율적으로 대응할 수 있는 체제를 갖추는 데 주안점"을 두기 바란다.

부품 조달 체계 구축, 작업자 훈련 기회 등이 필요한 상황에서 초기부터 욕심을 내어 무리한 물량을 처리할 경우, 엄청난 로스와 손실을 초래할 가능성이 높기 때문에 단계별 물량 확대를 제안하는 것이다.

숫자로 관측되지 않는 것은 관리와 개혁을 할 수 없다.

원가요소별로 실시간(real time)으로 원가를 집계할 수 있어야 원가 개선에 착수할 수 있으므로, 원가 요소별 집계 가능한 체제 구축을 회사 설립 초기인 지금부터 고려해 가야 하겠다.

V.

경영관리와 관리체제 정비

일상 경영활동 그 자체가 PDCA의 경영관리……. 여하히 비효율과 낭비를 제거할 것인가?

사업계획, 특히 차(次)3개년 중기계획의 운용, 기업이 존속하는 한 영원한 숙제인 원가관리.

손익구조 분석을 통한 「이익을 내는 사업구조」 만들기가 혁신의 출발점!!

경영관리의 골격인 내부관리시스템의 구축과 정비를 강조드린다.

특히, CEO가 미래 구상을 위한 시간 할애를 하기 위해서는 내부관리체제 정비가 대전제!!

설비회사의 경우, 영업과 개발(설계)이 중추적인 역할. 우리 회사는 어떠한가?

CEO는, 새로운 도약을 위해서는 "과거 성공스토리를 잊어야 한다!!"는

역설을 되새겨 보시길……

22. 사업계획 수립과 계획 관리에 대하여

기업경영의 대부분이 「계획-실행-점검-사후조치(관리), 즉 PDCA」로 이루어진다.

*계획(計劃)의 사전적 의미는 「앞으로의 할 일의 절차, 방법, 규모 등을 미리 헤아려 작정함」이고,

*기획(企劃)은 「일을 꾀하여 계획함」으로 정의되어 있다.

계획을 수립하려면 「해당 업무의 전반」을 꿰뚫어 볼 수 있어야 한다.

기업경영에 있어서 「지속 가능한 경영」을 위해서는 『예측 가능한 경영의 실현』이 필수 요건이며, 예측 가능한 경영을 위해서는, 경영 환경 전반 요소를 감안한 치밀한 사업계획의 수립과 그 실행 과정에서의 관리를 통해 목표 달성을 견인하고, 그 때 마다 대응책을 강구하기 위해서 사업계획이 필요한 것이다.

사업계획은, 사업계획에 반영된 기간에 따라, 장기, 중기, 년간 사업계획 등으로 대별해 볼 수 있겠다.

장기사업계획은 5~10년 계획으로 회사의 비전을 담은 것으로 세부실천계획 보다는 회사의 장기 발전 목표와 비전(방향성)을 중심으

경영컨설턴트가 전하는 **기업의 변신**

로 한 것이다.

중기사업계획은 次3개년 정도의 중기 사업전개 방침과 실행 전략 중심의 회사의 중기 발전 전략과 목표를 반영한 것이다.

년간 사업계획은 1년간의 살림살이에 대한 CEO의 경영방침과 사업 목표와 전망(수주/매출/손익) 및 부문별 중점 추진전략 등을 확정하고 월별/분기별 계획 對 실적 관리의 기본 골격이 되는 것이다.

과거에는 5개년계획 등 중장기계획이 주류를 이루었으나, 최근에는 경영환경의 급변으로 5년 앞을 전망해서 계획을 수립하는 것은 실효성이 그다지 없기 때문에 큰 의미 부여가 되지 않는 것 같다. 필자 또한 5개년계획은 무의미하다고 판단하여 次3개년 정도의 중기계획에 중점을 두고 강조하고 있는 편이다.

많은 중소기업들의 경우 한 치 앞을 내다보기도 어려워 년간 사업계획(삼성의 경우, '경영계획'이라 칭함)도 수립하기 어려운데, 중기계획의 취지는 이해가 되지만 次3개년계획을 수립하는 것은 무리라는 반응을 보이는 경우가 많이 있었다. 그럴 때 마다 필자는 「업무가 계획대로 잘 되지 않기 때문에, 계획 수립이 필요하다」는 역설을 강조하곤 한다.

필자는 기업 경영자문을 하면서 회사가 운용해야 할 주요 계획으

로, 매년 6월경에 Rolling plan으로 수립하는 ①중기(次 3개년)계획,
늦어도 12월경에 확정짓는 차기 년도 ②년간 사업계획, 매월 25일
전후에 전 부서가 수립하는 ③차3개월 업무계획(특히, 영업의 경우
차 3개월 수주 계획 관리에 집중) 등을 제시하고 계획 수립과 운용·
관리를 독려해 오고 있다.

중기계획 (차3개년중기사업계획)

중기계획(次3개년 중기사업계획)은, 회사의 중기 발전전략과 목
표로서, 3년 후 회사의 모습(사업 품목, 투자계획, 매출, 인원, 이익
규모 등 외형 목표와 달성 전략)을 설정한 것으로, 확정 불변은 아니
지만, CEO/임원과 핵심 간부들 사이에 목표와 방향을 공유하는 것이
중요하다.

중기계획은, 바람직한 사업 포트폴리오, 사업확대 전략 방향
과 분야 등을 망라해서 임원 및 핵심 간부들과 사업구상(방향)
에 대한 공유와 세부 실천전략(방법론)을 단위 조직 별로 구체화
하는 것으로 CEO로부터의 Top-down과 임원·관리자에 의한
Bottom-up을 반복해 가면서 준비되는 것으로 CEO/임원 및 핵
심간부 전체회의에서 최종안을 확정하게 된다.

중기계획은 매년 6월말경에 Rolling plan으로 수립하고, 년1회

중기전략의 수정, 보완작업을 실시하는 것으로서, 회사의 목표와 전략을 임원 및 핵심간부들과 공유함으로써 적극적인 동참을 유도할 수 있고, "한 방향"으로 힘을 모우는 데 유용하게 활용할 수 있게 된다.

매년 6월에 중기계획을 수립하는 것은, 당해년도의 상반기 실적 점검과 년간 전망을 베이스로 차기 년도 사업전망(계획)을 6개월 앞서서 점검, 검토해 보는 유용한 기회가 되기도 하고, 차기 년도 사업계획은 중기계획을 수립하는 6월과 년말 등 2회에 걸쳐 검토, 확정함으로써 차기 년도 사업계획의 실현 가능성을 제고하는데도 기여할 수 있기 때문이다.

중기계획 작성 시점과 계획 대상

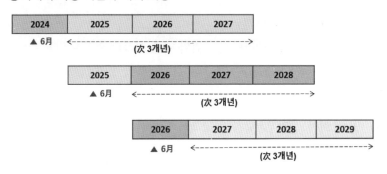

중기계획과 추진 전략에 포함해야 할 내용은 아래와 같고, 년간 사업계획과도 대동소이하다 하겠다.

과거의 경영실적을 리뷰하고(년간 사업계획을 수립할 때는 전년도 실적 리뷰), 전방 산업의 동향과 국내외 경쟁사 동향 분석과 함께 우리 회사가 처한 현주소를 진단해 보는 것으로부터 출발한다. CEO 는 중기계획에 임하면서 구체적인 목표와 지향점을 제시함으로써 회사의 비전과 목표를 전달하게 된다.

중기계획에 포함해야 할 주요 항목들(년간 사업계획도 대동소이)

① 영업(수주)전략: 시장 개척·확대 전략 포함
② 제품 Line Up 계획(신사업 품목의 발굴, 추가 포함) : M&A 전략 포함
③ 기술 개발 계획(인재 양성 포함): 2~3년 후의 미래 사업 대비 포함
④ 인력 / 투자 계획
⑤ 매출·손익 계획 (단위 사업별 매출(신장)계획과 이익율 추이)
⑥ 자금 운영 계획

일부 회사의 경우, 당장의 고객사 동향은 집중을 하는데 상대적으로 전방산업 동향 파악에는 소홀한 경우도 더러 볼 수 있었는데, 이는 너무 근시안적인 접근인 것 같다.

예를 들어 배터리 설비회사의 경우, 납품을 하고 있는 셀 메이커인 고객사에 국한하지 않고, 전방산업인 배터리 셀의 최종 사용처인 모바일 기기, 전기자동차 및 에너지저장장치(ESS) 등의 고객과 그 시

장 동향에 관심을 기울여 모니터링하고, 이 결과를 우리회사 사업계획에 여하히 반영할 것인지를 고민해야 한다는 것이고, 그래야 올바른 사업계획의 방향을 설정할 수 있을 것이다.

즉, 중기계획은 회사의 지향점, 방향성과 목표를 공유하면서, 전 조직원이 총력을 경주해서 목표 달성에 매진하자는 것이다. 또한, 경영 환경의 변화에 맞춰서 매년 1회 Rolling plan으로 운영하기 때문에 기존 계획의 연속성과 함께 환경 변화에 대처 가능하다고 하겠다.

처음부터 제대로 된 중기계획(次3개년계획)의 수립이 어려울 수도 있으나, 경영진과 핵심 간부들이 그 필요성과 유용성을 수용할 경우, 2~3년 반복을 해 가면서 자사(自社) 나름의 틀을 갖추어 갈 수 있을 것이다.

『중기 전략 수립 과정에서의 상하(上下) 및 수평적 소통과 공유가 가능하고 조직을 한 방향으로 유도하는 유용한 수단』이 될 수 있다는 점을 강조 드린다. 또한, 次3개년계획의 수립이 어렵다면, 처음에는 次2개년계획을 수립하고, 연차를 거듭하면서 次3개년으로 확장해 가도 좋겠다.

장납기 품목을 취급하는 설비회사의 경우, 당해년도 수주 실적이 거의 내년도 매출 실적으로 이어지기 때문에, 차기 년도의 경영실적은 당해년도 수주 실적으로 이미 결정되는 것이라 할 정도이므로, 次

2~3개년계획 수립이 더욱 필요하다고 할 수 있겠다.

년간 사업계획

년간 사업계획은 통상 매년 년말경에 차기 년도 사업계획을 「Top down ↔ Bottom up」의 반복 과정을 거쳐서 확정되고, 매월 또는 분기별 계획 대 실적 관리의 기본이 되는 것으로서, 가능한 한 사업계획은 변경하지 않고 운영하는 것을 기본으로 한다. 다만, 필요하다면 상반기 실적 분석 후 하반기 (수정) 사업계획을 수립, 운영할 수도 있다.

앞에서 언급했듯이, 매년 6월경에 차3개년 중기계획을 수립할 때 차기 년도 사업계획의 전망을 해보고, 년말경 차기 년도 사업계획을 확정할 때 다시 한 번 차기 년도 경영 전망을 해 보게 됨으로써 시간이 경과함에 따라 사업계획의 정도(精度)를 높여갈 수 있을 것이다.

년간 사업계획의 관리 주기와 형태

매월초 부문별 전월 실적 분석 후 부문별 월별 계획 대 실적을 분석하고, 매 분기별로는 당해 분기의 계획 대 실적 분석과 함께 차기 분

경영컨설턴트가 전하는 **기업의 변신**

기의 전망을 실시하고, 6월말경에는 상반기 실적 분석을 토대로 년말까지의 실적 전망을 해서 하반기 계획의 수정 보완 작업을 하게 된다.

차기년도 경영계획 확정 일정

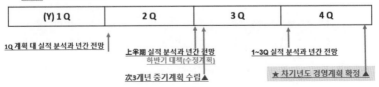

次3개월 수주계획

설비회사의 업(業)의 개념은 「수주업」.

수주업이란 수주가 제반 업무의 출발점이기 때문에 영업은 수주 잔고 관리도 중요 관리항목이라 하겠다.

따라서, 영업은 시장 상황(전방산업, 고객 투자정보, 경쟁사 동향 등)과 수주전망/계획을 보다 체계적으로 관리함으로써 수주 성공에 전사적인 역량을 집중해 가야 한다.

또한, 중장기적인 기술개발과 신제품개발의 테마 발굴과 제안도 일정 부문 영업의 책무라 하겠다.

그렇기 때문에 영업으로서는 次3개월 수주계획의 달성을 위해 부단한 노력이 필요한 것이다.

次3개월 수주계획 운용

	11月	12月	1月	2月	3月	4月	5月	6月	7月
11月		30	50	20					
2月		實25	60	10	20				
1月			實30	45	30	20			
2月					55	30	20		
3月						60	40	50	

영업담당자별, 해당 고객별 차3개월 수주 계획의 수립, 관리가 필요하고 최소한 3개월 정도는 정도(精度) 높은 수주 예측력 확보가 필요한 것이다.

그 외에 사업계획과 관련한 각종 업무 계획의 점검과 관리주기를 살펴보자.

주요 계획의 점검과 관리 주기(참조)

	관리주기	착안점
수주계획(수주잔고)	* 月, 分期, 半期	* 당월 수주실적과 次3개월 수주 계획 (전망) * 실주 원인 분석과 대안 강구 * 신규고객개척 활동 점검
매출/손익 계획	* 月, 分期, 半期	* 月次결산의 분석, 대책 강구 * 次月, 次분기, 반기, 년간전망 Review * 프로젝트(수주안건)별 손익 관리가 필수

신제품/ 신기술 개발 계획	* 月, 分期	* 개발 진척 관리 + 당초 계획한 "매출 기여 시점"준수 가부 * 시장변화에 부응하는 개발 방향인가? 의 지속 점검
생산관리/납기준수 (조달, 제조)	* 月, 分期	* 실적을 바탕으로 금후 전망과 개선책 강구 * 제조, Setup 납기 준수에 관한 실태와 개선 대책
원가절감 계획	* 月, 分期, 半期	* 부분별 세부 계획의 진척 상황 점검(재료비, 공수)
Q-Cost	* 月, 分期, 半期	* IF-Cost, EF-Cost 실적 분석 관리
비용 절감 계획	* 每月	* 부문별 / 항목별 비용의 Trend 분석
A/S 활동의 분석	* 每月	* 유무상 A/S 실태 분석 → 기술에 Feed back (근본 대책 강구)
신사업전개(M&A등)	* 每週	* 최고경영진의 자체 진도 관리와 대안 강구

사업계획을 수립하는 것은 부족함을 메우기 위함이다

기업의 사업계획은 목표 설정 만을 위한 것이라고 보면 오산이다. 소기업 시절에는 매년 2배 가까이 성장을 이어갈 수도 있지만 어느 때는 정체(橫步)되거나 역(逆)성장을 할 수도 있다. 이 때의 사업계획은 '부족함'을 찾기 위한 것이라 볼 수 있겠다.

따라서, 사업계획 수립에 있어서 '부족함'을 파악하는 노력을 게을리해서는 안 되겠다.

예를 들어, 올해 매출이 800억원으로 작년 대비 1.3배가 성장했다고 가정해 보자. 내년 계획은 1,500억원을 달성해야 하는 상황이다. 그리고 그 계획의 달성이 쉽지 않을 것이라고 판단되고, 현실적으로 900억 정도가 예상된다고 하면, 부족한 600억원의 매출을 어떻게 확보할 것인지를 고민하는 것이 사업계획 수립의 목적이라 하겠다. 즉, 600억원의 매출 확보를 위한 제품, 서비스를 만들어야 하는데 사업계획에 이와 같은 추가 매출 확보를 위한 수단과 방법(전략, 전술)을 강구해서 반영하고 실행해야 한다는 것이다.

이는 중기계획(차3개년계획)이나 년간 사업계획이나 대동소이한 것인데, 업종에 따라 1년내에 성장을 위한 준비가 부족한 경우가 많기 때문에 차3개년(중기) 성장 전략 목표를 바탕으로 이러한 '부족함'을 메우는 준비를 해 나가기 위해 사업계획(중기, 년간)의 수립 및 계획관리의 중요성을 강조하는 것이고, CEO의지나 회사의 전략 목표가 제시되면 이의 달성을 위해 각 임원들이 대안을 강구하여 내부 논의를 해 가는 과정을 앞에서 언급한 「Top down ↔ Bottom up」의 반복 과정이라 하겠다.

23. 손익구조와 손익분기점

성공한 기업인들은 전공과 학벌과 상관없이 대체로 숫자 감각이 뛰어나다고 한다. 특히 원가계산이나 이익 산정에는 대단한 것 같다. 비즈니스의 성공은 숫자 감각과 재무제표를 볼 줄 아느냐의 여부에 달려 있다고 해도 지나친 말은 아닐 것이다.

그러나 일부 중소기업, 특히 일부 기술자 출신 CEO의 경우 의외로 손익 구조나 이익을 따지는 부분에 덜 익숙하거나 관심을 제대로 기울이지 않는 경우도 많은 것 같다.

필자도 회계 전문가는 아니기 때문에 정확한 개념 전달이 될 수 있을지 다소 우려 되지만 비전문가에게 전달하는 데는 오히려 더 효과적일 수도 있겠다는 생각도 들어서 간략하게 다뤄 보고자 한다.

손익구조

손익계산서(P/L, Profit and Loss account)는 경영관리 활동에 따라 회사가 <u>일정 기간 벌어들인 수익에서</u>, 이를 얻기 위해 부담한 <u>비용을 체계적으로 대응시켜</u> 최종적으로 어느 정도의 이익 내지는 손실을 기록했는지를 나타내는 보고서이다.

다시 말해, 손익계산서는 기업의 경영 성과를 표시하는 것이고, 기업의 경영 성과란 매출액의 증가 여부, 시장점유율의 상승 여부, 자산 규모의 증가 여부, 부가가치의 증가 여부 등을 말하며, 기업은 이러한 개별적인 경영 성과를 바탕으로 이익을 추구하는 것을 목적으로 하기 때문에, 결국 기업의 경영 성과는 이익이라고 할 수 있다.

손익계산서는, ①[일정기간 벌어들인 총수익-이를 위해 부담한 총비용=최종 이익], 또는 ②[일정 기간 발생한 수익과 비용을 성격별로 각각 구분하여 세부적인 이익]을 계산하는 것으로 기업회계기준에 의한 손익계산서는 ②의 방법을 채택하고 있다.

대부분 잘 알고 있겠지만, 손익계산서의 구성과 내용을 중심으로 기초적인 개념을 정리해 보았다.

손익계산서의 구성과 세부 내용

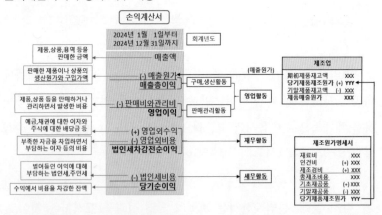

매출액(Sales Revenue)은 별도 설명이 필요 없을 것 같고, 매출총이익(Gross Profit)은 매출액에서 매출원가(Cost of Sales, 매출액을 얻기 위해 발생한 비용)를 차감한 것이고, 매출원가는 단순 제조원가와는 달리 기초(期初), 기말(期末) 재공품을 반영한 제조원가명세서

에서 계산이 된다.

*상기 도표에서 알 수 있듯이 제조원가명세서는, 당기 총제조비
용(재료비, 노무비, 경비)에서 기초 재공품을 더하고 기말 재공품
을 차감한 것을 표시한다.*

영업이익(Operating Income)은 매출총이익에서 판매비와 관리
비를 차감한 것으로서 영업활동의 결과물을 의미하는 것으로서, 경영
자로서는 우선 영업이익 관리에 집중할 필요가 있다고 하겠다.

*판매비와 관리비 : 영업부문과 관리부문(재무, 인사, 총무, 기획
등)에서 영업 및 관리활동을 위해 부담한 아래와 같은 비용들이
포함된다.*
- 인건비 관련 : 급여, 상여/수당, 퇴직급여, 복리후생비 등
*- 영업활동 관련 : 여비교통비, 광고선전비, 샘플비, 개발비, 판매
수수료, 접대비, 보관료, 포장운송비, 대손상각
비 등*
*- 부대비용 관련 : 통신비, 수도광열비, 세금과 공과금, 감가상각
비, 수선비, 보험료, 차량유지비 등*

경영자는 매월 월차 결산을 통해 영업이익의 확인은 물론, 원가
요소별, 비목별 이상(異常) 유무의 점검과 함께 잔여 프로젝트의 원
가, 손익 영향 등을 꼼꼼하게 살펴보고 대책을 강구함으로써 흑자 경

영 기조를 유지해 갈 수 있을 것이다.

　월차 결산이 어려운 구조라면 적어도 분기별 결산에 의한 손익계
산서를 점검해 보면서 회사의 손익 구조를 정확하게 파악해 보면서
적절한 대책을 강구해 가야 한다.

손익분기점

　손익분기점(BEP, Break Even Point)이란, 년간 매출과 총비용
이 일치하여 영업이익이 "Zero"가 되는 매출을 말하며, 이익도 손해
도 없는 상태의 매출을 의미한다.

　제조업체의 모든 비용은, 고정비와 변동비로 구분할 수 있다.
　고정비는 매출의 증감에 관계없이 고정적으로 지출되는 비용이
다. 〔인건비(판매관리비, 제조 및 연구 등)와 관련된 비용은 고정
비로 분류됨〕
　변동비는 매출의 증감에 따라 변동하는 비용(재료비, 외주용역
비, 포장운송비, 대리점 수수료 등)을 말한다. 제조원가뿐만 아니
라 판매관리비에 있어서도 고정비와 변동비가 구분되는 것이고,
일부 비용은 고정비와 변동비가 혼재하는 경우도 있으나, 이런
혼재 비용은 기업 실정에 따라 적절히 구분하면 되겠다.
　손익분기점에 대한 설명을 도식화하면 아래와 같다.

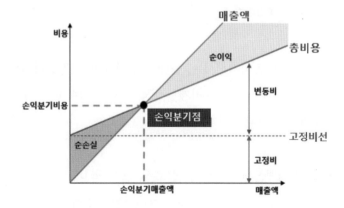

*손익분기점 매출액=고정비/(1-변동비율)=고정비/공헌이익율, 여기서 변동비율=변동비/매출액

잘 아시다시피, 기업의 고정비가 높으면 상대적으로 BEP 매출이 커진다는 사실을 염두에 두고, 손익구조 상 적정한 고정비 수준을 가늠해 가면서 경영에 임해야 하겠고, 많은 경영자들이 BEP에 대한 내용은 이해하면서도 정작 자기 회사의 BEP 규모가 어느 수준인지에 대해 정확하게 파악하지 않고 있는 경우도 많은 것 같다.

경영자는 회사의 손익구조와 함께 자사의 BEP 매출을 산정해 봄으로써 경영을 하면서 손익관리나 원가관리 측면에서 어디에 주안점을 두어야 할지 관리점을 찾아 나갈 수 있을 것이다.

공헌이익은 고정비를 회수하는 데 공헌한다는 의미로 사용되고, 바꿔 말하면 고정비를 회수해야 회사가 이익을 낼 수 있다는 것이다.

*공헌이익=매출액-변동비

재무회계상의 손익계산서는, 앞에서 소개한 바와 같으나 관리회계상의 손익계산서는 "변동손익계산서"라고도 불리며, 아래 표는 두 가지 개념의 차이를 대비해 본 것이다.

재무회계상 손익계산서와 관리회계상 손익계산서의 비교
*조건 : 매출액=1,000원, 매출원가=600원(고정비 500+변동비 100), 판매관리비=200원(고정비 100+변동비 100)

재무회계상 손익계산서		관리회계상 손익계산서 (=변동손익계산서)		
과목	금액	과목		금액
매출액	1,000	매출액		1,000
(-)매출원가	600	(-)변동비		600
=매출총이익	400	매출원가	500	
		판매관리비	100	
		=공헌이익		400
		(-)고정비		200
		매출원가	100	
(-)판매관리비	200	판매관리비	100	
=영업이익	200	=영업이익		200

두 가지 손익계산서에서 영업이익은 200원으로 동일하지만, 계산 과정은 상이함을 알 수 있을 것이다. 이 손익계산서에 의하면, 이 회사는 고정비 200원을 카버할 수 있는 200원 이상의 공헌이익을 실현하지 못하면 적자가 된다는 것을 알 수 있을 것이다.

경영컨설턴트가 전하는 **기업의 변신**

대부분의 경영자들은, 실제 경영활동에서 이런 개념을 잘 이해하고 적용하고 있을 것으로 생각 한다. 영업 일선에서 경쟁이 치열한 경우 불가피하게 적자 수주를 하지 않을 수 없는 상황도 있을 것인데, 이런 경우에도 견적 제출 단계부터 공헌이익에 대한 개념이 정립되어 있다면, 적자 수주를 하더라도 손익에 어느 정도 영향을 미칠 것인지를 미리 파악하는 등 의사결정에 도움이 될 수 있을 것으로 생각한다.

제조업의 장치산업과 달리 설비회사의 경우, 고정비의 대부분이 인건비 성격이므로 고정비를 낮추기(BEP 규모를 낮추기) 위해서는 중기계획을 기초로 적정 인력 규모에 대한 고민이 항상 필요하다. 특히, 설비회사의 경우 수주량의 변동 폭이 크기 때문에 피크(peak) 때의 70~80% 정도의 인력 규모를 감안해 보면 좋겠다.

노동 유연성이 취약한 국내 실정에서 인력을 대폭 증원해 두었는데 수주가 급감하면 그대로 적자로 곤두박질 치게 되고 잉여 인력의 조치도 불가능하기 때문에 기업의 몸집을 늘리는 데는 신중한 접근이 필요하다는 것이다.

물량이 늘어나면 외주 처리를 하는 것보다 자사 인력으로 대응하는 것이 우선 편리할 수도 있겠으나, 외주 처리를 할 경우 당장은 불편 사항이 있고, 일시적으로 비용 부담이 된다는 판단도 이해가 되지만 물량 감소 때를 고려한 적절한 대응이 필요하다는 것이다.

손익구조 분석의 상관 관계 (idea sketch)

　　설비회사의 이익 창출이 어려운 구조를 살펴보면, 경쟁 심화로 수주 가격의 인하, 재료비와 인건비 등 매출원가 상승, 인력 과다와 비효율로 인한 고정비 부담 등으로 대별해 볼 수 있다. 각 항목들의 근본적인 원인들을 아래와 같이 도식화해 볼 수 있겠다.

손익 구조 분석의 상관 관계 (Idea sketch)

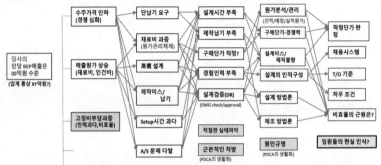

　　대체로 이익 창출이 어려운 설비회사들의 경우, 고정비 부담 과중으로 BEP 규모가 커져버린 손익구조 상의 문제를 안고 있거나, 특정 고객에 치우친 영업으로 자주적인 영업보다는 특정 고객에 지나치게 의존적인 영업 환경, 아울러 취약한 사업구조(제품 포트폴리오)나 다양한 연구개발 활동에도 불구하고 성과로 이어지지 못하는 등의 문제로 요약될 수 있을 것이다.

　　이런 구조적인 문제를 해결하는 데 있어서, 쾌도난마식 해법은 없을 것이라 여겨진다. 다만, 경영진들이 근본적인 원인을 추구해 보

　　　　　　　　　　경영컨설턴트가 전하는 **기업의 변신**

는 자세로 접근하는 것이 반드시 필요하다.

임원들 스스로 현상의 문제에 대한 깊이 있는 분석과 고뇌가 문제 해결의 출발점이라는 생각으로 담당 부문에 대한 심층적인 접근과 분석을 통한 현실 인식이 급선무이며, 정확한 현실 인식을 통한 단계별 해법을 담당 분야에서 찾아보고 스스로 대안을 제시할 수 있어야 하겠다.

또한 임원들의 인식(의식) 변화를 통한 장단기 해법을 스스로 고민하고 발굴해 가는 자세가 긴요하며, "인식의 변화→실태파악(분석)→일하는 방법의 개선책 도출, 실행을 유도"하는 수순으로 회사 차원의 근본적인 대안을 강구해 가기 바란다.

특히, 손익구조 개선 작업은 단기간 내에 해결하기 어려우므로 중기대책을 함께 수립하여 2~3년 동안 치밀한 계획을 수립하고 이의 철저한 실행을 통하여 근본적인 손익구조 개선을 해 나가야 하겠다.

24. 원가관리에 대하여

기업의 이익 구조는 「판매가격(매출)=총원가+이익」으로 표현할 수 있을 것이다.

판매가격 (매출)	이익	
	총원가	판매관리비
		제조원가

　원가관리가 제대로 되어야 기업의 이익을 증대시킬 수 있는 것이고, 위의 도표와 같이 판매가격이 고정이라고 하면 총원가를 줄여야 이익이 증가하는 것임을 알 수 있다.

　여기서 총원가를 줄인다는 것은 곧 제조원가와 판매관리비와 영업외비용을 줄인다는 것인데, 원가절감을 하기 위해서는, 원가가 어디에서 발생하는지(원천)를 정확히 이해하는 것이 필요하다.

원가 항목별 원가 발생의 원천(부서)에 대한 이해

구분	해당부서	원가발생	비고
매출액	영업	매출할인액	*적정 판매가 확보
매출원가	설계	(재료비)+설계노무비	
	구매	재료비	*구입품, 외주가공품
	생산(조립)	노무비, 경비	
	생산(가공)	노무비, 경비	*사내가공품
매출총이익	(경영자)	-	
판매관리비	경영지원	인건비	
	영업	판매촉진비	
	연구개발	연구개발비	
영업이익	(경영자)	-	
영업외비용	재무	이자비용	
당기순이익	(경영자)	-	

　따라서, 원가 발생의 원천부서별로 해당 원가에 대한 관리를 해야 하는 것인데, 원가 발생 원천 부서에 대한 원가관리 인식이 중소기업에서는 통상적으로 약한 것 같다.

경영컨설턴트가 전하는 **기업의 변신**

재료비의 경우, 최종 핸들링은 구매부서에서 하지만, 설계가 완료되면 원가가 결정되는 것이므로 재료비의 발생 원천은 엄밀히 얘기하자면 설계부서이다.

일부 회사의 경우, "원가절감은 구매에서 구매 단가를 절감하는 것"으로 오해하는 경우가 있는데, 부품, 원자재를 구매하는 것이 구매부서이기 때문에 구매 단가 인하 작업을 구매에서 하는 것은 맞는 얘기이지만, 구매가 원가 절감을 할 수 있는 부분은 매우 제한적이기에 "구매가 회사의 원가절감을 담당한다"는 생각은 잘못된 인식이라는 점을 지적하고 싶다. 설비회사의 경우 구매부서의 구매단가 인하는 5% 정도가 최대치가 아닐까? 하는 생각을 해 본다.

설비회사의 경우, 원가 요소 중에서 재료비 비중이 60% 이상이 되는 경우가 많기 때문에 중요도에 따른 ABC관리 원칙에 따라 재료비 절감을 최우선 과제로 삼고 있고, 구매부서에서 구매 단가 인하를 하도록 요구하는 것은 당연한 일이기는 하나, 설계부서의 원가 절감에 대해서는 상대적으로 등한시하는 것 같다.

필자는, 원가절감 내지는 원가 혁신을 위해서는 설계부서가 주도적으로 움직이지 않으면 안된다는 점을 줄곧 강조해 오고 있는데, 그럴 때 마다 "맞는 얘기이지만 너무 원론적"이라는 반발도 있는데, 이에 대해 필자도 설계자 출신이기 때문에 경험을 바탕으로 자신 있게 강조를 해 오고 있다.

설비의 원가는 설계자에 의해 결정된다는 인식이 필요하다. 「설계가 완료되면 원가의 80%가 결정」되는 것이므로 원가에 대한 설계자의 책임 의식이 요구된다고 하겠다. 물론 설계자로서는 매 수주 안건 별로 새롭게 설계해야 하는 경우가 많고, 단납기 요구로 납기(D)에 쫓겨서, 성능/품질(Q) 구현에도 역부족이라는 현실적인 이유도 있겠으나, 주요 관리점인 QCD 중에서 설계자가 상대적으로 원가(C)에 소홀해지는 경향이 많은 것 같다.

설계자들이 자문해 봐야 할 화두들

∨ 설계가 완료(도면, BOM)되면 원가의 80%가 결정된다는 점을 인지하고 있는가?

∨ 설계에 임하면서 원가에 대해 어느 정도 고려를 하고 있는가?

∨ 현재의 설계는 최적화된 것인가? 대안은 없는가? : 성능/품질 (Q), 원가(C)

∨ 가공 부품의 가공 정밀도(공차 관리)는 적절한가? : 정밀도가 원가를 좌우

∨ 구매품의 선정 기준은? 대체품에 대한 시장 상황은 제대로 파악하고 있는가?

∨ 설계를 하면서 조립공수(Man-hour)나 메인터넌스에 대한 고려는 충분한가?

경영컨설턴트가 전하는 **기업의 변신**

∨ 설계 마무리를 하고 나서 미비점에 대한 리뷰를 하고 있는가?

∨ 설계 에러에 대한 분석과 개선 대책을 강구하고 있는가? : Q-Cost, 유사 문제 재발 방지책은?

∨ 앞으로 신규 개발하는 설비의 (설계의) 원가 관리는 어떻게 개선해 나갈 것인가? 등등

설계부서는 설계 공수 절감과 재료비 원가 절감을 위해 「설계의 표준화와 부품 공용화」에 각별한 관심을 기울이면 좋겠다. 설비회사의 경우 동일 설비의 반복 수주(Repeat order)가 많지 않아 설계 표준화에 소홀한 측면도 있으나, 설계 표준화와 부품 공용화를 설계자의 기본 사상으로 삼아 작은 것부터 실행해 가면서 회사의 설계에 대한 기본 틀을 만들어 나가면 좋겠다.

설계의 주요 관리점은, ①재료비, ②설계공수(기구설계, 제어 PGM, 비전, 제어 양산대기 등), ③설계 에러(사내외 Q-Cost) 등을 들 수 있고, 설계에서 견적의 기초 자료 제공을 한 이후 수주가 된 후, 이에 대한 사후 관리가 미흡하는 등 설계 부문의 원가 관리 활동에 대해서는 원천적으로 대책이 필요한 회사들이 많았던 것 같다.

전 부서가 해당되는 항목이고, 특히 제조원가에 반영되는 설계, 제조 등의 직접 부서의 경우, 프로젝트 별 목표 공수 대비 실적 관리를 철저히 하는 것이 노무비 원가관리의 기초가 되는 것이므로, 각 부서 별로 목표 공수부터 절감 대책을 끊임없이 강구하고

이를 실행하는 것이 반드시 필요하다 하겠다.

재무부서는, 견적 산정시 필요한 부서별 노무비 임율, 간접비와 제조경비 배분 및 판매관리비 배분율 등에 대해 주기적으로(적어도 1년에 두 번은) 그 기준을 산정해서 영업부서 등에 공지하여 영업의 견적 산정 기준부터 정립을 해 두는 것이 필요하다. 일부 회사에서는, 견적 산정을 할 때 노무비 적용 임율을 몇 년전 기준을 그대로 적용한다거나, 간접노무비와 제조경비 등의 배분율을 제대로 반영하지 않는 경우도 더러 있었기에 지적하는 것이다.

원가요소별로는, 제조원가는 재료비, 노무비, 제조경비로 구성되며, 설비회사에서 이익을 낼 수 있는 통상적인 원가요소별 구성비율은 대략 아래 표와 같다. (참조용)

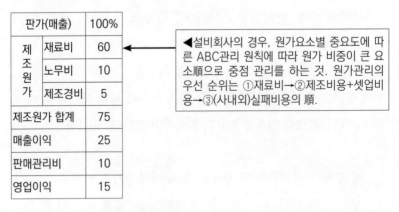

판가(매출)		100%
제조원가	재료비	60
	노무비	10
	제조경비	5
제조원가 합계		75
매출이익		25
판매관리비		10
영업이익		15

◀설비회사의 경우, 원가요소별 중요도에 따른 ABC관리 원칙에 따라 원가 비중이 큰 요소順으로 중점 관리를 하는 것. 원가관리의 우선 순위는 ①재료비→②제조비용+셋업비용→③(사내외)실패비용의 順.

회사의 손익관리를 위해서는 기본적으로 원가관리가 되어야 하는 것이고, 손익 관리의 성적표는 월별, 분기별, 반기별을 거쳐 최종

경영컨설턴트가 전하는 **기업의 변신**

적으로는 년간 손익계산서에 표현되는 것이라 하겠다.

설비회사의 경우, 이와 같은 기간별 손익 관리도 결국은 프로젝트별 원가(손익)관리가 기초가 되는 것인데, 많은 회사들이 프로젝트별 원가관리를 제대로 실행하지 못하고 있는 것 같다.

프로젝트별 원가관리의 출발점은, 견적 산정이라 하겠다. 회사에 따라 나름대로의 기준으로 견적 산정을 해서 고객에게 제출하고 있지만, 특히 내부 산정기준에 의한 내부 원가와 고객에게 제출하는 견적 가격을 구분하지 않는 경우를 많이 보아 왔는데, 이를 구분 관리하는 것이 반드시 필요하다는 점을 강조 드리고 싶다.

내부 산정기준에 의한 내부 원가는, 해당 프로젝트를 수주했을 때, 사내에서 집행해야 할 실행예산의 목표가 되는 것이므로, 원가 요소별로 견적을 산정하는 설계나 영업부서에서 임의의 추가 마진(+알파)을 감안하지 않고 실질적으로 투입될 실제 원가(Actual cost) 개념으로 작성해야 한다는 점이 중요하다. 즉, 고객의 네고율을 내부 원가에 반영해 두면 안 된다는 것이다. 고객에게 제출한 견적 가격에서 네고를 할 때의 판단 기준은 내부 원가가 되는 것이므로 실제 원가를 기준으로 네고에 대응하고, 전략적으로 적자 수주를 하는 경우에도 내부 원가 기준으로 어느 정도 적자가 날 것인가를 판단하기 위해서도 내부 원가를 관리하도록 권유 드린다.

또, 정상적인 원가로 견적 산정을 하면 원가가 높아서 수주를 받을 수 없다는 이유로 영업이 수주를 받기 위한 임의 기준으로 견적을 작성, 제출하는 경우도 있었는데, 이는 경영 판단에 오류를 범할 뿐만이 아니라 수주를 하더라도 내부 원가가 얼마인지를 알지 못한 채 "수주를 위한 수주를 하는 결과를 초래한다"는 점을 유념해야 하겠다. (정상 견적으로는 수주를 받을 수 없다는 것은 우리의 경쟁력이 없다는 것인데, 이에 대한 근본적인 대책은 도외시하고 수주를 위한 임의 견적을 작성한다는 잘못된 처방을 하고 있는 것이라 하겠다)

요약하자면, 견적 산정은 내부 실행원가(예산) 기준으로, 재료비와 노무비 또한 일체의 추가 여유를 고려하지 않은 실제 원가를 반영하는 것을 원칙으로 삼아야 하고, 부서별 노무비와 임율 및 간접비와 제조경비, 판매관리비 등은 재무부서에서 주기적으로 제시하는 견적 적용 기준 요율을 반영한 현실성 있는(실행원가) 내부 원가를 산정해야 한다. 견적에 반영된 재료비나 노무비(공수)는 프로젝트 실행 과정에서 목표가 되는 것이므로 일과성 견적용 작업이 아니라 수주 후에도 이어지는, 자신의 목표라는 관점에서 접근하는 자세가 필요하다 하겠다.

이렇게 수주가 되고 나면, 견적시의 내부 원가를 실행 예산으로 편성하고(대부분의 ERP시스템에는 실행 예산을 ERP에 입력하게 되어 있음), 집행 과정에서 원가 요소 별로, 원가 담당 부서별로, 실행

예산 대비 집행 실적을 관리하고, 프로젝트가 종결되면 실행예산 대비 집행 실적 전체를 비교 분석하여 손익 차이에 대한 원인을 규명하고, 그 결과는 차기 프로젝트에 어떻게 반영해 나갈지를 피드백해서 개선을 해 나가는 개념이라고 설명할 수 있겠다.

이러한 프로젝트 별 원가관리가 대체로 잘 이뤄지지 않고 있는 것이 통상적인 것 같아서, 설비회사의 원가/손익관리는 프로젝트 별 원가(손익)관리가 그 출발점이라는 점에서 그 필요성을 강조하는 것이고 그 개념을 아래와 같이 정리해 본다.

프로젝트별 원가(손익)관리 개념도

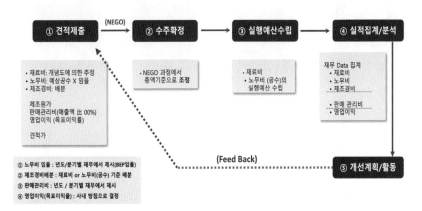

각 프로젝트 별로 ①~②~③~④~⑤과정을 거치는 것은, 이 또한 PDCA 사이클의 일환이며, 각 단계별로 어느 정도로 촘촘하게 집계, 분석, 관리할 것이냐는 "관리의 Mesh"에 대한 논점은 있지만 이와 같이 지속적으로 프로젝트 별로 집계, 분석, 관리를 하지 않고는 이익

관리의 실체에 접근 할 수 없다는 점을 다시 한번 강조드린다.

프로젝트별 원가관리와 함께 경영 활동 상황을 적시에 파악하기 위한 매월 초 전월에 대한 월차 결산을 하는 것이 필요하다는 점도 강조하고 싶다. ERP 시스템이 없거나 내부 인원의 부족 등으로 당장 월차 결산을 하지 못하고 있는 기업의 경우에도 간이 점검 방식을 택하거나 월차 결산 실행 목표를 설정해서 단계별로 준비를 해서 조기에 월차 결산 체제를 갖추기를 권유 드리고 싶다.

품질비용(Q-Cost)

품질비용이란, 「제품과 공정이 완전하면 발생하지 않았을 비용, 즉 非적합성의 비용」을 말하며, 품질비용 관리의 궁극적인 목표는 품질향상과 원가절감이라 하겠다.

미국품질협회(ASQ, American Society for Quality)는 「품질비용은 품질이 좋았더라면 발생하지 않았을 모든 코스트」라고 정의하고 있는데, 그 의미는 첫째, 「품질을 완전하게 하기 위해 노력하는 모든 코스트(예방, 평가비용)」, 둘째, 「품질이 완전하지 않아 발생하는 모든 코스트(실패비용)」를 말한다. 설비회사에 대해서는 두번째의 실패비용에 관한 설명을 하고자 한다.

Q-Cost 관리 체계

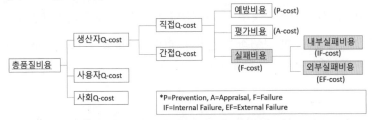

설비회사의 내부실패비용은, 설계 에러에 의해 가공품을 수정 또는 재가공하거나, 조립작업 대기 또는 재작업을 한다든지, 구입한 부품의 손망실 등 현물 관리가 미흡해서 생기는 경우 등. 많은 경우 이런 데이터의 집계나 분석을 하지 않거나 재발방지대책을 강구하지 않아 새로운 프로젝트를 진행할 때 마다 유사한 부적합 사례가 반복되는 것을 많이 보아 왔다. 내부실패비용의 경우 부품 수정/재가공 정도의 비용만 집계, 관리하는 것이 대부분인 것 같다.

외부실패비용은, 고객 사이트에 가서 셋업 과정에서 발생하는 자사 귀책과 자사 귀책이 아님에도 장시간 대기하는 로스, 출하검사를 통과한 설비이지만 설비 자체의 하자로 인한 추가 부품 긴급 재조달과 수정·재작업 등등의 로스를 말하는데, 대부분의 설비회사들이 상당한 외부실패비용을 부담하고 있는 것으로 파악된다.

외부실패비용도 제대로 집계를 하지 않는 경우가 많다. 대략 추정해 보면, 매출액 대비 1~3%, 많게는 5% 이상의 외부실패비용이 발생하는 사례를 볼 수 있었다.

실패비용은 그대로 손익에 반영됨에도 불구하고, 의외로 경영자들이 주목하지 않는 경우도 더러 있었고, 특히 설계에 기인된 부분이 많았는데 이 또한 근원적인 원인 규명이나 재발방지 대책 강구에 소홀한 사례도 많이 볼 수 있었다.

정상적인 견적 작업을 통해 흑자 수주를 했더라도 이와 같은 (미처 예측하지 못했거나 견적에 미반영된) 실패비용으로 인해 당해 프로젝트는 적자가 되는 경우도 있는데, 이는 "앞으로 남고 뒤로 밑지는 장사"를 한 셈이 되는 것이다.

이러한 내부 및 외부실패비용을 제대로 집계, 분석해서 재발방지 대책을 강구하고 엄격하게 그 실행을 관리해 나가는 것도 중요한 원가관리 항목 중에 하나라고 할 수 있으므로, 경영자들이 각별한 관심을 가지면 좋겠다.

「숫자로 관측되지 않는 것은 관리와 개혁을 할 수 없다」는 점에 착안하여 직접적으로 손익에 영향을 주는 사내, 사외실패비용을 집계, 분석하여 손익 개선에 기여할 수 있기를 기대해 본다.

반복되는 얘기이지만, "관리의 Mesh"를 얼마나 촘촘하게 할 것인지는 회사의 상황이나 관리 수준, 경영자의 의지에 따라 선택할 문제이기는 하나, 설비회사에서 단순히 재료비 관리 만이 아니라 노무비(부서별 작업공수/Man-day), 실패비용 등 원가관리 대상 전체를 놓고 각 항목별로 어떻게, 어느 수준까지 관리를 해 나갈 것인지에 대한 방향을 설정하고, 준비과정을 거쳐 단계별 실행을 해 가면서 관리 레벨을 점진적으로 향상시켜 나가야 제대로 된 원가관리 및 손익 관리가 가능하다는 점을 유념해서, 지금 바로 실행에 옮기기를 기대한다.

특히, 설비회사의 경우 고객으로부터 지속적으로 단가 인하 요구를 받고 있기 때문에 원가 절감은 영원한 과제라 할 수 있고, 이러한 원가 절감 요구에 대응함으로서 회사의 이익 확보가 가능토록 하기 위해서라도 그 기초가 되는 원가 관리 및 원가 절감 활동을 체질화해 나가는 노력이 필요하다고 하겠다.

25. 비효율과 낭비 요소

팽창하려는 조직의 생리

사실 조직은 자꾸만 팽창하려는 내부 동력을 가지고 있다.
문제는 늘어난 인원만큼 성과가 올라가는 게 아니라는 데 있다. 사람들은 시간적 여유가 생길수록 그 만큼 더 많은 일을 하는 것이 아니라 그 시간에 맞게 일을 천천히 그리고 비효율적으로 처리하는 경향이 있다고 할 수 있다. 결국 늘어난 시간만큼 내내 일을 하게 되는 것이다.

기업에서는 간접 부서나 간접 인력의 경우, 이런 경향이 있을 수 있으므로 깊은 관심과 주의를 요한다.

조직과 인원을 늘리는 것은 비교적 쉽게 이루어진다.

현업 부서에서 처리할 일량이 많아 졌다거나 새로운 프로젝트를 위해 일손이 부족하다는 등의 이유로 증원 요청이 올라오면 어렵지 않게 증원되는 게 대체적인 기업 현실일 것이다.

인원을 늘리는 것에 비해 인력 감축은 상대적으로 매우 어려운 것이 기업 현실이다.

시장 환경의 급변이나 경쟁에 밀려 매출이 급감하여 고정비 감축을 위해 인력 조정이 필요한 경우라 하더라도 여러가지 이유로 인력 감축은 매우 어렵기 때문에 인력을 늘리는 데는 신중한 접근이 필요하다.

손익 구조 개선이나 BEP 매출 규모 축소를 하려면, 우선은 원가 요소 중에서 비중이 큰 고정비를 감축해야 하는데, 설비회사의 경우 고정비의 대부분이 인건비 성격이기 때문에 인력 감축 없이는 손익 구조 개선이 불가능하다고 할 정도이다.

경영컨설턴트가 전하는 **기업의 변신**

따라서, 인력의 증원은 중기(차3개년)사업계획을 바탕으로 보수적으로 판단함은 물론, 기존의 일에 임하는 자세(의식)와 일하는 방법을 변화시켜 부족한 인력을 소화해 낸다는 식의 발상의 전환이 필요하다는 점을 강조 드리고 싶다.

또한 조직의 계층(단계)을 축소해 가는 노력(조직의 flat화, agile화)에도 관심을 기울이면 좋겠다. 이 또한 간단한 문제는 아니겠지만, 중간 관리자들의 업무 능력과 관리 능력을 향상시켜 대응력을 강화하는 것이 선행되어야 할 것이다.

곳곳에 숨겨진 낭비 요소

우리는 우리 자신이 인지하고 있는 것보다 훨씬 많은 낭비 속에 살고 있다. 이것을 먼저 인지하는 것이 조직과 개인이 최고의 효율성을 추구하고 달성하는 첫 걸음이다.

눈에 보이는 낭비는 빙산의 일각일 뿐이다.
이 밖에 「숨겨진 실패비용」에 대해서 알아보자. 숨겨진 실패비용은 「기업에게 상당한 피해를 발생시키지만, 경영자들이 잘 인식하지 못하는 비용으로서 세부 내역을 파악하고 측정하기 어려운 비용」을 말한다.

아래 그림에서 알 수 있듯이 회계상으로 파악 가능한 손실이 5~8%인데 비해, 회계상으로 파악할 수 없는 손실 즉, 수면하의 숨겨진 실패비용은 그 보다 훨씬 많은 15~20%라는 점에 주의를 기울이면 좋겠다. 계측하기는 어렵지만, 경영자들이 실질적으로 관심을 가져야 할 부분이라 소개를 드린다.

숨겨진 실패비용

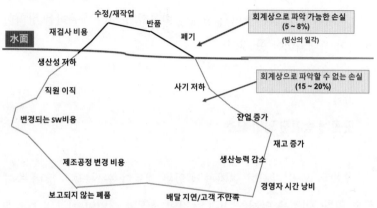

현장의 많은 문제들이 숨겨져 최고경영자에게는 빙산의 일각만 알려지는 경우도 있다. 현장에서는 모두 알려진 문제들이지만, 감독자에게는 74% 정도가 보고되고, 관리자에게는 9% 정도만, 최고경영자에게는 4% 정도만 알려진다는 통계가 있다.

대기업 같이 큰 조직에 해당하는 것이라 치부할 수도 있겠고, 이는 조직의 크기나 보고 체계 등에 따라 차이는 있을 수 있겠지만 그 본질과 취지에 대한 리뷰를 해 보시면 좋겠다.

경영컨설턴트가 전하는 **기업의 변신**

우리의 현실은 어떠한지? 한 번쯤 반추해 보면 좋겠다는 측면에서 소개를 한다

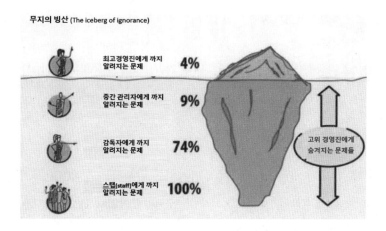

무지의 빙산 (The iceberg of ignorance)

최고경영진에게 까지 알려지는 문제 **4%**

중간 관리자에게 까지 알려지는 문제 **9%**

감독자에게 까지 알려지는 문제 **74%**

스탭(staff)에게 까지 알려지는 문제 **100%**

고위 경영진에게 숨겨지는 문제들

도요타자동차의 낭비에 대한 인식

도요타자동차 하면, 마른 수건도 쥐어 짠다는 원가관리, 간판 방식과 JIT(Just in Time)로 상징되는 도요타생산방식(TPS, Toyota Production System) 등의 이미지가 떠오르고, 많이들 들어왔던 내용일 것으로 생각한다.

도요타자동차의 기본 사상

　∨ 도요타생산방식(TPS, Toyota Production System) : 無재고,
　　無낭비 지향
　∨ JIT (Just in Time) : 필요 자재를 적시적소(適時適所)에 공급

∨ 간판방식 : 後 공정에서 필요한 양만큼을 前 공정에 간판으로 생산 지시

∨ Line-stop : Line-stop을 시키지 않기 위해서 Line을 stop시킨다

∨ 자동화(自動化)가 아닌, 사람 인(人)변의 자동화(自働化)를 추진 : 부가가치 없는 일은 낭비

도요타자동차는 전체 일의 95~97%가 낭비라는 시각으로 접근한다. 우리가 하는 일 중에서 부가가치를 발생하는 정미(正味)작업은 3~5%에 불과하다는 것이 도요타자동차의 인식이라 하겠다.

즉, 아래와 같은 현장의 기계가공 공정은 아래 그림과 같이 ①~⑨의 수순으로 작업이 이뤄지지만, 부가가치를 발생하는 작업은 "⑤ Drill 가공을 한다"에 불과하다는 것이다.

낭비와 부가가치

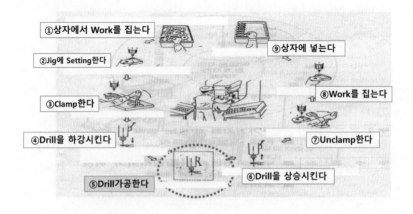

경영컨설턴트가 전하는 **기업의 변신**

또한, 도요타자동차가 내부적으로 정의하고 관리하고 있는 생산의 7대 낭비와 사무직/기술직의 7대 낭비를 살펴보자.

【생산의 7대 낭비】

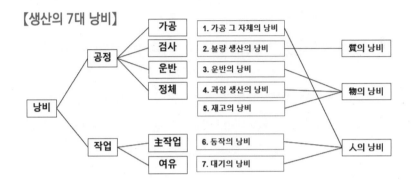

【사무직/기술직의 7대 낭비】

7 MUDAs for Engineers & Office Staffs(事技職場における7つムダ)

① 회의의 낭비 (Meetings) : 「정해지지 않은 회의」, 「정하지 않는 사람도 출석하는 회의」를 개최하고 있지 않는가?

② 사전 조율의 낭비 (Nemawashi, 根回し): 자신의 "안심"을 위해, "전원"에게 사전접촉을 하고 있지 않는가?

③ 자료의 낭비 (Documentation): 보고 목적으로만 자료를 만들고 있지 않는가? A4/A3, 1매 이상의 자료를 만들고 있지 않는가?

④ 조정의 낭비 (Coordination): 실무에서 조정해도 진척되지 않는 안건을 「열심히」 조정하도록 하고 있지 않는가?

⑤ 상사의 프라이드의 낭비 (Boss's Pride): 자신에게 보고가 없었다는 이유로, 「나는 들은 바 없다」고 하고 있지 않는가? 상사가 이렇게 하면 위의 ②사전조율, ③자료의 낭비가 발생한다.

⑥ 매너리즘化의 낭비 (Routine): 「지금까지 하고 있으므로」라는 이유만으로, 계속하고 있는 업무는 없는가?

⑦ 「놀이」의 낭비 (Pro-forma Activity): 사전에 연습한 시나리오대로의 "꼬장꼬장한" 회의를 하고 있지 않는가? 결정하려고 하지 않고, 그 주변만을 이어가는 것으로 논의하는 우려가 있지 않는가?

생산의 낭비와 함께, 사무직/기술직군의 7대 낭비는 한 번쯤 우리 스스로를 돌아보게 하는 내용들인 것 같은데, 여러분은 동의가 되시는지?

도요타자동차의 낭비 근절, 원가관리 방식은 여전히 벤치마킹의 대상인 것 같다.

【도요타자동차의 7가지 습관】

자신의 부서에서 독자적으로 해결 가능한 문제도 있으나, 대부분은 전후 공정의 유관부서와 관련성이 많으므로 중지를 모우는 노력이 필요하다.

도요타자동차의 「동료 집단과의 대화와 협력 체제」와 관련해서 도요타자동차가 문제에 임하는 자세인 7가지 습관을 살펴보자.

① 우선 상대방의 이야기를 잘 듣는 습관을 가지고 있다 :
  3現主義+경청(상대방을 인정)
② 『무엇이 문제인가』를 생각하는 습관을 가지고 있다 :

"5 Why"(왜? 라고 다섯번 질문)

③ 격려하고 제안하는 자세를 가지고 있다 :

　상대방을 인정, 동료애(愛)

④ 『어떻게 하면 이길 수 있을까』하고 지혜를 짜내는 습관을 가지

　고 있다.

⑤ 언제나 네트워크로 일하기 때문에 서로 의논하는 자세를 가지

　고 있다.

⑥ 현장, 현물(現物)주의가 철저하다는 의미에서 사실에 바탕을

　두는 습관이 있다.

⑦ 「우선 해 보자」는 습관이 있다 (불가능하다고 하더라도) :

　도전 정신

　경영자는 물론 임원, 관리자들이 이런 점에 착안하여 변화의 시
발점을 탐색해 보면 좋겠다.

26. 영업과 개발(설계)이 특히 중요

　대부분의 제조업이 그러하겠지만, 특히 수주업인 설비회사의 경
우 수주를 위해 일선에서 뛰고 있는 영업과 영업의 수주를 백업해 주
는 개발(설계)이 특히 중요하다. 연구개발과 설계 기능이 구분되어 있

지 않은 설비회사들이 많기 때문에 여기서는 연구개발과 설계를 묶어서 "개발(설계)"로 표현한다.

국내 설비회사들은 특정 고객 의존도가 높아, 시장 개척을 위해 고객을 찾아가는 (제안)영업이 아닌 고객이 부르면 달려가서 대응하는 관행에 젖어 있는 경우가 많다 보니, 국내 영업의 경우 영업이라기 보다는 영업 관리의 성격이 짙은 것 같다.

설비회사의 업의 특성을 수주업으로 정의한 바 있듯이, 영업은 회사를 선도하는 부서로서 영업 전략과 영업 목표를 달성하기 위한 제품 전략에 비중을 두어야 하고, 기존 제품의 영업을 확대(고객 다변화)하고, 보유 제품 외에 제품 라인업 확대(제품 다각화)를 통한 성장을 도모해야 하는 것이 기본 책무라 하겠는데, 여러가지 여건과 현실적인 이유가 있어서인지, 영업이 대체적으로 자주적이고 공격적인 영업전략을 구사하지 못하고 있는 것이 국내 설비회사들의 실정인 것 같다.

특히, 해외 영업에 대해서도 여러 루트의 에이전트 등을 통해 접촉해 오는 고객은 국내 고객처럼 대응을 잘하지만, 직접 고객을 발굴하고 시장 개척을 하는 마케팅 활동은 소규모 기업일수록 취약한 것 같아 안타깝게 생각한다.

필자는 회사가 독자적으로 개발을 하여 고객을 찾아가 「제안하는 영업」을 하는 일본의 중소기업 사례를 많이 들곤 한다.

시장의 니즈를 조기에 포착해서 선제적으로 자사 만의 기술적 특
성을 반영한 신제품을 개발하여 고객에게 제안하여 수주를 하게
되면, 고객에게 휘둘리지 않는 영업을 할 수 있다는 점에서 국내
설비업체들의 착안 사항으로 소개를 해오고 있는 것이다.

신제품 개발은, 첫째 <u>Top의 개발 지시</u>, 둘째 <u>영업(시장)의 개발
요구</u>, 셋째 <u>개발(설계)부서 자체의 개발 발의</u> 등 크게 3가지 형태로
진행되는데, 국내 설비회사들은 대부분 자체적으로 개발 방향을 설정
해서 개발하는 경우는 드물고, 특히 영업에서 시장 상황을 감안한 신
제품 개발의 제안이나 요구는 거의 없다시피 하고, 고객 요구를 사내
에 전달하는 수준에 그치는 경우가 대부분이다.

제품 라인 업(Product Line-up)이 어느 정도 갖춰진 회사의 경
우에는 보유 제품의 고도화가 주된 관심사가 되겠으나, 라인업이
부족한 회사의 경우에는 제품 라인업을 확대하는 것이 또 다른
성장의 모멘텀이 될 수 있기 때문에 제품 라인업 확충에도 영업
으로서도 심혈을 기울이면 좋겠다.

회사의 중기계획(중기발전전략)에 의거한 제품 라인업(Product
Line-up) 전략도 영업과 설계가 합동으로 수립하게 되는데, 영업의
시장 전망과 개발(설계)의 개발 역량이 반영되어야 하고, 이의 실현

가능한 대책이 수반되어야 의미가 있을 것이다. 특히 영업으로서는 개발하려는 신제품의 년간 수주 전망(수주액)이 중요한 판단 기준이 된다는 점에 유의해야 하겠다.

개발(설계)은, 영업(또는 시장/고객)의 요구에 즉 대응하는 것이 급선무이겠으나 회사의 미래를 담보하는 중추적인 부서 중의 하나라는 자각 하에 "기술 개발의 방향성"에 대해 깊은 고민이 필요하다 하겠다.

개발(설계)은 자사의 보유 역량에 대한 진단을 통해 우리의 현주소를 점검해 보는 것이 변화와 혁신의 출발점이라 하겠다.

자사의 보유 제품에서 기술적 우위점과 차별화 포인트는 무엇인가? 확실한 경쟁 요소가 되고 있는가? 를 우선 점검해 봐야 하겠다. 또한, 설비 개발에 필요한 요소기술 중에서 확실하고 차별화된 보유 역량은 무엇이며, 보완이 필요한 요소기술은 무엇인지, 이를 보강하기 위한 대책과 수단은 무엇인가? 등을 점검해서 중기계획 상의 기술개발계획에 반영해서 조기에 목표 달성이 가능하도록 매진해야 하겠다.

설비회사의 업의 특성이 수주업이기 때문에 영업 주도의 경영을 언급한 바 있으나, 기술적인 측면에서는 "개발(설계) 주도의 경영"이 필요하다고 할 수도 있겠다. 소규모 기업은 최고경영자가 주도할 수

밖에 없지만, 회사 규모가 커가면서 개발 임원이 이런 역할을 강화해 나가야 회사의 발전을 기대해 볼 수 있을 것이다.

신사업·신제품 기획도 개발(설계)에 요구되는 역할의 하나라 하겠다.

물론 사업기획 등의 별도의 부서가 있을 수도 있지만, 기술을 베이스로 한 신사업·신제품 기획은 개발(설계)의 몫이라 할 수 있다. 조직 상 연구개발, 사업기획 기능이 별도로 있는 경우에는 관련부서가 협력하여 신사업·신제품 기획을 하면 되겠지만, 그런 유사 조직이 없는 경우에는 개발(설계)에서 맡아야 한다는 것이다.

아울러 소규모 회사에서 연구개발, 사업기획 기능 등으로 조직을 세분화하는 것은 현실적으로 어려울 것이라 생각되지만, 일정 규모가 되었거나 일정 규모가 되는 것을 목표로 하는 회사에서는, 개발 부서를 양산 설계와 선행개발로 조직을 구분 운영하는 것이 좋겠고, 선행개발은 나아가 연구소 조직으로 확대 개편해서 운영하는 것이 바람직하다 하겠다.

또한 적절한 규모나 타이밍에 CEO의 스탭 기능으로 "기획기능(사업기획)"을 편제해서 운영하기를 권유 드린다. 초기에는 1명으로 출범해도 무방하고, 조직이 갖춰지면 단순한 CEO의 스탭 기능에 국한하지 않고 전사적인 사업기획(신사업 기획 포함)은 물론 관리회계 측면에서의 관리 손익을 관리하는 임무를 부여하면 좋겠다.

수주업에서 「영업의 수주가 모든 업무의 출발점」이므로 수주를 위해서는 전사적으로 총력지원하는 체제가 되어야 하고 특히 개발(설계)의 분발과 적극적인 지원이 요구된다고 하겠으며, 상대적으로 영업의 책임감도 막중해진다는 점을 유념해야 하겠다.

모두에서 필자는 「수주업이기에 영업이 선도」하는 방향을 언급한 바 있으나, 영업(영업전략)이 우선이냐? 기술(제품전략)이 우선이냐? 에 대해서는 정답이 있는 것은 아니기 때문에, 영업전략과 제품전략의 우선순위에 대해 고민을 해 보되, 회사의 특성과 CEO의 의도에 맞춰서 적절히 선택하면 좋을 것 같다.

<u>영업이 선도 또는 개발(설계)가 선도?</u>

기업의 상황에 따라 다르겠지만, 영업 전략과 제품(개발) 전략의 우선순위에 대한 고민도 한 번 해 보면 좋겠다. 우리 회사는 영업과 개발(설계), 누가 선도하는 회사인지? 또, 현재 상황을 바꿀 필요는 없을지? 에 대해서도…..

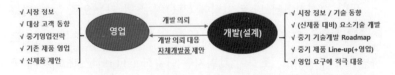

　　　　　　　경영컨설턴트가 전하는 **기업의 변신**

통상적으로 설비회사의 경우, 영업의 수주 부진/적자 수주 →개발
(설계)의 수주 대응에 급급한 설계로 설계 미스 다발 →출도지연으로
구매(제조)의 부품 조달 지연/수정 재작업 로스 발생 →출하 후 셋업
비용(IF-Cost) 과다 발생 등의 악순환의 고리를 안고 있는 것 같다.

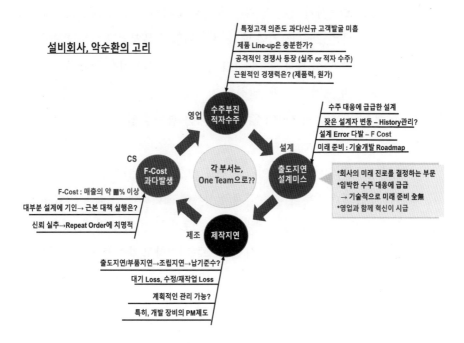

이러다 보면 모든 부서가 다 열심히는 일하고 있지만 회사로서는
벡터의 합이라는 성과로 이어지지 못한다. 이 악순환의 연결고리를
어디서 끊어 내서 변화와 혁신의 기회로 삼아야 하는지가 중요한 과
제일 것이다. (회사의 미래 비전/전략, 영업전략과 제품(개발)전략 및
우리의 실질적인 경쟁력에 대한 근원적 점검 등이 필요)

27. 내부관리시스템의 구축과 정비

    소규모 기업에서 출발하여 인력이 100명~300명 규모로 늘어나며 단계별로 회사가 성장해 가는데 비해 회사의 업무 형태(process)나 관리 방식은, 소규모 기업 때와 큰 변화없이 유지되고 있는 기업들도 상당히 많은 것 같다. 이와 같이, 회사의 규모가 커짐에 따른 내부의 업무 관리 체제도 진화, 발전해 가지 않으면, 커진 덩치를 제대로 소화해 내지 못해 비효율이 많이 발생하는 경우를 쉽게 볼 수 있다.

    소규모 기업에서 기업이 단계별로 성장해 갈 때는, 한 단계 점프를 하기 2~3년 전부터 다음 단계의 성장에 대비하여, 조직과 인력 운영, 주요 포스트의 책임자 고려, 업무 프로세스 정비, 원가 및 재무관리시스템의 정비 등에 대해 사전적으로 기획하고 준비를 해 가는 것이 필요하고도 중요하다 하겠다. 다시 말해 소규모 기업에서 사람 중심으로 일을 해 왔다면, 단계별 성장에 따라 시스템 중심의 업무 체제를 갖추기 위해 내부관리시스템의 구축과 정비가 필요하다는 것이다.

정보의 공유

    최고경영자는 핵심 임원들과의 소통은 물론 내부관리시스템의 정비를 위해서 정보 공유가 기본이라는 점을 인식하고 정보 공유에 각별히 관심을 가지면 좋겠다.

영업이 진행 중인 수주 안건이나 신제품개발 등 일부 정보는 사내에서도 보안을 유지할 필요가 있을 수도 있지만, 대부분의 경영 정보는 핵심 임원들과 간부들에게는 공유하는 것이 내부 소통은 물론 최고경영자가 지향하는 방향으로 힘을 모으는 데 보다 효율적이라는 말씀을 드린다.

예를 들어, 수주 확정된 안건의 수주 정보는 당장 실행예산 편성(ERP를 적용하는 경우는 ERP에 목표원가를 입력)과 부문별 원가절감 목표 할당과 원가절감 활동을 위한 지표로서 활용되는 것인데, 일부 회사들의 경우 수주 정보는 영업 이외 부서에서는 전혀 접근이 안된다는 얘기를 듣고 매우 놀랐던 적이 있다.

앞에서 필자가 일본합작회사 사장을 하면서, 매월 전 사원 대상의 월례조회에서 경영 상황 전반을 발표하고 부문별 중점관리항목을 제시하면서 전 사원의 참여를 제고하고 독려했다는 사례를 소개했듯이, 경영 정보의 공유를 통해 보다 원활한 소통을 할 수 있다는 점을 유의하면 좋겠다.

2010년대 초반 중국의 PCB 제조업체의 동사장과 나눴던 이야기가 떠 올라 간단히 소개를 드린다. 이 동사장은 평소에는 대부분의 일상 업무는 임원들에게 맡겨 놓다시피 하지만, 1년에 두 차례 핵심 임원과 2박3일 정도의 일정으로 사외에서 일상 업무는 전폐하고, 임원들의 평소 고충 청취와 함께 회사의 나아갈 방향(중장기 전략 목표)에 대해 중요한 사업 정보를 공유하면서 허심탄회하게 토론을 하고 회사의 목표와 추진 전략을 결정한다고 했다.

이런 토론의 장을 정례적으로 갖기 때문에, 기본적인 전략 목표와 방향에 대해 핵심 임원들이 충분히 공유하고 있어서 평소의 일상 업무는 동사장이 세세히 관여하지 않아도 조직이 굴러 간다는 것이다. 적어도 핵심 임원들과는 CEO의 구상과 목표를 충분히 공유하고, 최종 목표를 설정할 때도 토론 과정에서 핵심 임원들의 의견을 수렴하는 방식이 주효하다고 하겠다.

따라서, CEO들은 내부적으로 최소한 핵심 임원들과는 충분한 소통과 정보 공유를 해야 한다는 점을 유념하면 좋겠다.

기록문화

사소하게 보일 수도 있겠지만, 고객 방문 미팅, 국내외 출장, 사내 주요 회의 등에 대해서도 보고서나 회의록을 기록해서 문서로 남기는 관행을 회사 초창기부터 임직원들이 습관처럼 몸에 익히도록 하는 것이 필요하다.

대부분 구두 보고나 카톡 등 전자 매체로 보고는 하지만, 실제로 이런 기록을 남기지 않는 회사들도 상당히 많은 것 같고, 특히, 고객 관련 사항들의 기록 유지가 되지 않을 경우 영업 담당자가 교체되면 인수인계가 제대로 되지 않아 애를 먹는 경우를 많이 볼 수 있었다.

일본 회사들의 경우, 기록 문화가 정착되어 있기도 하고, 영업 담당자가 잘 바뀌지 않는데 비해, 우리나라 회사는 해당 업체 담당 창구가 자주 바뀌기도 하는데, 일본의 상대 회사를 모처럼 방문하거나 담당자가 바뀌어 방문하게 되면, 일본 회사의 영업 담당자는 통상 두터운 파일 몇 권을 들고 참석해서, 우리 쪽에서 어떤 질문이나 문제 제기 등을 하게 되면 일본 담당자는, 과거에 우리 회사 어느 분이 언제 와서 얘기했던 부분과 다르다는 식으로 두터운 파일을 뒤져가면서 대응하는 모습을 쉽게 볼 수 있었다. 필자도 전임자의 과거 기록을 제대로 파악하지 못하고 일본 회사를 방문하여 필자 나름의 논리를 설파했으나, 과거 전임자와의 협의 내용을 바탕으로 반박해 오는 바람에 아무런 대꾸를 할 수도 없었던 경험도 있다.

「리더의 기억은 편집되고 부하의 기억은 간섭 받는다」는 요지의 기고문(김경일 아주대 심리학과 교수)에서 사내 회의 결과도 기록으로 남겨서 공유하는 것이 효율적이라는 점을 강조하고 있다.

결론부터 말하자면 기억에는 2가지 측면이 있다. 그리고 각각의 측면은 리더와 부하의 기억에 유독 강하게 영향을 미친다. 그 중

첫째 측면은 리더에게 주로 작용한다. 바로 기억의 '편집성'이다. 실제로, 인간의 기억은 매우 쉽게 편집된다. 그리고 그 편집은 대부분 제3의 내용을 함축시켜 탄생시키는 양상으로 나타난다. 둘째 기억 현상의 '간섭'이다. 사람은 비슷한 정보를 많이 기억에 넣게 되면 그 중 하나를 꺼내기가 점점 어려워진다. 기억으로부터 쉽게 나오지를 못하는 것이다.

리더는 기억에 있어서 편집의 오류를, 부하는 간섭의 오류를 범하기 쉽다. 그리고 그 결과는 이후의 기억이 불일치하게 되면서 경험하게 되는 충돌과 갈등이다. 그렇다면 이를 해결하기 위해서 어떻게 해야 하나? 왕도는 없다. 하지만 반드시 해야 하는 일이 있다.

회의의 결과나 내용을 다시금 요약해서 공유하는 것이다. 바쁠수록 이렇게 해야만 한다. 그리고 그 공유된 핵심 내용에 참석한 사람들이나 대화를 나눈 당사자들이 모두 동의하고 파악했는가를 재확인하는 것이 유일한 방법이다. 시간이 조금만 지나도 이미 때는 늦는다. 이미 편집이든 간섭이든 양쪽 어딘가에서 발생하고 있기 때문이다. 아무리 내 머릿속에서는 또렷하고 생생해도 말이다. 기억은 최대한 빨리 재확인하고 공유하지 않으면 사람의 수만큼 각자의 길을 걸어가게 된다.

조직 생활에서 되새겨 봄직한 지적이다.

업무프로세스

일본의 경우, 업무 규정=ISO 규정으로 되어 있는데, 「ISO 규정을 지키느라 회사가 망하겠다」고 할 정도로 ISO 규정을 철저히 지키는 것 같은데, 우리나라의 경우에는 대부분의 회사가 ISO 취득용 규정과 실제 업무 규정이 따로 노는 경우가 많은 것 같다.

이러한 업무 규정이라는 것이 곧 업무 프로세스이자 내부관리시스템을 의미하는 것이기에 여러가지를 생각하게 한다.

소규모 인력으로 올 라운드 플레이를 할 때는 업무 절차나 담당자 구분이 불편할 수도 있지만, 조직이 커지고 인력이 늘어날수록 업무 분장과 그 절차와 방법론이 정비되어 있지 않으면 많은 혼선을 초래할 수 있다는 점을 유념하면 좋겠다.

따라서, 회사의 규모나 처한 상황에 관계없이, 현재 상황에서 전 부서의 업무 프로세스(담당, 절차와 방법) 상의 문제가 무엇인지를 파악해서 개선해 나가는 것은 임원, 관리자의 일상의 업무(과제)라 하겠다. 예, 영업의 견적, 신제품개발, 설계의 디자인 리뷰(design review), 구매, 생산관리 및 품질관리, 원가 집계와 분석, 재무회계 등등

특히, 각 부서는 매월 마감이라는 과정을 거칠 것을 권유 드린다.

회계부서에서 매 월말 자금 집행 및 결산을 위한 경비 마감을 촉구하듯이, 모든 부서는 매 월말 부서 자체의 업무 마감을 한다는 개념으로 업무 정리를 해 보기를 권한다.

간단하게 표현하면 매월 업무 계획 대 실적으로 표현할 수도 있겠는데, 부서별 업무 특성에 따라 자체적으로 업무 마감을 하는 습관을 기르고, 이를 하나의 조직 문화로 안착할 수 있도록 유도해 가면 좋겠다. 이는 최고경영자가 부서별 월별 실적보고회의에 부서별 월별 마감이라는 개념이 포함되도록 유도를 해 가면 자연스럽게 사내 관행으로 자리 잡을 수 있지 않을까 하는 생각을 해 본다.

나아가 조직이 분화되고 인력이 증가하게 되면 이에 대한 사전(事前)적인 대비를 해 두어야 조직이 커질 때 순조로운 업무 추진이 가능해질 수 있을 것이다.

소규모에서 점진적으로 성장해 가는 회사라면 (아주 세부적이지 않더라도) 중기계획 상의 외형 성장 목표에 걸 맞는 조직과 인력 규모를 사전에 검토(design)해 보고 조직이 커졌을 때를 대비하여 미리 준비하고 보완해야 할 업무 프로세스도 함께 구상을 해 두어야 한다는 것이다.

각 부서는 자체적으로 보완해야 할 과제와 개선 대책을 마련해서 실행해야 할 것이고, 여러 부서와 연계되는 업무의 경우 관련부서의 장(長)들이 별도로 모여 개선 방안에 대한 논의를 계속해서 나름대로 최선의 안을 도출하도록 협력하는 것 또한 필요하겠다. 당연한 말이겠지만, 개선안의 도출은 현재의 단면 만이 아니라 조직이 커졌을 경우에 대한 대비책도 염두에 두고 논의가 이뤄져야 할 것이다.

조직과 주요 포스트 인력

조직 또한 업무 프로세스의 일부이다.

조직이 분화되고 당해 조직의 윗 선이 어디로 연결되어 있느냐가 업무 프로세스가 정해지는 것이기 때문이다. 또한 조직이 분화되면 자연스럽게 조직과 조직 사이에 벽이 생길 수밖에 없다는 점도 유념하면 좋겠다.

조직 구성과 운영에 정답은 없다.

다만, 회사가 처해 있는 현재 단면과 일정 시기 이후의 미래의 회사의 전략 방향과 목표에 부합되고, 「효율적인 업무 추진과 성과 제고」가 가능하겠느냐는 것이 선택과 판단의 기준이 될 것이다.

내부 인력의 자리 배치나 외부 인력 영입 등으로 어쩔 수 없이

「위인설관(爲人設官)」을 할 수밖에 없는 경우에도, 업무 프로세스 상의 오작동 우려는 없는지를 반드시 점검해 보면 좋겠다.

성장 단계에 있는 회사의 경우, 인력과 함께 조직도 점점 더 세분화되고 주요 포스트가 많아지게 되는데, 조직의 확대에 따라 늘어나는 주요 포스트를 맡을 인력에 대해서는 필요 임박한 시점이 아닌 훨씬 이전에 포석을 해 두는 것이 무엇보다 중요한 과제라 할 수 있다.

주요 포스트에 외부 인력을 영입한다는 것은, 해당 업무의 전문가를 영입한다는 당면의 필요성은 물론 영입 인력의 직급이 높을수록 기존의 조직 분위기에 변화를 유발하는 촉매제로서의 역할(메기)도 부여되는 것이라는 점을 영입 대상자에게 인식을 시키면 도움이 되지 않을까 생각한다.

필자가 기억하기로는 과거의 전통적인 조직(계층형, 수직적 조직)에서 팀(Team)제(수평적 조직)로 전환된 것이 1980년대 중반 정도인 것 같다.

환경이 급변함에 따라 유연한 조직(flexible organization)의 필요성이 커져가면서, 계층형 조직의 모순점 내지는 단점(①조직의 유연성 미흡, ②의사결정의 지연, ③조직의 비대화 등)으로는 급변하는 경영환경을 따라잡을 수 없다는 것이, 수평적 조직인 팀제 도입의 배경으로 이해하고 있다.

전통적 조직은 수직적 조직으로 신입 사원부터 최고경영자까지 철저하게 서열화되어 있고 일종의 군대식 조직처럼 위계 질서가 뚜렷한 데 반해, 팀 조직은 수평적 조직으로 각 세부 조직을 〔팀원-팀장〕으로 재설계하여 조직 내의 서열과 위계를 파괴하고 능력과 실적에 따라 조직을 운영한다. 전통적인 조직의 결재 라인은 「사원-대리-과장-차장-부장-임원-사장-회장」 등으로 이루어지나, 팀제의 결재 라인은 「팀원-팀장-임원-사장-회장」으로 단순화되고, 과거 직급으로 차장이나 과장, 부장, 심지어는 임원까지도 팀원이 될 수도 있어서 팀원이 되면 팀원으로서의 직무를 할 뿐이다.

이렇게 되면 전통적 조직에서 과장만 되더라도 보통 중간 관리자로서 결재 업무가 많아져 실무에서 멀어지게 되는데, 팀제에서는 차장, 부장까지도 팀원으로 실무에 투입됨으로써 업무 수행 직원이 늘어남과 동시에 생산성이 올라가게 된다는 것이 팀제의 장점이다. 즉 결재 라인을 줄이고, 관리 계층의 축소로 생산성을 올린다는 것이다.

삼성그룹에서 팀제를 도입한 이후 대부분의 국내기업들이 이를 쫓아갔고, 최근에는 많은 중소기업에서도 팀제를 도입, 적용하고 있으나 무늬만 팀제인 경우도 많은 것 같다.

팀제가 수평적 조직으로 결재 라인을 단축해서 신속하고 유연한 의사결정과 조직 운영을 도모한다는 원래의 취지에 부합되지 않는 팀제 운영 사례가 특히 중소기업에 많은 것 같은데, 원래 취지에 부합된 팀제 운영에 좀 더 관심을 가지면 좋겠고, 그를 통해 훌륭한 리더를 양성하는 기회가 되기를 바란다.

중소기업에서 자체적으로 조직 운영에 대한 연구를 하기는 어렵겠지만, 경영지원부서에서는 회사가 성장하면서 조직이 확대되어 갈 때, 조직 구성과 인력 운영 측면에서 여하히 변화를 촉진시킬 수 있을 것인가에 대한 사례 연구(bench marking)나 검토를 해 보면 좋겠다는 의견을 드린다.

인사제도와 성과보상제도

조직의 디자인과 함께, 직급 및 급여 체계, 평가(인사고과) 및 성과보상제도 등에 대한 조사와 검토도 지속적으로 이루어져야 하겠다. MZ세대의 특성도 있고, 또 중소기업에서만 성장해 온 일부 인력들의 경우 조직에 대한 로열티 보다는 금전적 보상에 더 비중을 두는 경우도 많아 쉽게 이직하는 사례를 많이 보아 왔다.

필자는 삼성 시절부터 직급 승진이 아닌 금전적 보상이 보다 실효적이라는 생각이 강한 편이었으나, 많은 분들 특히, 중소기업의 임직원들의 경우 직급 승진에 더 큰 의미를 부여하고 있는 것 같았다. 모 회사는 상무에서 대표이사로 발탁을 하고도 급여는 상무 직급 때와 똑 같은 데도 대표이사 승진에 대만족을 한다는 얘기를 들었던 적도 있다.

조직의 변천과 함께 인사제도나 직급 체계에 대해서도, 자체 연구는 어렵겠지만 대기업이나 유사 규모의 중소기업 등을 주기적으로 벤치마킹해 가면서 최고경영자의 방침(경영이념)에 따르면서 조직원들의 만족도를 제고할 수 있는 방안을 지속적으로 검토, 사내 제안을 해서 경영 환경 변화에 부응할 수 있는 조직과 인사제도, 성과보상제도 등을 운영해 갈 수 있도록 해야 하겠다.

특히, 일부 기업들의 경우 인력 풀(pool)이 부족한 상태에서 인사고과를 하더라도 다른 대안이 없다는 이유로 인사고과(평가)의 효용성에 부정적이라 평가(인사고과) 자체를 하지 않는 사례도 있던데, 동기부여와 평가 결과에 대한 보상이라는 측면에서도 회사의 실정에 맞는 평가제도를 도입, 운용하기를 권유 드린다.

월차결산 체제

앞서 원가관리 편에서, 설비회사의 경우 원가관리를 제대로 하려면 프로젝트별 원가(손익)관리를 철저히 해야 한다는 설명을 드린 바 있다.

회사는 매월 또는 매 분기 및 반기, 년간 등 단위 기간별로 결산을 하는 체제를 확립해야 하겠다.

단위 기간 별로 경영실적을 점검해 봄으로써 현재의 상황과 가까운 장래에 대한 전망을 파악할 수 있어야 단기 또는 중기에 회사가 무엇을 보완하고 강화해 가야 하는지, 경영상의 관리점을 도출해서 성과를 제고해 갈 수 있기 때문이다.

상장회사의 경우 주기적으로 공시를 해야 하기 때문에 적어도 분기별 결산은 의무적으로 하고 있지만, 비상장회사의 경우 대체로 단위 기간별 결산을 하지 않고 년말 결산으로 대체하는 경우도 많은 것 같다. 특히, 소규모 기업의 경우 년말 결산도 자체적으로 하기 보다는 회계사나 세무사에 전부를 맡겨 버리는 경우도 많은 것 같다.

필자는 회사가 소규모 때부터 다소 어설프더라도 월차 결산을 시행해 가기를 강력하게 권유한다.

당월의 경영 실적에 대한 파악이 되지 않으면 현상을 제대로 파악하지 못한 상태에서 다음 달 또는 다음 분기를 「어제 같은 오늘, 오늘 같은 내일」로 맞이하고 보내는 결과를 초래하기 때문이다. ERP 도입이 안되어 있는 경우, 원가 집계 등이 어려워 월차 결산이 어려울 수도 있겠지만, 간이 방식으로라도 월차 결산을 해 봄으로써 현재 상황을 직시하는 것이 매우 중요하다는 것이다.

회사의 규모가 어느 정도 커지면, 관리회계에 대한 개념의 도입도 고려해 보기를 권한다. 전술한 손익관리 편에서, 재무회계와 관리회계에 대한 짧은 소개를 한 바 있지만, 사전 관리라는 측면에서 관리회계에 대한 공부를 해 보고, 회사 실정에 맞게 도입하는 방안을 검토해 보면 좋겠다.

BEP 규모 산정, 년간 사업계획의 진척 관리, 차(次)월, 차 분기, 차 반기, 년간 등 주기별로 년간 매출/손익 전망 등은 관리회계 개념에서 접근해 보면 도움이 될 것이다.

이와 같이 자체적으로 손익 추정(전망)을 해 볼 수 있는 체제가 되어야 경영자가 올바른 판단과 관리점을 도출할 수 있는 것이라는 점을 강조 드린다.

시중에서 「관리의 삼성」이라는 얘기가 회자된 바 있는데, 삼성의 각 관계사에는 재무회계를 다루는 "경리부" 외에 "관리부"라는 별도의 조직이 있는데, 국내 다른 기업들에는 없는 삼성만의 특유의 조직이라고 생각한다.

예산관리, 각 사업부의 사업계획 대 실적/전망 등의 업무를 하면서 일종의 「사내 경영진단팀」 같은 역할을 담당한다고 볼 수도 있겠다.

중소기업에서는 삼성처럼 별도의 관리부 같은 조직을 두기는 어렵겠지만, 사업기획이나 재무회계 부서 같은 데서「관리회계」개념을 적용하여 사전 관리 활동을 보강해가면 좋겠다는 의견을 드린다.

내부관리시스템이 정비되어야 최고경영자가 미래를 생각할 수 있는 여유 시간을 가질 수 있다.

대부분의 중소기업 경영자들은, 「자신의 역할을 대신해 줄 임원이 있었으면……」, 「중간관리자들이 좀 더 자율적으로 움직여 주었으면……」, 「직원들이 좀 더 업무에 집중해 주었으면…...」하는 소망과 함께「본인의 생각이 아래로 잘 전파되지 않는 것 같다」, 「변화를 강조해도 임원들부터 제대로 고민하는 사람이 없는 것 같다」는 등의 불만을 가지고 있을 것이다. 이런 점은 소규모 기업의 경우가 더 심할 수도 있다.

이러다 보면, 중소기업 경영자로서는 작은 것 하나부터 회사의 방향을 좌우하는 큰 결정까지 혼자서 외롭게 의사결정을 해야 하는 상황에 처하게 되어, 회사 운영에 대한 고민에 하루 24시간을 다 쏟아 부어도 시간이 부족한 상황에 처하게 되고 자칫하면 번아웃에 빠질 수도 있다.

최고경영자가 소기업 시절부터 모든 것을 직접 관장하다 보니 이런 방식이 몸에 배여서, 회사가 일정 규모로 성장했음에도 소기업 시절의 관행을 최고경영자 스스로 바꾸지 못해 고생하는 사례도 더러 있는 것 같다. 최고경영자가 모든 것을 직접 관리하는 형태로는 기업의 성장은 제한적일 수밖에 없고 함께 하는 임원들의 역량을 배양하는 기회도 잃게 된다는 점을 유념하면 좋겠다.

이런 점을 방지하기 위하여 앞에서 설명한「사람 중심의 업무 처리가 아닌 시스템적으로 일하는 조직」이 되어야 하고, 그렇게 하기 위해서는「내부관리시스템의 구축, 정비」가 필요하다는 것이다.

앞에서「최고경영자는 자신의 가용 시간의 30%만 현업에 투여하고, 나머지 70%를 미래를 위한 준비에 활용해야 한다」는 언급을 한 것처럼 최고경영자가 마음의 여유를 갖고 인적 네트워크를 확대하고, 내일을 위한 준비를 하기 위해서는 내부관리시스템의 구축, 정비가 반드시 필요하다는 점을 재삼 강조 드리고 싶다.

내부관리체제 정비(핵심 임원들의 역량 강화 포함)를 위해서는, 단기적으로는 CEO가 보다 적극적으로 현상 관리에 집중하거나, CEO 성향상 상세 내용까지 본인이 직접 관리를 원하지 않을 경우, COO제의 도입 등을 대안으로 검토해 볼 수도 있겠다.

내부관리체제 정비는 CEO의 시간 할애를 위한 것 만이 아니라, 조직 운영의 기본에 관한 것으로서, 작은 조직일수록 빨리 정비에 착수해야 하겠다. 역사가 긴 회사의 경우 관행으로 굳어져 쉽게 바꾸기 어려울 수도 있겠지만, 이는 CEO가 내부관리체제 정비의 필요성을 느끼고 정비의 방향성을 갖고 있다면 정비 착수와 실행 여부는 CEO 의 선택과 의지의 문제라는 생각을 해 본다.

28. 과거의 성공스토리를 잊어라

매출 100억원 돌파의 의미

매출 20~30억원 정도의 소규모 기업을 자문할 때는 매년 2배 이상의 성장 목표를 수립하도록 독려하곤 한다. 필자가 대기업에서 중소기업으로 처음 옮겼을 때, 부임 전년도 매출이 28억원 수준이 었는데 부임 2년차에 100억원을 돌파했던 사례는 앞에서 소개한 바 있다.

아무리 규모가 작은 기업일지라도 매년 2배 이상 성장한다는 것 은, 쉬운 일은 아니지만 지혜를 모아 제대로 전략 방향을 수립해서 매 진한다면, 불가능한 일도 아니라고 생각한다.

회사가 더 큰 성장을 지향한다면 조기에 매출 100억원을 돌파하는 것이 중요하다는 강조를 하곤 한다. 업종별로 차이가 있을 수는 있겠으나, 회사가 제대로 성장 가도를 달리려면 1차 관문이 매출 100억원을 조기에 돌파하라는 것이다.

창업 후 매출 100억원을 돌파하는데 몇 년이 걸리는지가 향후 그 회사의 성장 속도에 상당한 영향을 미친다고 생각한다. 창업 첫 해에 12명이 20억 정도 매출을 한 어느 회사의 경우, 매년 2배씩 성장을 거듭하여 4년차에 100억원을 돌파했고, 창업 6~7년차에 매출 1,000억원을 돌파하는 사례도 보았다.

매출 100억원을 돌파하고 나면, 수십억원 매출 시절과는 달리 경영에 대한 관점이나 성장 전략을 구사하고 성장 목표를 설정하는 것 등 여러 가지 관점이 근본적으로 달라짐을 느낄 수 있을 것이다.

매출 100억원을 돌파하고 나면 그 다음 목표는 매출 200억원대를 지향할 것이고, 이를 통해 새로운 성장의 발판을 마련하고 도약을 위한 새로운 구상도 가능해질 것이기에, 회사의 성장·변신을 위해서 조기에 매출 100억원 돌파의 필요성을 나름 확신을 갖고 주문해 오고 있는 것이다.

기업이 성장해야 하는 이유는, 기업이 성장을 해 가야 기업이 젊음을 유지할 수 있고, 기업 확장이 가능한 것이다. 또한, 기업의 성장도 훈련이 필요하다.

기업 성장이 정체하는 이유

기업의 성장이 정체하는 원인은 여러가지가 있겠지만, 우선은 CEO와 조직원들이 자기 안주('이 정도 성장했으면 만족한다' 등)를 한다거나, 기존 사업이 앞으로도 그대로 존속 가능할 것이라는 가정을 신봉하거나, 경영 환경이 급변하고 있고 회사 경영의 리스크에 대한 조기 경보가 있음에도 이를 무시한다거나, 시장의 변화 추세를 눈여겨 보지 않고, 내부 혁신을 거부하는 등에 기인하는 것이라 할 수 있겠다.

필자가 직, 간접적으로 경험한 몇몇 자동화 설비회사의 사례를 소개한다.

개발자 출신의 CEO(오너)들은 대체로 자기 기술에 대한 (뭐든 개발할 수 있다는) 확신을 갖고, 새로운 개발에는 적극적으로 도전하여 성공적으로 개발을 완수하여 납품에 이르기도 하지만 후속으로 리피트(repeat) 오더가 없거나 개발 제품의 사업화(매출에 기여)가 잘 안되는 경우가 많다 보니 계속해서 새로운 설비 개발에 몰입하는 악순환의 연속인 경우가 많았다. 물론 개발력에 대한 자기 확신과 개발 성공에 대한 만족도는 당연히 높겠지만 사업 성과는 또 다른 얘기이다.

또한, 대체로 자기 기술에 대한 확신이 강한 나머지, 가급적이면

경영컨설턴트가 전하는 **기업의 변신**

대기업 의존을 지양하고, CEO 스스로 영업에 소극적이다 보니, 기술력은 충분한데 주력 제품이 없고 결과적으로 회사의 외형 성장이 정체되는 결과를 초래하는 경우가 많은 것 같았다.

이런 회사들은 대체로 400억~500억원 정도의 매출 규모에서 성장이 정체되는 것이 공통적인 것 같다. 물론 이 정도의 성공을 거두기까지 어려운 과정을 거쳐 오면서 지치기도 하고, 적당히 돈도 벌었으니 더 이상 무리하지 않겠다는 오너의 선택의 결과일 수도 있겠다.

과거의 성공스토리를 잊어버려야 한다.

400억~500억원 매출 규모에서 일부 등락이 있더라도 안주하겠다는 선택을 하는 경우에는 성장에 대한 담론은 불필요한 일이겠지만, 그렇지 않고 더욱 성장, 발전시키고 싶으나 한계에 봉착하는 경우에는 얘기가 달라진다.

필자는 기업 성장론자로서, 앞에서 「기업은 성장할 때만이 존재의의가 있다」라든지, 중기 성장(발전)전략의 수립, 우수한 인재 확보(특히, 주요 포스트 인력의 사전 대비), 계획 수립과 관리 및 사람 중심이 아닌 시스템 중심의 내부관리체제 정비 등을 강조한 바 있는데, 여기서는 최고경영자에게 「지금까지의 성공 스토리는 잊어버려야 한다」는 말씀을 감히 드린다.

스타트업 내지는 소규모로 사업을 시작하여 200억~300억대 또는 400억~500억대까지 성장해 오면서 창업자 CEO는 여러 가지 우여곡절도 겪고 그 과정에서 체득한 경영 내지 경영관리에 대한 관점도 정립되어 있고, 자신감도 생겼을 것이다.

매출 수십억에서 100억 돌파, 100억 돌파 후 200억~300억 돌파, 이어서 400억~500억대에 도달하기까지의 과정에서 경험한 과거의 성공스토리 만으로 매출 1,000억 돌파라는 새로운 단계로 점프를 하는 것은 어려울 수 있다라는 관점에서 드리는 말씀이다.

사람은 누구나 자신이 경험한 것을 바탕으로 생각하고 판단하게 되는 것이지만, 매출 400억~500억대에서 1,000억대에 도전하는 것은 단순히 매출액 숫자의 자릿수가 달라지는 것 이상으로 모든 관점이 바뀌지 않으면 달성하기 어렵다는 점을 강조 드리는 것이다.

대체로 최고경영자들과 대화를 해 보면, 과거 어려웠던 시절을 헤쳐 나온 무용담과 함께 본인의 경영관리 관점과 스타일에 대해 확신에 찬 목소리로 "라떼는~" 식의 얘기를 많이 듣곤 하는데, 과거의 경험과 성과를 존중하면서 경청하면서도 또 다른 도약을 원한다면 과거 얘기에 매몰되어서는 안되고, 새로운 관점과 방향을 설정하는 것이 필요하겠다는 느낌을 많이 받곤 했다.

과거의 성공 스토리는 그 자체도 소중한 것인 만큼 그대로 간직을 해야 하겠지만, 예를 들어 400억~500억대에서 1,000억대로 비약적인 성장을 위해서는 과거의 성공 방정식이 더 이상 통하지 않는다는 생각을 해야 하고 그래야 최고경영자 스스로 변화를 시도할 수 있다는 점을 거듭 강조를 드리고 싶다.

실제로 일부 CEO의 경우에는 아주 소규모 시절의 일하는 방식, 경영관리 방식에 몰두하다 보니 권한의 위양이나 핵심 임원의 양성 또는 외부 수혈 등의 조치없이 여전히 CEO 중심으로 조직 운영을 하는 사례도 많이 볼 수 있었는데, 이런 경우는 일정 규모 이상으로 점프하지 못하고 대체로 횡보(橫步) 내지는 축소되는 경향을 많이 보이고 있는 것 같다. 이 또한 CEO 본인의 현재까지의 성공 스토리에 너무 젖어 있기 때문이 아닐까 하는 생각을 해 보게 된다.

비약적인 발전과 도약을 위해서는 CEO부터 관점이 바뀌어야 할 것이다.

또한 CEO의 인식과 관점이 바뀌게 되면, 함께 일하고 있는 핵심 임원들의 시각도 바뀌도록 유도해 갈 수 있을 것이다. 반복되는 얘기이지만, '과거의 성공 스토리를 잊어라'는 것은 과거 경험을 무시하는 것이 아니라 새로운 환경과 새로운 성장 목표에 걸 맞는 인식 전환과 관점의 재무장을 강조하기 위함이다.

소규모 기업에서는 직원들의 능력 부족을 관대하게 봐 주는 경향도 있고 경영자와 직원들 사이에 불편한 관계를 만들지 않으려는 풍토가 조성되기도 하지만, 이런 기업 문화는 경영자와 직원은 물론 회사의 성장까지를 가로 막는 것이다.

경영자가 직원들과의 인간 관계를 위해 그들의 능력 부족을 이해해 주는 것과 효율적인 경영은 완전히 별개의 문제라는 인식이 필요하다. 특히, 기업이 성장해 갈수록 이런 부분도 간과해서는 안되겠다.

기업이 성장해 갈수록 감당해야 될 위기의 크기도 그 만큼 커지게 된다. 과거의 성공방정식에 빠져 있게 되면 위기 경보를 놓치거나 무시할 수 있다는 점은 성장하는 기업의 CEO들이 항상 유념해야 할 화두라 하겠다.

교세라 창업주 이나모리 회장의 아래 발언을 곱씹어 보면서 최고경영자의 경영에 임하는 자세를 가다듬어 보기를 기대한다.

「여러분은 경영인입니다. 경영은 최고경영자의 사고방식과 의지로 결정됩니다. 따라서 만약 여러분의 회사 경영이 제대로 되고 있지 않다면, 부사장의 잘못도 아니고 전무나 중역의 잘못도 아닙니다. 당연히 직원들의 잘못도 아닙니다. 매우 실례되는 말씀 같지만 그 것은 단 하나, 최고경영자인 여러분의 사고방식이 잘못되었기 때문이고, 여러분의 의지가 약하기 때문입니다.」

「회사의 성장은 최고경영자의 그릇에 비례한다」는 언급을 한 바

경영컨설턴트가 전하는 **기업의 변신**

있는데, 회사를 더욱 성장·발전 시키고자 한다면 성장 단계별로 최고 경영자 스스로 경영에 대한 관점과 인식을 바꿔야 한다는 점에 집중하기 바란다.

VI.

변화와 혁신

성장을 도모하는 *CEO*라면

「회사는 최고경영자의 능력을 뛰어 넘어 성장하지 못한다」는 말을 곱씹어 보시길……

기업의 성장동력으로서 '키우고', '빌리고', '사는 것'이라는 원리도 염두에 두면서.

변화와 혁신 또한 개인이나 기업 共히 영원한 숙제!! 조직 내에 썩은 사과의 치유도 그 일환.

투자유치 활동 과정에서의 느낀 점과 *IPO*를 앞둔 어느 기업에 제언했던 내용을

참고로 소개한다.

"성공의 비밀은, 당신의 생각하는 방식을 바꾸는 것이다." - 잭 웰치 -

29. 기업의 성장 동력

기업의 경영전략은, 성장 전략, 안정화 전략(현상 유지) 및 축소 전략 등으로 대별해 볼 수 있겠다. 이런 전략의 선택은, 회사의 업종과 경영환경, 내부 보유역량, 최고경영자의 전략 방향과 목표에 따라 선택할 수 있을 것이다.

필자가 성장론자이기도 하지만, 어느 기업이든지 최소한 일정 규모까지는 지속적으로 성장, 발전할 때 그 존재의 의미가 있다는 점을 앞에서 소개한 바 있듯이, 현상 유지 내지는 축소 전략의 경우 특별히 언급할 내용이 없을 것 같아 기업의 성장 전략에 대해 살펴보고자 한다.

이나모리 가즈오 회장은, 「사람이나 기업이나 집착에서 벗어나야 강해질 수 있다」며 「이타적(利他的) 경영 마인드가 성장의 출발점」이라고 했고, 이나모리 회장 본인도, 교세라 창업 후 3년째 회사 성장에 대해 고민을 했지만, 「직원들의 정신적, 물질적 행복을 추구하겠다는 마인드를 경영의 기본으로 삼고 나서 성장하기 시작했다」고 고백한 바 있다.

다소 추상적이고 철학적이지만, '선의는 남이 아니라 나를 위한 것'이라는 말이 있듯이 이타적인 정신을 가슴에 품고 경영에 임한다면, 사장으로서 회사 성장에 대한 고민은 자연스럽게 해결될 것이라고 했다.

경영컨설턴트가 전하는 **기업의 변신**

이나모리 회장의 「회사는 최고경영자의 능력을 뛰어 넘어 성장하지 못한다」고 했는데, 필자 또한 「최고경영자의 그릇이 회사의 크기」라고 강조해 오고 있기에 이나모리 회장의 지적은 전적으로 공감하고 있다.

이나모리 회장은 최고경영자의 능력을 뛰어 넘는 회사의 성장을 이루기 위해서는 「뛰어난 인재를 채용해서 관리해야 하는데, 그렇게 하려면 경리, 회계 업무를 안정시키는 동시에 사장의 매력 즉, 다른 사람의 마음을 움직일 수 있는 인간성과 인품으로 그들의 믿음을 얻어야 한다」는 부분도 최고경영자들이 곱씹어 볼 부분이라고 생각한다.

기업의 성장동력을 찾는 방법은 크게 3가지로 소개한 로렌스 카프론(Laurence Capron)[10], 프랑스 인시아드(INSEAD) 경영대학원 교수의 조선일보의 인터뷰 기사를 요약해서 소개한다. (조선일보 윤형준 기자의 Weekly Biz(2015.8.22)에 게재된 기사)

기업이 성장 동력을 찾는 방법은 크게 3가지다. 자기 회사의 내부적 역량이 뛰어나면 '키우고(Build)', 역량이 부족하다고 판단하면 다른 기업으로부터 '빌리고(Borrow)', 빌리는 것 이상으로 좋은 성과를 낼 것이 확실해지면 아예 상대 기업을 '사는(Buy)'

---

10 로렌스 카프론 교수는, 2015년 당시 인시아드에서 10년 이상 글로벌 기업가들을 대상으로 M&A와 기업 전략에 대한 실무 교육을 총괄하고 있었음

것이다.

키우기 전략에는 R&D, 빌리는 전략에는 제휴나 라이선스, 사들이기 전략에는 M&A가 대표적이다. 그러나 잘못된 선택을 하면 오히려 기업이 큰 상처를 입고 만다.

카프론 교수는 기업이 3가지 수단 중 하나를 고르기에 앞서 반드시 고려할 알고리즘이 하나 있다고 주장한다.

① 먼저 기업의 역량을 평가해야 한다. 새로 시작하려는 일이 익숙한 일이고, 인적 자원도 풍족하면 키우기 전략이 가장 효과적이다.
② 그러나 내부 자원이 부족하면 빌리기 전략을 고민해야 한다. 새 사업을 통해 얻는 이득이 계산 가능하고, 지식재산권도 침해하지 않는다면 일정기간 라이선스를 주거나 받아서 사업을 벌이면 된다.

예컨대 외국 제품을 들여와 판매해 이윤을 쌓는 것이 대표적이다. 반면, 이득이 구체적이지 않거나 아예 신제품을 개발하려고 할 때는 파트너와 제휴를 맺고 공동개발하는 것이 좋다. 다만, 이때는 서로의 지식재산권을 침해하지 않도록 협력 범위를 최소화하고, 공통의 목적을 구체화해야 한다. ③새 사업을 벌이긴 해야 하는데, 키우기나 빌리기가 안 된다면 최후의 옵션으로 사들이기

경영컨설턴트가 전하는 **기업의 변신**

전략을 고민해야 한다. 다만 섣불리 인수에 나서서는 안 된다. 어떻게 두 회사를 통합할 것인지 구체적인 계획을 세워야 하고, 직원들의 동의도 얻어야만 한다.

성장 동력을 찾는 이 알고리즘 공식에 대해 물었더니, 카프론 교수는 "결국 성장 동력을 찾을 때도 포트폴리오를 갖추라는 뜻"이라고 설명했다. "혁신은 세계 이곳 저곳에서 갑자기 터져 나옵니다. 이런 기회를 제대로 포착하려면, R&D만 해서는 안 됩니다. 빌려오거나 사들이기 전략이 더 효과적일 수 있습니다. 즉 한 가지 전략만 고수해서는 지속 가능한 생존이 어렵다는 말이다."

너무 당연한 이야기라 맥 풀린 듯한 표정을 짓자, 카프론 교수는 단호한 어투로 "말로는 쉽지만 실상은 그렇지 않다."고 반박했다.

"성장 전략의 균형을 갖춰야 한다는 것, 다 알고 있는 겁니다. 그런데 실상은 이 중요성을 과소평가하고 있어요. 기업이 가진 '관성' 탓입니다. R&D로 성장한 기업은 습관적으로 R&D를 계속하다 보면 다시 한 번 성장할 수 있을 것이라 믿습니다. 한편 M&A로 성장한 기업은 M&A만 합니다. 익숙하지도 않은 R&D를 왜 귀찮게 하려 들겠어요.

여기에는 몇 가지 이유가 있습니다. 일단은 기업 문화가 있습니다. 특히 이해관계가 얽혀 있는 경우 다른 성장 전략을 도입하기 어렵습니다.

둘째는 <u>CEO들의 특성</u>입니다. CEO들은 대개 자신들이 전부 통제할 수 있는 환경을 원합니다. R&D든 M&A든 자신이 중심이 되어 기업 전체를 100% 지배하길 원합니다. 그래야 빠르게 의사결정을 내릴 수 있다고 생각하기 때문이죠. 그러나 이건 전략적 선택이 아닙니다. 제휴를 맺고 적은 돈을 들여서도 충분히 얻을 수 있는 것을, 굳이 큰 돈을 들여 인수합니다. M&A에서 '승자의 저주'라는 말이 나오는 것은 대부분 이 때문입니다.

마지막으로 '<u>집착</u>' 입니다. '이 사업이 언젠가는 꼭 성공할 것'이라고 믿는 도박성 집착, '옛날에 잘 나갔던 사업이니까 믿어볼 만하다'는 과거 지향성 집착 등이 있습니다. 집착을 버려야 시야를 넓힐 수 있습니다."

<u>Build, Borrow, Buy중 어느 것을 선택할까?</u>

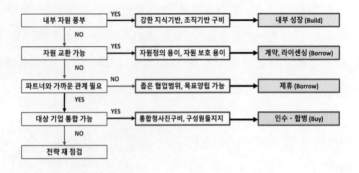

각각의 전략을 채택하는 타이밍에 대해서, "키우기 전략은 내부 역량이 뒷받침될 때입니다. 또한, 충분한 자원을 갖춰야 합니다. 인적 자원뿐 아니라 회사가 얼마나 그 분야에 익숙한지도 중요합니다. 예컨대 제약사가 자동차를 만들겠다고 하면 전혀 해 본 적 없는 일을 해야 하는데 그런 경우 성공 가능성은 미미해집니다"

빌려오기는 "첫째 외부 역량이 필요한 상황에서 '굳이 그 기업을 사 올(인수할) 필요가 없을 때'입니다. 다만, 일단 내가 빌려 올 역량, 빌려와서 달성할 수 있는 목표가 명확해야 합니다."

인수에 대해서는, "인수를 섣불리 추천하지 않는 건 비용 부담 때문입니다. 많은 기업가가 인수 후 통합에 드는 비용과 노력, 인수에 투자하면서 놓치는 기회비용을 과소평가하는데, 이를 면밀히 봐야 합니다. M&A는 상상할 수 있는 가장 비관적인 시나리오보다 더 많은 시간과 자금이 소요됩니다. 돈을 많이 썼다는 것은 결국 M&A하고 나서 회사가 망하는 '승자의 저주'에 빠진다는 얘깁니다."

"따라서 M&A에 성공하기 위해서는 현실적으로 봐야 합니다. 조직 통합을 위한 사전 전략을 반드시 갖춰야 하고, 상대 기업의 핵심 인재에게는 인센티브를 안겨줘서 붙잡아야 합니다. 신속함이 생명입니다. 속도가 늦어질수록 인재들은 빠져나갑니다. 자칫하다간 깡통뿐인 조직을 얻게 됩니다. 그걸 성공적인 M&A라고 할 수 있을까요."

회사의 경영전략 기조에 따라, 3가지 선택지를 고를 때 어떤 기준과 원칙으로 접근할 것인지는 최고경영자의 선택의 몫이 되겠다. 사내 중지를 모아 적절한 대안을 찾아서 성장, 발전을 이어가기를 기대한다.

성장 포트폴리오의 성공 사례(build-borrow-buy)

"한 가지 성장 전략에만 매여 있다면 지속 가능한 성장은 불가능하다"(로렌스 카프론 교수)

실제로 지속 성장하는 기업들은 '키우기, 빌리기, 사들이기'의 3가지 전략을 상황에 따라 적용하는 '포트폴리오' 시스템을 갖고 있다. 기존 성장 전략이 한계에 부딪혔을 때 자연스럽게 새로운 전략에 눈을 돌린 경우가 많았다. 설령 같은 전략을 유지하더라도 그 스타일을 크게 바꾸는 시도를 했다.

독일의 제약회사 '머크'

전통적으로 제약사는 R&D가 거의 유일한 성장 전략이다. 신약개발에 회사의 명운이 달려 있기 때문에. 그러나 '머크'사는 2000년대부터 빌려오기 전략에 집중했다. 그 이유는 2002년 개발 중인 신약 후보군을 평가하는 자리에서 큰 충격을 받았기 때문이다. 당시 임상 시험 단계에 있는 약이 총16개, 소규모 제약사라면 몰라도 수십억 달러 매출을 하는 제약사로서는 턱없이 부족한 수치였다.

머크는 신약 후보를 늘리기 위해 외부 자원 의존도를 높이기로 결정하고, 라이선스 계약을 맺고 다른 회사의 제품을 가져와 팔거나 제휴 계약을 맺고 경쟁사와 함께 신약을 개발했다. 그 결과 2006년 머크는 55개의 신약 후보를 마련했고, 머크는 해당 라이선스 계약을 공동개발 계약으로 이끌어 가면서 성장을 이어갈 수 있었다.

키우기, 빌리기, 사들이기 전략을 고르게 사용해 뚜렷한 성장을 이룬 기업은 '알파벳'(구 구글)

구글 창업자 래리 페이지는 구글을 알파벳으로 바꿔 holding company로 만들고, 구글 시절 자체 R&D 조직인 '구글X'를 통해 무인자동차, 눈 앞에 정보를 띄워 주는 구글 글래스 등을 개발 (구글X는, 직원 5만여명의 머리 속에서 나온 '엄청나게 크고 황당한 아이디어'를 현실로 이끌어 내는 연구소) 알파벳은 구글X를 통해 숨겨져 있는 기업 내부의 역량을 극대화한다.

그러면서도 쉴 새없이 M&A 단행하여, 2005년 스마트폰 운영체제(OS)를 개발하는 스타트업 '안드로이드'를 5000만 달러에 인수했다. 지금은 애플 iOS와 스마트폰 운영체제 시장을 양분하고 있는 거대 플랫폼이지만 2005년 당시만 해도 그 이름을 아는 사람은 극히 드물었다. 2003년에는 어플라이드시맨틱스를 1억2000만 달러에 인수했는데, 당시 직원 45명에 불과한 이 스타트업에 너무 큰 금액을 투자한 거 아니냐는 비판이 있었다. 현재 매출의 대부분을 차지하는 '유료 광고 플랫폼'을 제공한 것이 어플라이드시맨틱스다.

'빌려오기'에도 적극적이다. 구글 플레이스토어에는 2015년초 기준 약 140만개의 앱이 올라와 있는데, 대부분 다른 기업이나 개발자들이 제작한 다음 제휴를 맺고 올린 것이다.

구글의 "성장의 이면에는 구글식式 포트폴리오가 존재한다"고들 한다. 예컨대 엔지니어는 기업의 핵심 기술인 '검색과 광고' 분야에 업무 시간의 70%, 이 핵심 기술을 보조하는 안드로이드 운영체제 개발 등에 20%를 쓰고, 나머지 10%는 각자가 개인적으로 흥미를 느끼는 연구 분야에 투자한다. 10%의 시간 투자로 '정말 쓸만한 아이디어'가 나오면 구글X 등이 이를 현실로 만든다. 즉, 현재부터 미래로 이어지는 선순환 구조가 생기는 것이다.

사서 합치고 사서 합친 '존슨앤존슨'

1975년부터 1997년까지 87개의 제품을 선보인 88개 사업부서를 운영했다. 이 가운데 54곳이 인수를 통해 확보한 것이고, 34곳은 내부적으로 만든 것이다. 사실상 R&D와 M&A모델, 즉 키우기와 사들이기의 전략을 결합한 셈인데, 이 경우 난제는 '통합'이었다. 새로 사온 회사는 기존 회사와 유기적으로 결합하기 어렵다는 것이 일반론

경영컨설턴트가 전하는 **기업의 변신**

이다. 그러나 존슨앤존슨은 내부 사업부서를 인수해 온 사업부서와 합쳐 큰 성장을 이뤄냈다.

존슨앤존슨은 1983년 자사가 인수했던 기업 3개를 한 개의 사업부서로 통합해 심장 판막과 심혈관 치료에 쓰이는 의료기기를 출시했다. 이듬해에는 수요가 많은 심혈관 치료 제품군을 확대하고, 시장 수요가 적었던 투석 치료 제품군은 떼어내 매각했다.

한 동안 심장질환 기기 시장에서 떠나 있었던 존슨앤존슨은 1990년 들어서 다시 사업부서를 재편한다. 심장 보조 장비 업체 하나, 혈관 장비 업체 하나, 일회용 의료기기 업체 하나를 잇달아 인수, 1996년 심장 스탠트 제품을 개발해 냈다.

존슨앤존슨은 외부 인수와 내부 개발이 섞이면서 수십억 달러의 수익을 올렸다.

빌려오기로 시작해서 키우기로 전환하여 성공한 '혼다 자동차'

혼다의 해외사업 케이스는 다소 특이한 편. 빌려오기 전략으로 시작했지만 얻을 수 있는 것을 모두 확보하자 키우기 전략으로 전환해 해외시장에 성공적으로 안착했다.

1984년 인도의 오토바이 제조기업 '히어로'는 혼다의 고성능 엔진 제조기술을 배우고자 했다. 당시 인도에는 해외 기업이 사업을 벌이기 위해서 현지 파트너를 둬야 한다는 규제가 있어 혼다 입장에서는 좋은 제안이었다. 양사가 세운 합작 벤처회사는 세계 최대 이륜 오토바이 생산업체로 성장했다.

그러나 밀월은 오래가지 않았다. 히어로는 엔진 설계 및 제조기술을 배울 수 없었다. 엔진은 일본에서 생산되어 인도로 공급됐고, 이는 계약 조건상 문제가 없었다. 반면 혼다는 인도 현지 유통망과 시장 지식을 습득했다. 결국 2004년 인도가 경제를 개방하면서 혼다는 직접 자회사를 설립하기로 결정. 혼다는 인도에서 시장 점유율 2위를 차지하게 되었다.

카프론 교수는 "섣부른 제휴는 경쟁자를 만들 수 있기 때문에 제휴와 같은 빌려오기 전략을 사용해야 할 때는 가급적 자신들의 경쟁력을 유지할 수 있는 방법을 도모해야 한다"고 충고한다.

성장을 위한 사업구조(포트폴리오)

기업이 성장하려면, 기존 제품의 판매 확대를 위한 「고객 다변화」와 제품 라인업을 확대하여 팔 수 있는 제품을 늘리는 「제품 다각화」를 우선 생각해 볼 수 있겠다. 이는 시장(경쟁) 상황과 보유 기술, 보유 제품의 우위성 여부에 따라 선택이 달라질 수 있겠으나, 성장을 지향한다면 어떤 식으로든지 전략적 선택이 필요할 것이다.

어떤 회사는 보유 제품과 영위하고 있는 산업 분야에 집중해서 올인하는가 하면, 나아가 현재 영위하고 있는 사업 중심으로 상류, 하류를 망라하는 수직계열화를 추구하는 회사도 있다. 반면에 기존 사업의 확대 보다는 인접 타 산업 분야 및 별도의 제품군을 확충하여 사업 다각화를 추진하는 경우도 있다.

또한, 수주의 변동(기복)이 심한 설비회사의 경우, 수주/매출의 안정성을 추구하여 부품/소재 분야로 영역을 확대하는가 하면, 반대로 부품/소재 회사는 매출 증대를 위해 완제품의 설비회사로 영역을 확대해 가는 회사도 쉽게 볼 수 있다.

기하학에서 가장 안정적인 구도가 삼각형이라 하듯이, 사업 구조도 3가지 정도의 축을 이루는 포트폴리오가 베스트라고 할 수 있겠다.

보유 역량과 경쟁 상황을 고려하여 판단해야 하겠지만, 안정적인 성장과 지속 가능한 경영을 위해서는 사업 구조(포트폴리오)에 대해서도 심층적인 검토와 고민이 필요할 것이다.

최고경영자의 선택의 문제이기는 하나, 전략 목표와 달성 수단을 고려한 전략적 선택을 해 가기를 기대한다.

30. 변화와 혁신

「안일즉사 변신즉생(安逸卽死 變身卽生)」, 필자가 기업 교육을 하면서 즐겨 쓰는 말 중 하나이다.

급변하는 환경에서 기업이나 개인 공히 '변화하는 자만이 살아남을 수 있다', 기업의 임원들이 변화의 주역이 되어야 한다는 점을 강조하면서, <u>변화와 혁신은 거창한 것이 아니라 사소한 일부터 근본적으로 개선해 나가는 것이 출발점</u>이라는 점을 강조하곤 한다.

변화란 무엇인가?

<u>변화는 삶이다</u> : 자연스럽게 세상의 변화에 발 맞추어 더 나은 상태를 향해 나아가는 것은 삶과 조직의 자연스러운 한 단면이다.

<u>변화는 과정이고 여행이다</u> : 변화의 정답은 주어지는 것이 아니라 찾아내는 것이다. 쉽지는 않지만 우리 모두는 탐구자의 자세와 마음가짐으로 변화를 대해야 한다. 목적지를 향해 나아가야 하지만 중간 중간의 모든 과정을 즐길 수 있도록 노력해야 한다. 순간에 의미를 부여하면서 최선을 다하다 보면 어느 새 종착역에 도착해 있을 것이다.

변화는 솔선수범이다 : 지시나 통제보다는 마음을 움직일 때 변화가 일어난다. 그러므로 변화의 성공을 염원하는 사람이라면 스스로 모범이 되도록 노력해야 한다.

변화는 실천이다 : 백 마디의 말보다 더 중요한 것은 실천을 통해 성과를 만드는 일이다.

변화는 오뚝이다 : 실수나 실패를 감수하지 않고서는 변화를 성공시킬 수 없다. 실수를 범하더라도 툴툴 털고 다시 일어설 수 있어야 한다.

변화는 결단이다 : 위험을 무릅쓰고 미지의 것을 향해 한 걸음 내딛는 것은 항상 두려운 일이다. 변화는 그런 두려움을 떨치고 나아갈 때 가능하다.

변화는 마음이다 : 변화는 사람들의 마음을 바꾸는 일이다. 헌신과 몰입 상태를 향해서 함께 나아가도록 설득하는 일이기도 하다.

변화는 인간 승리이고, 가치를 만드는 것이다 : 스스로를 이겨낼 수 있어야 성공할 수 있다. 굳어진 습관을 깨고 새로운 습관을 만들지 않으면 안 되기 때문이다. 제한된 자원으로 더 많은 가치를 만들어 모든 참가자들과 조직의 이해관계자들에게 중장기적으로 이득을 주는 것이다.

급속한 변화의 시기가 되면, 경험은 당신에게 최악의 적이 될 것이다. 익숙하고 안정된 것처럼 보이는 것을 버리는 일이나 새로운 것을 포함하는 일은 많은 용기를 필요로 한다.

환경 변화와 생존[11]

무한 경쟁은 오늘의 조직(기업) 환경이라 하겠다.

경쟁력을 갖추지 못한 조직은 도태되고 오직 최고의 조직만 생존할 수 있다. 따라서 필사적인 노력과 끊임없는 혁신을 하지 않고는 존재할 수가 없다.

강한 조직은 탁월한 인재로 구성된 조직이며, 혁신 조직에는 혁신하는 인재가 필요하다. 변화하지도 않고 학습하지 않는 사람(개인)은 존립이 불가능하다 하겠다.

변화를 위해서는,

첫째, 현재 조직이 직면한 핵심적인 문제는 무엇인가?
둘째, 조직의 변화와 혁신을 실천하기 위해 직면한 과제는 무엇인가?,

---

11 얼무리 572 ("변화란 무엇인가?")에서 발췌, 편집함

경영컨설턴트가 전하는 **기업의 변신**

셋째, 혁신 성과 창출이 어려운 요인과 대책은 무엇인가? 라는 점을 유념하면서 임해야 하겠다. 또한, 누가, 언제, 무엇을, 어떻게, 왜 변화해야 하는가? 라는 변화의 실체(正體)를 찾는 노력도 필요하다.

조직의 변화에 대한 구성원의 성향은 대략 아래와 같은 분포로 되어 있다고 한다.

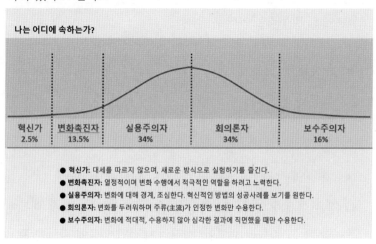

우리 각자는 어디에 속해 있을까?

변화에 저항하는 원인들[12]
- 변하면 주인이고, 변하지 않으면 머슴이다.

사람들은 대부분 오래되고 익숙한 것에서 새롭고 익숙하지 않은

12　얼무리 623("변화에 저항하는 원인들")에서 발췌, 편집

상태가 되는 것을 염려한다. 특히 새로운 것을 배워야 하거나 미래의 리스크를 안아야 하는 경우에는 더욱 그러하다.

변화해야 하는 상황이 전개되면 개인에게는 반대 방향으로 작용하는 2가지 힘이 생겨 나는데, 첫번째 힘은 변화에 저항하도록 만드는 '학습에 대한 두려움'이고, 또 다른 힘은 변화를 촉진하도록 만드는 '생존에 대한 두려움'이다.

학습에 대한 두려움은 '내가 새로운 것을 과연 배울 수 있을까?' 와 같은 의문과 함께 하는데 반해서, 생존에 대한 두려움은 '내가 변화하지 않는다면, 어떤 일이 일어날까? 와 같은 두려움이다.

변화가 추진됨에도 불구하고 사람들이 변화에 무덤덤한 데는 뿌리 깊은 이유가 있다. 즉, 자신이 변화에 저항하는 특정 행동에 관여할 때 그 행동의 원인이, 자신의 내적인 믿음에 바탕을 두고 있을 때이다. 이 같은 믿음이 밝혀져서 치유되지 않는다면, 실질적인 변화가 일어나기 힘들다.

모든 변화는 환영보다는 저항으로부터 시작된다. 저항은 모든 변화에서 관찰할 수 있는 자연스러운 심리적 과정이라 할 수 있다. 따라서 변화해야 하는 상황에 직면하면 사람들은 스트레스를 느낀다. 변화에 저항하는 원인들을 살펴보자.

·변화는 심리적인 연대관계에서 일정한 해체가 불가피하다: 기존 인간관계가 조정되어야 하고, 이로 인한 심리적인 갈등이 생기기 때문에 변화를 싫어한다.

·변화를 해야 할 충분한 이유를 납득하지 못한다: 변화는 확신을 필요로 하는 데 이런 부분에서 문제가 발생한다.

·변화를 위해서 자신이 무엇을 해야 할지 정확히 알지 못하는 경우에도 변화에 저항하게 된다.

·변화를 위해 제안된 특정 행동이 잘못되었다는 개인적 믿음 때문에 변화를 싫어한다.

·변화를 시도해야 할 적당한 시점이 아니라고 생각하기 때문이다.

·감내할 수 없을 정도로 과도한 변화가 시도되는 경우에도 변화에 저항하게 된다: 세상의 모든 것은 끝없이 변화하기 때문에 우리의 변화 노력에 마침표를 찍어서는 안된다.

·과거의 변화 경험에서 그다지 좋은 이미지를 갖고 있지 않을 경우, 모든 변화에 대해 부정적인 시각을 가질 수 있다.

·변화가 추진되는 방법에 대해서 동의할 수 없는 것도 한 가지 이유가 될 수 있다.

·거듭된 변화 때문에 변화에 대한 피로 증세가 나타나는 경우, 변화 자체에 대해서 부정적인 시각을 갖게 되는 것이다.

변화는 현재의 불편함과 고통을 참아내는 것이다. 이를 가능하게 하는 것은 어려운 시기가 지나고 난 후에 좋은 시절이 올 것이라는 확신이다.

정도의 차이는 있을지라도 변화는 바람직한 상태를 향해 나아가
는 과정에서 수많은 우여곡절을 경험할 수밖에 없다. 지향해야
할 방향이 확실하지 않으면 누구도 선뜻 변화에 동참하려 하지
않을 것이다.

변화 노력은 왜 실패하는가?[13]

기업들의 변화 노력은 다양한 슬로건으로 포장〔종합적품질관리
(TQM), 조직 재충전, 규모 효율화, 구조 조정, 기업 회생 등등〕되어
있지만, 궁극적인 방향은 "**더 새롭고 도전적으로, 변화된 시장을 헤
쳐 나가기 위해 비즈니스 수행 방식에서부터 근본적인 변화를 만드는
것**"이다.

기업의 변화 노력 중 일부는 아주 성공적이었고, 몇몇은 완전히
실패했다. 대부분은 그 중간 어디쯤에 속해 있었다. 그들에게서 배울
수 있었던 교훈은 흥미로울 뿐만 아니라, 더욱 더 치열해지는 환경에
서 많은 조직에 도움이 될 것이다.

---

13 하버드 비즈니스스쿨 John P. Kotter 명예교수의 "Leading Change : Why Transformation efforts
Fail?"에서 발췌

성공적인 사례에서 얻는 가장 큰 교훈은, ①변화 과정이 종합적인 일련의 단계에 따라 진행되면, 보통 꽤 오랜 시간이 필요하다는 것이다. 보폭을 크게 해 발걸음 수를 줄이는 것은 빨리 도착할 것이라는 환상만 심어 줄 뿐 전혀 만족스러운 결과로 이어지지 않는다.

②어떤 단계에서든 치명적인 실수를 저지르면, 모멘텀을 늦춘다든지 어렵게 얻은 이익이 소용이 없어지는 등 비참한 영향을 끼칠 수 있다는 것이다. 우리에게는 조직을 새롭게 만드는 것에 관한 경험이 상대적으로 적기 때문에, 유능한 사람들도 종종 실수를 저지른다.

주요 변화 이니셔티브(change initiative) 대부분은, 품질을 올리든 기업문화를 개선하든 기업의 죽음의 악순환을 역전시키든지 간에 그저 그런 결과가 나올 뿐이다. 비참하게 실패하는 경우가 많다.

왜 그럴까? 코터(Kotter) 교수는 변화(transformation)가 하나의 사건이 아니라 과정(process)이라는 점을 깨닫지 못하기 때문이라고 주장한다. 변화는 여러 단계들을 하나하나 수행해 갈 때 점차적으로 실행된다. 그 과정은 수년이 걸릴 때도 있다. 때때로 과정을 가속화하는 압박을 받아서 단계를 뛰어 넘을 수도 있다. 그러나 지름길은 통하지 않는다.

모두가 똑 같은 괴로움을 겪지만, 아주 유능한 관리자들도 있다. 그러나 그들도 너무 일찍 승리를 선언하는 것과 같은 치명적인 실수를 저지른다. 그 결과는 모멘텀이나 어렵게 얻은 이득의 상실, 노력 전체의 파괴 등이다.

변화의 각 단계마다 있는 독특한 함정을 이해함으로써 당신은 성공적인 변화를 이끌 기회를 만들 수 있다. 성과를 거두고 싶다면 경영자들, 시장, 기술의 구조적인 변화에 유연하게 대응해야 한다.

혁신 : 리더십 매쉬업

(Leadership Mashups).....created by Adam Walz

∨ 새로운 시각을 가지려면 기존의 패턴을 깨야 한다. (Edward de Bono)

∨ 새로운 아이디어에 사람들이 왜 겁을 먹는지 이해하지 못하겠다. 나는 낡은 생각에 도리어 겁이 덜컥 난다. (John Cage)

∨ 때때로 실패하고 있지 않다면, 당신이 획기적인 시도를 전혀 하고 있지 않다는 신호이다. (Woody Allen)

∨ 계획대로 풀리는 일이 없다. 가장 성공하는 사람은 차선책에 능숙한 사람이다. (James Yorke)

∨ 문제는 어떻게 새롭고 혁신적인 생각을 하느냐가 아니라, 어떻게 오래된 생각을 비워 내느냐 하는 것이다. (Dee Hock)

∨ 팀의 창의성을 죽이는 최고의 방법은 상사가 먼저 말하는 것이다. (Victory Holtz)

∨ 작은 것을 조금씩 바꾸는 횡포에 주의하라. 대신 오히려 큰 것을 크게 바꾸라. (Roger Enrico)

∨ 불가능한 문제를 해결하기 위한 아이디어 하나만 있으면 충분하다. (Robert H. Schuller)

∨ 생존이 필요 없다면 혁신이 절대 필요한 것은 아니다. (Andrew Papageoge)

∨ 시간을 또 내어 다시 반복하지 않으려면 시간을 내어 올바로 처리하라. (John Wooden)

∨ 모든 사람의 생각이 같다면 아무도 생각하려 들지 않을 것이다. (Walter Lippman)

변화를 위해서는 「생각하는 힘」을 기르자

대화의 부족은 직장 안에서도 심각한 상황이다. 대화가 없다는 것은 곧 문제 해결을 해 나가는 힘, 다시 말해 「생각하는 힘」을 잃어버린다는 것이다.

대화가 없다면 문제 해결은 있을 수 없다. 왜냐 하면 「생각하는 힘」이 생기지 않기 때문이다. 특히 직장에서 「생각하는 힘」이 키워지지 않으면 문제는 심각해진다. 그럼에도 불구하고 직장 내에서 대화가 점점 사라지고 있는 형국이다. 그동안 지시와 명령하는 능력만 있으면, 그리고 지시와 명령에 불평없이 따르기만 하면 문제없이 일을 처리할 수 있었기 때문이다.

의외로 많은 사람들이 스스로 생각하려 하지 않고 (특히, 엄격한 관리나 통제를 받는 직장에 다니는 사람일수록) 지시받은 일과 주어진 환경에 그대로 따르려는 경향이 강한 것 같다.

사실 대부분의 기업들은 「무엇을 바꿔야 하는지?」, 「무엇을 해야 하는지?」를 잘 알고 있다.

그렇기 때문에 외형적으로는 기업 방침, 슬로건, 규칙 등을 바꾸기도 하지만, 문제는 그 이상으로 움직이지 못한다는 점이다. 유연하고 속도감 있는 조직이 필요함에도, 그 것을 그림의 떡으로 여기고 있는 것이다. 특히 심각한 문제는 변화해야 한다고 생각은 하면서도 변하지 못하는 것이 현실이다.

대부분의 경영자는 개혁의 방향성을 명확히 정하고 여러가지 시도를 해 보지만 정작 사원들은 잘 움직이지 않는다.

전략, 사업계획, 제도나 업무 프로세스 등 이른바 사람을 제외한 하드웨어는 분명히 달라지고 있지만, 여전히 지시받은 내용에 충실하려는 자세나 일에 뛰어드는 태도에는 변화나 발전이 느껴지지 않는 경우가 많다.

경영컨설턴트가 전하는 **기업의 변신**

겉으로는 '변화해야 한다'고 말은 하지만, 마음 속으로는 변화를 그다지 바라지 않는다. 왜냐하면 지금의 상태로도 그럭저럭 지낼 만하다고 생각하기 때문이다. 그리고, 상사의 지시에 응하고자 하는 자세는 본질적으로 바꾸지 않았으므로, 주어진 과제에 대해 "좀 더 나은 방법은 없을까?"를 생각할 필요도 없다. 즉, 지시에 대해 잠시나마 생각하고자 하는 자세를 갖추지 못한 것이다.

결국 변화를 위해서는 스스로 「생각하는 힘」을 이끌어 내야 한다는 것이다.

변화라는 것은, 급변하는 경영 환경 변화에 유연성을 갖고 대처하여 경쟁력과 高수익성을 갖춘 기업으로 바뀌어 가는 것을 의미한다. 그러기 위해서는 가능한 한 조직의 구성원이 갖고 있는 능력, 즉 「생각하는 힘」과 조직 구성원들의 가능성을 최대한 이끌어 내는 것이 필요하다.

혁신을 위해 피해야 할 3가지 함정[14]

누구나 자신의 일에서 혁신을 꿈꾼다. 특히 기업을 경영하거나 조직을 이끄는 위치에 있다면, 실제로 혁신을 추진해야 할 때가 많다. 성공적인 혁신을 위해서는 피해야 할 세 가지 함정이 있다.

---

14 휴넷 CEO Executive MBA "혁신을 위해 피해야 할 3가지 함정"에서 발췌

첫째, 현실에 안주하는 것이다.
혁신을 외치면서도 아이러니하게 기존 성공 방식을 고수하는 경우가 많다. 이는 결국 변화하는 시대의 흐름에 적응하지 못하고 도태될 가능성이 높다.

둘째, 기존 역량에 과도하게 집착하는 것이다.
제로베이스에서 새로운 역량을 위한 도전을 하지 않고, 현재 갖고 있는 역량 안에서만 생각하며 스스로 한계를 제한하게 된다.

셋째, 자기잠식이다.
혁신의 필요성을 느끼면서도 곤경에 빠질 것을 우려하여 변화를 미루거나 거부한다. 아무 것도 하지 않으면 결국 아무 일도 일어나지 않는 데 말이다.

혁신은 시장을 주도하기 위해서 반드시 선행되어야 하는 우리의 중요한 미션이다. 위에 언급한 세 가지 함정을 피해 새로운 도약을 이루기 바란다. 조직은 끊임없이 변화하고 성장해 갈 것이다.

변화와 혁신은 Top down으로!!

변화와 혁신은 (앞에서도 소개했지만) CEO와 임원들의 솔선수범이 반드시 필요하다.

현재 우리가 처한 엄중한 현실 상황을 직시하는 것이 출발점이다.

「나(우리 부서, 회사)는 무엇이 문제인가?」, 「문제의 원인은 무엇이고, 어떻게 개선할 것인가?」를 고민해서, 「언제, 어디서, 무엇부터 손을 대서 변화를 실행할 것인가?」에 집중해야 하겠다. (우순 순위 설정)

우선, CEO와 임원들이 중지를 모으고 토론을 거쳐 전사, 담당 부문별 「변화계획」을 수립해서, 임원회의에서 공표를 하고 매월 주기적으로 업무 목표와 함께 변화계획의 계획 대 실적을 발표하고 토론하면서 진척 상황을 점검해 나가면 좋겠다. 이런 과정을 통해 CEO, 임원의 변화계획이 팀장급 간부들까지 자연스럽게 흡수될 수 있는 분위기를 조성해야 변혁의 바람을 확산시킬 수 있을 것이다.

변화를 갈망하는 경영자들은, 단기간 내에 혁신을 한다는 생각보다는 단기, 중기 과제로 분류된 「시계열적인 변화계획」에 따라 일과성이 아닌 회사의 중기 전략으로 끊임없이 추진한다는 자세로 접근하고, 지속적으로 실행에 옮겨 보기를 기대한다.

CEO부터 솔선수범해야 임원들의 변화를 독려해 갈 수 있을 것이고, 임원들 또한 자신의 변화계획을 실행해 감으로써 팀장 및 직원들의 변화를 유도해 갈 수 있을 것이다.

31. 썩은 사과

상자 속에 있는 썩은 사과는 스스로 썩어서 못 먹게 되는데 그치지 않고, 상자 속의 다른 사과도 썩게 만든다.

대부분의 중소기업들은 투명하고 건전한 경영 활동을 하고 있겠지만, 직간접적으로 목도한 조직원들의 일탈 사례의 일부를 살펴본다.

모 중소기업의 경우, 영업, 설계, 구매가 각각의 영역에서 유관 협력업체와의 특수 관계를 맺고 있는 정황을 목도한 바 있다. 단순하게 좋은 협력 관계 유지가 아니라, 영업은 수주 활동과정에서 영업의 필요에 따라 조건부로 직접 협력업체를 선정하고, 설계는 설계대로 특정 업체와의 특수 관행을 지속적으로 유지하며, 구매는 구매 대로 특정 업체만 고집하면서 각 부서가 모두 뒷거래를 하고 있는 것 같은 의심을 갖기에 충분한 정황이었다. 일부 부서의 경우 임원 선까지 연루되어 있다는 의혹이 들 정도였다.

또 다른 사례로, 구매 담당자의 협력업체와의 유착과 같은 일탈은 일부 기업에 국한된 것이지만, 어렵지 않게 볼 수 있는 부분이기도 하다.

극히 일부의 사례를 가지고 일반화할 수는 없겠지만, 이런 류의

경영컨설턴트가 전하는 **기업의 변신**

부정 행위는 발생하기가 쉽고 방치하면 만연될 수도 있는데, 결국은 기업의 경쟁력 저하를 초래하는 것이다.

대기업의 경우, 감사(경영진단)팀에서 주기적인 점검으로 부정 행위를 적발하기도 하고, 구매 담당자를 일정한 주기로 교체하는 등 예방 활동을 벌이기도 하지만, 중소기업의 경우 감사 기능이 없기도 하고 인력 풀이 취약하여 보직 순환도 쉽지 않은 상황이라, 경영자의 각별한 관심과 경계심이 필요하다고 하겠다.

이어서 리더나 관리자들이 야기하는 폐해에 대해 살펴보자.

경영학자인 미체 쿠지(Mitchel Kusy)와 심리학자 엘리자베스 홀로웨이(Elizabeth Holloway) 공저의 「당신과 조직을 미치게 만드는 "썩은 사과"」[15]라는 책 내용의 일부를 소개한다.

썩은 사과로 지목되는 사람들의 특징을 보면, 스스로의 감정을 지각하는 능력인 자아 인식과 자기 조절 능력이 모두 부족했으며, 사회적인 인식과 관계 정리를 아우르는 개념인 사회적 역량도 찾아보기 어려웠다.

주로 '자기 중심적 리더'들이 바로 이런 '썩은 사과'와 같은 존재

---

15   25년간 조직컨설턴트로 활약하면서 포춘지 선정 500대 기업의 400여명의 임직원을 대상으로 2년간 심층 인터뷰 및 설문조사 결과를 바탕으로 "썩은 사과'가 발생하는 조직환경과 그들의 특성, 그로 인한 악영향과 손실을 객관적으로 분석해서 정리한 책

이다. 이런 자기 중심적 리더들은 개인적 이익을 위해 진실을 왜곡하고, 다른 사람의 고통은 아랑곳하지 않은 채 자신의 입장과 경제적 이득만 추구한다는 평가를 받는다. 이들은 사실 우리나라의 회사에서 자주 마주치는 '악덕 상사'들의 모습과도 상당히 겹친다. 약속을 제대로 지키지 않고 책임을 남에게 돌리며, 선의로 시작한 일에서 실수를 한 직원을 무섭도록 질타하는 특성을 갖고 있다는 것이다.

특히, 보통 직장에서 '나쁜 상사'로 통하는 사람들은 자신이 그런 평판을 받고 있다는 걸 잘 알지 못하고 있다는 것이다.

썩은 사과는 잘 드러나지 않지만 특별한 행동 패턴을 나타낸다. 첫째, 창피주기 – 지목된 사람에게 미묘한 학대를 일삼는다. 둘째, 소극적 적대행위 – 소극적인 공격을 일삼고 다른 사람의 의견을 신뢰하지 않고 자신만이 옳다고 믿는다. 셋째, 업무 방해 – 조직 구성원의 행동을 감시하는 일이 잦고 협력 작업에 쓸데없이 간섭하며 권력을 남용해서 자기 편이 아닌 사람은 모두 적으로 간주한다.

만약 이런 썩은 사과가 자신이 창업한 회사의 CEO, 즉 자기 자신이라면 상황은 참담하다 못해 슬퍼진다. 자신의 분신과 같은 조직을 스스로 망가뜨리고 있다는 말이기 때문이다. 비단 CEO가 아닌 단위 조직의 리더(長)인 경우에도 마찬가지라고 할 수 있겠다.

경영컨설턴트가 전하는 **기업의 변신**

따라서, '썩은 사과'가 되는 것을 스스로 방지하고, 다른 리더들 중에서도 그런 리더가 등장하는 것을 방지해 기업 성과를 높이는 것이 중요하다. '썩은 사과'와 같은 리더들이 판치는 조직은 소중한 인재가 회사를 떠나게 할 뿐만 아니라, 그렇게 형성된 '나쁜 조직 문화'가 남아 있는 사람들에게 악(惡)영향을 끼쳐 전체 조직의 건전성(건강)을 해친다.

실제로 리더가 '썩은 사과'일 경우, 그로 인해 상처를 입은 50% 정도가 회사를 그만 두고 싶어하고, 그 중 12%는 퇴사한다는 결과가 나왔다. 다른 조직원 80%도 항상 자신이 피해를 입지 않을까 걱정한다고 하니, 이런 기업에서 높은 성과를 기대하는 것은 말도 안 되는 것이다.

썩은 사과가 정체를 감출 수 있는 이유는, 리더의 잘못된 인식에서 비롯되는 경우가 많다. 리더는 그가 조직 내의 썩은 사과인지도 모르고 마냥 보호하는 역할을 한다. 왜냐하면 그는 경쟁심도 강하고 솜씨가 워낙 뛰어나며 굉장한 지식을 보유하고 있어서, 상관의 관점에서는 오히려 조금 튀는 행동을 하지만 천재로 인식하는 경향이 있기 때문이라고 한다. 또한 리더는 대부분 생산성에 초점을 맞추고 있기 때문에 단지 성과만 보고 썩은 사과를 보호하게 된다.

다음 표는 미첼 쿠지와 엘리자베스 홀로웨이의 저서 『당신과 조직을 미치게 하는 썩은 사과』에 나오는 '썩은 사과' 진단표이다. 자기 자신을 최대한 객관화시켜 점검해 보거나, 조직 내에서 '자기 중심형 리더'로 의심되는 사람이 있다면 평가해 보도록 하자.

◈ 썩은 사과 진단표

자가 진단으로 아래 각 항목에 대해 1~6점으로 평가해서, 합산한 총점에 대한 진단으로서, ▶36~47점: '썩은 사과' 초기, 48~59점: '썩은 사과' 중기, 60~72점: '썩은 사과' 말기 라 한다.

Q1. 다른 사람 자존심을 상하게 한다.

Q2. 비꼬는 말투를 사용한다.

Q3. 공공연하게 남을 비난한다.

Q4. 다른 사람 의견을 신뢰하지 않는다.

Q5. 조직 구성원 행동을 감시하듯 지켜본다.

Q6. 협동 작업에 쓸데없이 간섭한다.

Q7. 권력을 이용해 남에게 처벌을 내린다.

Q8. 소극적인 공격 행동을 보인다.

Q9. 자기 활동영역을 보호한다.

Q10. 자신에 대한 부정적인 의견은 잘 받아들이지 않는다.

Q11. 자기가 타인에게 악영향을 미치는지 전혀 모른다.

Q12. 남의 실수를 지적한다.

스스로 진단한 결과가 어떻게 나왔는가?

진단 결과가 '썩은 사과'의 중기나 말기에 해당하는 사람들은 차제에 스스로를 돌아보면 좋겠다. 또, 어느 특정 리더와 함께 일하는 직원들의 이직율이 유독 높다면, 그 사람을 대상으로 한 번 테스트를 진행해 보고 문제가 있다고 판단되면 상세한 조사를 해보는 것이 좋겠다.

이병철 회장께서 「기업은 사람이다」라고 했듯이, 결국 기업도 사람이 모인 집단이다.

'선한 리더'가 바람직한 조직 문화를 선도하면 기업의 성과는 당연히 높아지겠지만, 그 반대의 경우에는 기업에 망조가 든다. 이는 우리가 바로 알 수 있는 것들인데 외면해 왔을 수도 있다.

전략과 시장 상황도 나쁘지 않고 전 임직원이 열심히 뛰고 있는데도 우리 조직, 우리 회사의 성과가 좋지 않다면, '자신'을 포함해서, '사람'에 대해 돌아보도록 하자.

기업의 도덕성을 훼손하고 경쟁력을 좀 먹는 행위나, 조직을 와해시키는 그릇된 리더에 대해서는 경영자가 평소에 관심을 가지고 교육과 지도를 통해 바로잡는 노력이 지속되어야 하겠다.

관료주의 병리현상 조직 진단

최고경영자와 임원들께서는 우리 회사는, 우리 조직은 혹시 이런 관료주의 현상에 빠져 있는 것은 아닌지? 한 번쯤 점검을 해 보고, 어떻게 하면 조직에 활력과 생동감을 불어넣을 수 있을지 고민을 해 보면 좋겠다. 아래는 관료주의 병리현상을 진단해 볼 수 있는 체크 포인트이다.

∨ 윗사람이 인물을 키우지 않는다.
∨ 어차피 말해봐야 소용없다고 포기하는 사람이 늘어난다.
∨ 자기 일이 아니면 관심이 없다.
∨ 대화 문화가 없다.
∨ 회의시간, 자료 작성 시간이 늘어난다.
∨ 창의성이 떨어져 과거 선례를 답습한다.
∨ 단순히 부여된 일만 한다.
∨ 문제를 뒤로 미루는 사람이 늘어난다.
∨ 팀/부서 등 내부 조직간에 책임회피가 발생한다.
∨ 계획성이 없고 조급하다.
∨ 내부 직원간의 서비스 정신이 없다.
∨ 한 가족, 식구라는 의식이 없다.
∨ 소신보다는 윗사람의 의중을 살핀다.
∨ 전례가 없는 일은 하지 않는다.
∨ 잘 나갔던 과거를 자주 회상한다.

∨ 시작은 잘 하는데 마무리가 없다.

∨ 유능한 인재들이 회사를 자꾸 떠난다.

∨ 바쁜 직원/부서만 바쁘고, 한가한 직원/부서는 한가하다.

∨ 장기적 관점보다는 단기적 사고방식이 우선시된다.

∨ 말만 많이 할 뿐 행동은 별로 없다.

∨ 조직이 점점 재미없다는 사람이 늘어난다.

32. 투자 유치

스타트업의 투자라운드 개념을 정리해 보고, 투자 유치시 고려사항들을 살펴보자.

스타트업의 투자 라운드

스타트업이 일련의 과정을 거쳐 투자 유치가 이뤄지는 데, 이를 투자 라운드라고 한다.

투자 라운드는 보통 『Seed투자(Seed money)→ 시리즈 A→ 시리즈 B→ 시리즈 C』로 이어지며, 투자자가 IPO나 M&A로 엑시트

(Exit)할 때까지 투자 유치가 계속되는 경우에는 시리즈 D, E, F로 투자 라운드가 추가되기도 한다.

투자 라운드 개념 정리 (출처: Open Trade)

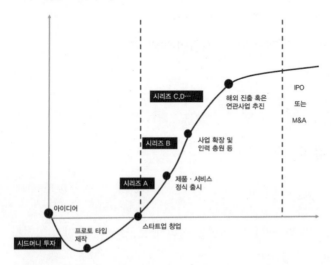

① Seed 투자(Seed Money)

창업 극초반 및 창업 직후에 진행되며, 투자를 받으려는 팀의 역량이나 아이템의 잠재력을 바탕으로 투자가 이뤄진다. 투자자 입장에서는 투자 회수 가능성이 가장 낮은 단계이기 때문에 투자 금액은 그다지 크지 않다. (참고: Seed에서 시리즈 A를 받기 전에 투자를 받는 단계를 Pre-A단계로 구분함)

② 시리즈 A

해당 회사의 제품이나 서비스가 시장 검증을 마친 뒤 본격적으

경영컨설턴트가 전하는 **기업의 변신**

로 시장 진출을 준비하는 단계라 볼 수 있으며, 이는 투자자 입장에서 투자하려는 회사의 제품이나 서비스가 시장 적합성 검증을 마치고 설득력있는 아이템을 갖고 있다고 평가하는 것이다. 이 단계에서는 VC(벤처케피털)가 본격적으로 참여하는 경우가 많다.

시리즈 A 투자를 반복적으로 받는 스타트업도 더러 볼 수 있는데, 이는 시리즈 A에서 B로 넘어가려면 상당한 수준의 스케일 업이 필요하기 때문이다. 시리즈 B로 넘어가기 전 자금이 부족하거나 기업가치가 일정 수준으로 상승하지 않는 경우, 시리즈 A 투자를 여러 번 받거나 브릿지라고 하는 시리즈 B로 넘어가기 전에 중간 투자를 받는 경우도 있다.

③ 시리즈 B
해당 회사의 제품이나 서비스가 성공적으로 출시 및 안정화 단계에 들어섰고, 스타트업이 사업 확장과 시장 점유율을 확대해 나가기 위해 진행하는 경우가 많다. (주로 인재 채용이나 마케팅 및 연구개발에 자금을 대거 투입하는 경우가 많음)

④ 시리즈 C
시리즈 C는 '스케일업' 단계로서, 스타트업 입장에서는 자사 제품이나 서비스의 시장 점유율을 높이고 성장을 가속화하는 단계로서 주로 시장에서 이미 검증받은 제품이나 서비스를 해외 진출이나 관련 사업 확장을 고민하거나 IPO(기업공개)나 인수합병(M&A) 등 본격적

인 성장을 위해 자금을 유치하는 단계이다.

참고로 시리즈 C 이후에 모든 스타트업이 IPO나 M&A를 진행하는 것은 아니며, 시리즈 C 라운드 이후에도 시리즈 D, E, F 등 꾸준히 투자를 유치하는 스타트업도 있다.

투자자의 투자 목적은 엑시트(Exit)?

투자자의 첫 번째 엑시트 방법은 기업공개(IPO, initial public offering)이고, 두 번째 방법은 기업 인수·합병(M&A)이다. 현재 스타트업의 성장 가능성을 보고 타 기업에서 시장 지배력을 높이기 위해 M&A를 시도한다. 이 과정에서 M&A되는 스타트업의 투자자는 스타트업을 인수하는 회사에 주식을 팔아 자금을 회수하고 엑시트할 수 있다.

투자 유치 활동 과정에서 느낀 점

아무리 좋은 아이디어와 기술을 가진 스타트업이라도 자금이 없다면 그 것을 실현하기 어려울 것이다. 이러한 자금 문제를 해결할 수 있는 방법이 투자 유치이다. 스타트업으로서는 투자 유치는 가설 검증의 기회를 가지게 해 준다는 측면에서 매우 중요하다.

스타트업이나 중소기업에서 새로운 사업 아이템을 전개하기 위해 투자 유치를 희망하는 많은 업체와 개발자들을 직접 또는 알음알음 소개를 받아 많이 만나 왔다.

투자 유치 의뢰를 받은 일부 아이템들은 실제 투자 유치가 성사된 경우도 있고 실패했던 사례들도 있는데, 그런 투자 유치 활동 과정에서 느낀 점들을 정리해 본다.

사업 목표나 방향을 의외로 명확하게 제시하지 못하는 경우도 더러 볼 수 있었다. 투자가 유치되면 이런 방향으로 사업을 전개해 가겠다는 방향이 없는 것은 아니지만, 필요로 하는 투자만 유치되면 마치 모든 문제가 해결되는 것처럼 표현하는 경우도 많이 보았는데, 이렇게 되면 투자자가 제대로 관심을 갖고 검토에 착수하기는 어렵다고 본다.

즉, 명확한 사업 목표와 방향의 제시는 물론 현상의 문제나 과제와 함께 그 극복 대안이 제대로 제시되어야 논리적 일관성을 바탕으로 투자자의 신뢰를 얻을 수 있을 것이라 생각한다.

현상의 과제 해결이 되더라도 회사의 최종 목적지까지 도달하기까지의 과정이나 도달 방법론이 불분명하여 투자자를 이해시키기 어려운 경우도 많았는데, 해당 제품(기술)이나 서비스에 대한 비즈니스 모델과 앞으로 예상되는 난관에 대한 시나리오별 극복 대안 또한 구체적이고 명확하게 제시할 수 있어야 투자자로 하여금 이해를 바탕으로 검토에 착수하도록 유도할 수 있을 것이라 생각한다.

투자 유치를 하는 회사의 제품(기술)이나 서비스에 대한 소개(설명) 또한 자기 중심적인 경우가 많았다. 투자자는 창업자가 속한 산업을 제대로 이해하지 못하는 경우도 있기 때문에 개발자의 기술(제품)이나 서비스에 대해 제대로 설명할 수 있어야 하는데, 관련 제품(기술)이나 서비스에 관한 전문 용어 위주의 「기술자의 언어」가 아니라 일반인이 쉽게 이해할 수 있는 「투자자 관점의 언어」로 바꿔서 설명한다는 배려가 필요하다고 생각한다.

개발자들은 대부분이 상대방(투자자)의 해당 제품(기술)이나 서비스에 대한 이해도를 고려하지 않고 첫 소개부터 너무 깊이 있게 들어가다 보면 투자자로서는 "뭔가 그럴싸해 보이는데 잘 모르겠다"는 생각을 하기 쉽기 때문에 개괄적인 이해를 구하는 정도의 설명을 하고 세부적인 내용은 별첨 자료나 별도의 보충 설명으로 보완한다는 생각을 하면 좋을 것 같다.

투자 여력은 있지만, 투자 유치를 하려는 사업에 대한 이해가 낮은 경우, 사업 자체를 설명하고 납득시키는 데 너무 많은 힘을 쏟게 되고, 수 차례에 걸쳐 장시간 설명을 하고 나도 결국에는 투자자가 「사업의 내용과 비전은 충분히 이해했으나, 잘 모르는 분야라 투자 결심이 안 선다」며 발을 빼는 경우를 많이 보아 왔다.

따라서, 최초 소개는 투자자가 개괄적으로 소개하는 제품(기술)이나 서비스에 대해 기본적인 이해를 하여 소개하는 제품이나 서비스에 대한 검토를 해 봐야 하겠다는 결심을 끌어내는 데 초점을 맞추면 좋겠다.

비즈니스 모델의 명확화와 함께 비즈니스 플랜(사업계획)에 대해서도 제대로 제시할 수 있어야 하겠다. 일부 회사의 경우 사업계획에 년도별 매출계획만을 제시하는 경우도 더러 있었는데, 투자자로서는 쉽게 납득하기 어려울 것이다.

사업계획은 여러가지 가설과 전제를 바탕으로 수립될 수 밖에 없겠지만, 그 가설과 전제가 보편타당하고 합리적이어야 후속으로 제시되는 사업계획의 내용에 대한 이해를 구할 수 있는 것이므로, 합리적인 논리 전개가 필요하다 하겠다.

손익계획 및 사업의 확장 계획까지 제시되어야 하는데, 손익계획을 작성하기 위해서는 해당 제품이나 서비스의 원가구조 내지는 회사의 손익구조를 제대로 분석, 반영해야 한다는 점도 유념하면 좋겠다.

이런 과정을 통해 투자자로 하여금 투자금 회수나 수익성에 대한 파악과 판단을 할 수 있도록 한다는 데 주안점을 두고 소개 자료나 설명을 해야 한다는 점도 놓치지 않았으면 좋겠다. 「투자 유치가 되면 이렇게 사업이 안정되고 확장되어 수익을 창출할 것」이라는 설명 자체가 투자자 관점이 아닌 투자를 받으려는 회사 입장 중심으로 설명이 되는 사례를 왕왕 볼 수 있었기에 첨언하는 것이다.

다시 말해, 투자 유치를 하는 회사에서는 「투자 유치가 왜 필요한가?」, 「투자 유치 후 무엇을 할 것이다」등의 당면 과제의 대책 내지는 회사 입장 중심의 IR 자료를 만들다 보니, 투자자로서는 「내가 왜 투자를 해야 하는가?」에 대한 판단을 할 수 없는 경우가 많이 있었던 것 같다. 즉, 투자 후 투자자가 취할 수 있는 수익성에 대해서는 특히나 투자자 관점에서 Merit/Demerit 및 리스크 요인 등을 가감없이 제시를 한다는 생각이 반드시 필요할 것 같다.

투자 유치를 하면서 투자 라운드가 진행될수록 창업자(또는 개발자)의 지분율에 대한 사전 검토와 시뮬레이션도 반드시 필요하다 하겠다. 100% 지분을 가진 창업자라 하더라도 투자 라운드가 진행되면 점진적으로 지분율의 감소가 불가피한 것이지만, 어느 시점(단계)에 어느 정도의 지분율을 유지해야 하겠다는 사전 검토를 하지 않고 당장 소요되는 자금 조달에 집중하다 보면 일정 시점이 지난 다음 창업자의 지분율이 의미 없을 정도로 낮아질 수밖에 없기 때문에 투자 유치 전이나 다음 단계 투자 라운드로 진행하기 전에 충분한 지분율 시뮬레이션을 해 보기를 권유 드린다.

투자 유치를 시작하면서 투자 조건에 대해서도 충분한 사전 검토

경영컨설턴트가 전하는 **기업의 변신**

가 필요하다. 투자 유치를 하면서 투자자에게 기본적인 조건으로 제시하기 위해서도 당연히 필요한 것이고, 투자가 확정되어 「투자계약서」를 작성하는 단계에서 면밀한 검토와 독소 조항의 사전 제거 방안을 강구하기 위해서 반드시 사전 검토를 해 두는 것이 필요하다. 일부의 경우, 당장 투자 유치가 되지 않으면 대안이 없는 상황이라 「투자 유치가 급하니 우선 투자를 받고 보자」는 자세로 접근하다 보면 나중에 돌이킬 수 없는 후회가 따를 것이므로 투자 조건에 대해서는 「대충」이라는 생각은 금물이다.

극단적인 사례이긴 하나, 어떤 경우에는 사업의 내용을 잘 아는 투자자는 투자할 가능성이 없기 때문에 사업 내용을 잘 모르는 재력가로부터 투자를 받으려고 하는 경우도 경험한 바 있는데, 이는 납득하기 어렵고, 있어서도 안 될 일이라고 생각한다.

투자자와 신뢰감을 갖고 만나야 하고, 회사와 사업을 충분히 이해하고 함께 고민을 나눌 수 있는 투자자를 선택하는 것이 무엇보다 중요한 과제일 것이다. 투자자와 신뢰감을 갖고 만나는 방법은 지인의 소개나 추천에 의한 만남이 될 것인데, 문제는 회사와 사업을 충분히 이해하고 함께 고민을 나눌 수 있는 투자자를 선택하는 일이다.

창업자의 꿈의 크기가 작거나 의지가 약할 경우 창업을 하면서 생기는 여러 가지 어려운 일들을 헤쳐 나가지 못하는 경우가 많다. 꿈의 크기는 스타트업 성장의 크기와도 관련이 된다. 아무리

시장이 크더라도 창업자의 꿈이 작다면 투자자가 생각하는 규모의 성장을 이루지 못하는 경우가 있기 때문이다.

투자유치 후에 생길 수 있는 ①과도한 인력충원으로 인한 비용 지옥 초래, ②투자자 관리에 매달려 정작 본업은 뒷전으로 밀리는 사태, ③비현실적인 성장 강요로 인한 정신적인 스트레스, ④매달 투자자 미팅 등 보여주기식 경영 등의 문제점은 경영자로서 특별히 경계해야 할 대목이다.

투자 유치 활동을 할 때 활용할만한 팁을 소개 드린다.

10·20·30 프리젠테이션 법칙[16]
: 「슬라이드는 10장, 시간은 20분, 글씨 크기는 30포인트」

애플에서 나온 뒤 벤처 투자자로 전직한 가이 카와사키(Guy Kawasaki)[17]는 연간 수백명의 스타트업 창업자로부터 수백 건의 피칭(투자유치를 위한 발표)을 들었다. 하도 많은 피칭을 듣다 보니 난청, 이명(귓속이 울리는 현상) 증상이 나타날 정도였다. 그는 자신의 경험을 토대로 "10·20·30 프리젠테이션 법칙"을 권한다.

<u>10장 : 프리젠테이션 슬라이드는 10장 이하로!!</u>

---

16 신문 스크랩(2016.4)에서 발췌

17 Guy Kawasaki : 애플을 단순한 기업이 아닌 "영혼의 구원자"로 포지셔닝한 전설의 마케터

일반적으로 청중이 발표자의 얘기를 들으면서 10개 이상의 요점을 머릿속에 집어넣기는 불가능하다. 매일 창업자들을 만나야 하는 벤처 투자자들 역시 일반 청중과 다르지 않기 때문에 10장 이상 슬라이드가 넘어가면 집중력이 흐려질 수 있다는 얘기다.

20분 : 20분 내 모든 발표를 끝내라!!

발표는 20분 미만으로 끝내는 것이 좋다. 보통 사람들의 집중력은 20분을 넘지 못한다. 발표의 첫 마디는 간단 명료하게, "우리 스타트업이 하는 일은 이 것입니다"가 되어야 한다. 피칭의 목적은 벤처 투자자에게 스타트업의 가능성과 수요를 알리고 설득하기 위한 것이다. 창업자가 어린 시절 어떤 경험을 겪어서 어쩌다가 사업 아이디어를 떠올리게 되었는지 구구절절 설명하지 않아도 된다.

30포인트 : 글자 크기는 30포인트 이상!!
많은 내용을 슬라이드에 구겨 넣기 위해 최대한 글씨를 작게 설정하는 사람이 많지만 그 것은 실수다. 청중은 발표자가 말하는 것보다 더 빨리 슬라이드에 있는 글을 읽는다. 글씨는 30포인트 이상 굵직하게 써야 더욱 효과적으로 내용을 전달할 수 있다.

33. IPO가 목적인가?

최근 정부는 상장폐지 요건이 되는 시가총액 기준을 16년만에 대폭 상향조정하고, 2회 연속 감사의견이 거절된 기업에 대해 즉시 퇴출하는 등 상장 폐지를 강화하기로 했다. (2025.1.21일)

코스피는 시총 기준이 50억원에서 500억원, 코스닥은 40억원에서 300억원으로 2028년까지 단계적으로 상향 조정된다. 최종적으로 상향조정이 완료되면 전체 코스피 상장사 788개사 중 62개사, 코스닥 상장사 1530개사 중 137개사가 기준 미달로 퇴출 대상이 된다. (2024년말 실적 기준)

많은 기업들이 일정 규모로 성장하게 되면 기업공개(IPO)를 희망하고 추진한다.

IPO를 통해 '시장에서 양질의 자금을 조달한다'는 취지로 보면 당연한 귀결이라 생각하면서도 IPO 진행 과정과 IPO 이후 상황을 보면 아쉬운 점이 많은 것 같다.

미국의 상당수 테크 기업들은 IPO 후에도 지속적으로 성장하면서 주가가 상승하는 모습을 보여 주고 있는 반면에 우리나라 기업들의 경우, 특히 코스닥 상장 기업들은 상장 당시에 "따상"을 보여주기도 하지만 대부분의 회사들이 IPO 후 1년 정도 지나면 상장 당시 대비 주가가 반 토막에 그치는 경우가 많은 것 같다.

IPO를 추진하면서, IPO가 목적인 것처럼 오도되고 있는 것은 아닐까? 하는 생각을 해 보게 된다. IPO 직전까지는 매출과 이익을 가능한 최대로 끌어 올리는 노력을 하는데 비해 IPO 이후 성장 동력이나 성장을 위한 대비가 부족한 현상들을 많이 보아 왔기 때문이다.

IPO 준비를 하면서도 내부 관리체제 정비가 소홀하다던지, IPO 이후 성장 동력의 준비 미비로 정체를 거듭하는 사례를 보면서 안타까움을 느낀 적이 많았다.

IPO가 목적이 아닌 성장을 위한 수단이라는 점을 생각하면서 충실한 준비와 미래 대비를 해 가면 좋겠다는 바램을 담아 본다.

새로운 도약을 위하여

아래는 2017년초 IPO를 준비하던 모 기업에 제언했던 내용을 옮겨왔다.

IPO를 준비하기까지 여러가지 어려움을 극복하고 성공의 반열에 들어선 것은 분명하나, 보다 중요한 것은 지금부터가 아닐까? 하는 생각을 해 보면서 현 상황을 정밀 재조명해 보고, 금후 다시 한번 약진을 하기 위한 숨고르기와 자세를 가다듬는 지혜가 필요하다는 측면에서 유념해야 할 몇 가지를 제언 드리고자 한다.

■ 초심을 되돌아보기

창업 초기의 사업 구상과 목표는 무엇이었나? 초기 구상대로 진척이 되어 온 것인지? 진행 과정에 여러 가지로 생각이 바뀌어 왔을 것인데, 현 시점에서 보자면 적절한 변신과 변화를 도모해 온 것인지?

사업을 하는 궁극적인 목표는 무엇인가? 사업을 왜 시작했는지? 당초에 의도한 방향대로 가고 있는지? 되돌아보자면 나름대로는 성공한 과정이었을 것 같은데, 초심에 견주어 큰 틀에서의 노선 변경 없이 순항을 해 가고 있는지를 차제에 한 번 반추해 보면 좋겠다.

■ 이어서 다시 도약할 목표와 방향성 점검을 해 보시길

시가 총액 2천억 정도의 IPO를 목전에 두고 있는 현실은, 일단은 성공 그 자체로 평가할 수 있겠다. 현재까지의 성공의 원동력은 무엇이었을까? 외형적인 성공에 걸 맞는 『당사의 핵심 역량』은 보유하고 있는가?

최악의 경우 고정 고객의 투자가 중단될 경우에 자력으로 얼마나 버틸 수 있겠는가? 몇 년 전과같이 고정 고객의 투자가 중단될 경우의 대처 방안은? (1개 고객사 의존도가 높은 취약한 사업구조)

과거 대비 몸집은 2배 이상 커져 있는 상황인지라 2년 정도 고정 고객의 투자가 중단될 경우 이를 감내할 체력 비축은 되어 있는가?

『지속 가능한 경영』과 새로운 도약을 위한 방향 설정과 준비는 어느 정도 되어 있는가? 신사업 발굴과 진입 등 새로운 도약을 준비해야 할 시간이 그다지 많지 않다는 점은 주지의 사실이고, 여러 가지로 대비책을 강구해 가고 있겠지만, 금년도가 회사로서는 전 임직원의 지혜를 모아야 할 매우 중요한 시기라고 생각한다.

■ 현재의 성공에 안주하거나 자만은 금물

CEO가 신중하고 주도 면밀한 분이기에 그럴 일은 없겠으나, 중소기업들이 IPO까지 성공 가도를 달리다가 일시에 어려워지는 대부분의 경우는, 자만과 과욕이 실패의 근본 원인이라 여겨진다.

CEO가 자신의 성공 스토리(Success Story)에 심취한 나머지 "자신이 결정하면 종래와 같이 모두 성공할 수 있다"는 자만심이 판단을 흐리게 하는 주요인으로 작용한다. 현재의 성공은, 물론 CEO의 고뇌에 찬 결단과 직원들의 노력의 결과물이겠지만, 자신의 노력과 결심 만으로 이뤄진 것은 아니라는 현실 인식이 필요하다는 것이고, Success Story를 바탕으로 지나친 신규 사업의 확장 등으로 예기치 못한 어려움에 봉착할 개연성이 다분하다는 점은 반드시 명심해야 할 사항이다.

IPO에 이르기까지 현재의 성공이 대단한 성취인 것은 분명하나 『아직도 갈 길이 멀고 험한 길』이라는 상황 인식을 주문하고 싶다. 현재의 사업 구조로 "지속 가능한 경영"이 되겠는가? 는 항시 염두에 두고 고심을 거듭해야 할 화두라 하겠다.

여하히 Global 기업의 위상을 갖출 것인가? 일본 중소기업들의 사례를 여러 차례 언급해 왔듯이, 한국의 중소기업들과는 달리 그들은 중소기업이지만 나름대로의 "핵심 역량"을 보유하고 있으며, 보유한 핵심 역량을 바탕으로 한 신규 사업 전개 등에 신중한 접근을 하는 점은, 현 시점에서 당사가 반면교사로 삼아야 할 대목이라는 점을 강조 드리고 싶다. Global 기업이란 어떤 것일까? 자력으로 시장과 신제품을 개척하여 Global No.1 또는 Global Only 1이 될 수 있어야 하지 않을까? 기존 고객이 해외 영업 규제(Option)를 풀어준다면, 당사는 Global 기업으로 쉽게 변신 가능할까? "국내기업에서 Global 기업으로", CEO와 핵심임원들의 관점을 어떻게 바꿔 나갈 것인가? 가 중요한 과제가 되겠다.

■ 신규 사업 전개에도 투자의 기준과 원칙을 명확히 해야!
    과거 사례도 전반적으로 Review를 해 보는 계기가 되었으면 하는 당부를 드린다. (듣기 거슬리는 얘기이겠지만) 지나간 몇 가지 성공적이지 못한 사례들을 차제에 차분히 되짚어 봄으로써 금후의 새로운 의사결정에 반면교사로 삼았으면 하는 바램이다. 여러가지 사연이 있었지만 모든 일에는 인과관계가 분명히 있는 것이므로……

신규사업 발굴에 대한 자체 필요성에 더해 IPO로 자금 유입이 되면 외부로부터의 신사업 내지 M&A 제안이 무수히 많이 들어올 것인데, 옥석을 가리는 지혜가 없다면 실수를 하기가 매우 쉽다.

지극히 상식적인 얘기지만, 잘 알고 있는 기존 사업과 연관되는 분야를 우선적으로 검토해 보는 것이 좋겠지만, 그럴 경우 기존의 산업 분야에 집중되는 폐단은 막아야 하겠고, 전혀 새로운 분야에 대해서는 리스크를 최소화하는 방안을 강구해야 하겠는데, 예견하기 어려운 리스크를 회피하는 것 또한 쉽지 않은 과제이다.

M&A의 경우에도 본업과의 연계성과 보완 가부 등이 1차적인 판단 기준이 될 것이며, 특히 인수 후 운영에 관한 인력 Pool에 대한 고민도 큰 과제가 될 것이다 (아래 "소프트뱅크 손정의회장의 M&A 방침" 참조)

신규 사업이나 신규 투자에 대한 나름대로의 "원칙과 기준"을 재정립해 보시기 바란다.
- 투자 판단의 기준을 어떻게 설정할 것인가? (투자 대상) 기술, 시장, 수익성
- 리스크를 감당할 수 있는 수준을 여하히 평가할 것인가? (투자 규모)
- 신규 투자에 대한 추진 책임 인력은 어떻게 운영할 것인가? (추진 주체)

- 종합적인 의사결정 프로세스는 여하히 할 것인가? (최종 의사
  결정)

■ 최종 의사결정 프로세스는 어떻게 하면 좋을지?

최종적인 의사결정은 CEO 몫이라는 점에는 이견이 없겠으나, "다수결이 반드시 정의"라고 할 수 없듯이, CEO의 판단과 의지와는 달리 대다수가 반대를 하는 상황에 처할 경우 어떻게 결단할 것인가?

대다수 임원들의 반대에도 불구하고, CEO의 동물적인 감각으로 신사업을 강행하여 의외의 성공을 거둔 사례들도 많이 있는 것은 사실이지만, 대다수가 반대를 하는 상황에서 여하히 대처할 것이냐도 CEO가 고민해야 할 숙제라 하겠다.

최종 결심하는 프로세스를 만들어 두고 그 원칙을 고수하라는 권유를 드린다. CEO와 임원들의 관점의 차이는 각자가 처한 입장 차이로 인해 어느 정도 존재할 수밖에 없겠지만, CEO의 의지가 강하다고 해서 임원들이 자연스럽게 승복하는 분위기도 금물이다. (그렇게 되면 결국은 YES Man에 불과할 것이므로) 찬반 의견에 대해서는 상호 납득 가능한 수준에 도달할 때까지 치열한 난상 토론을 유도해 보면 어떨지? 치열한 토론의 결과 현명한 해결책에 도달할 수 있지 않을까?

■ 인력 규모와 비용 구조에 대한 검토

금년도 3000억 매출을 위해서는 현재의 300명도 부족한 것이 현실일지 모르겠으나, 더 이상 인력 충원을 하지 않고 대응하는 방안은 없을까? 설계, 개발 등의 최소 필요 인재들의 충원은 불가피 하겠으나, 불황에 대비한 인력 운영에 대한 고민이 필요하다는 점을 강조 드리고 싶다.

외주 협력업체들을 활용할 경우, 우리 뜻대로 움직일 수 없고 내 일처럼 대응하지 않는 등등의 현실적인 불편 사항을 이해하지 못하는 바는 아니지만 인력 충원의 최소화를 적극적으로 고민해 보면 좋겠다는 의견을 드린다.

대부분의 설비회사들이 외주 용역(2nd Vendor)을 적극적으로 활용하고 있다는 점은 우리에게도 많은 시사점이 있을 것이라 생각되기에, 실무진들의 불편과 불만은 있겠지만 인력의 충원을 늘리지 않는다는 측면에서 협력업체들을 활용하는 방안을 좀 더 적극적으로 검토해 보면 좋겠다.

주기적으로 비용 구조를 분석해 보고 대책을 강구해 가기를 권유 드린다. 1~2년 사이에 몸집이 2배 이상 커졌고, 임원/간부 숫자도 상당히 증가한 상황이라 적절한 비용 구조 여부를 주기적으로 분석해 보고 대응책을 강구해 가는 것이 반드시 필요하겠다.

갑작스럽게 몸집이 커지다 보면, 예기치 못한 비용 증가로 손익에 막대한 영향을 초래할 수 있으므로 적절한 비용 구조 여부를 따져 보는 것이 반드시 필요하다. 사업기획 담당 임원께 작년 실적 기준으로 비용 구조를 분석해 보고 대책을 강구하라는 부탁을 해 둔 바 있기는 하나…

■ 경영진의 인적 구성에 대하여

CEO의 장기간의 구상을 거쳐 포진시킨 임원진이라 생각하지만 같은 출신 일변도라는 점은 금후 보완이 필요하지 않을지? 서로 잘 알고, 말이 잘 통한다는 측면과 CEO로서 안심할 수 있다는 점에서는 강점이기도 하고 바람직한 구성으로 여겨지기도 하지만, 향후 전개될 다양한 신규 사업 등을 감안해 보자면 지금부터 고민과 검토가 필요할 듯해서 드리는 말씀이다.

10여명의 임원진으로 구성이 되어 있지만, 당사가 상대적으로 취약한 "자동화 시스템 설계"에 정통한 임원이 부족한 것은 아쉬운 대목이기도 하고, 다양성이라는 측면에서는 이제부터 고민을 해 봐야 할 부분이 아닐지?

다양한 분야의 경험, 신규 사업 전개나 M&A에 활용해야 할 인력 Pool이라는 측면 등을 감안해 보자면 임원진의 다양성도 간과할 수 없는 부분이므로 시간을 갖고 고민을 해 보면 좋겠다.

■ 신산업과 신기술 트렌드에 좀 더 관심을 가지시기를!!

일전에 소개 드린 2017년 신기술 7가지 키워드에 주목해 보시길…… : ①자율주행차, ②AR/VR(증강/가상 현실), ③IoT-산업인터넷(IIoT)과 소물인터넷(IosT), ④Digital healthcare, ⑤ Dron, ⑥ AI, ⑦생체인식-지문, 홍체, 얼굴, 정맥, 음성 등등

스마트카와 반도체 분야의 진입 방안에 대해 집중적으로 검토를 해 보면 좋겠다. 스마트카(친환경차, 자율주행차)와 반도체는 지속적으로 성장, 발전할 시장이므로 쉽지 않은 과제이겠지만 Global 기업으로 성장하기 위해서는 진입이 반드시 필요하다고 생각한다. 국내외 스타트업 기업의 M&A 등도 적극적으로 검토해 보면 좋겠고, Global No.1 또는 Global Only 1을 위해서는 새롭게 부상하는 산업 분야로의 접근이 필수!! 라 생각한다.

(참고) 소프트뱅크 손정의회장의 M&A 철학 (2017년 여름에 정리했던 내용)

소프트뱅크는 창업 당시부터 항상 "세계 1위"를 목표로 접근했다!!

·1981년 캘리포니아 대학 졸업, 컴퓨터 혁명을 예견하고 컴퓨터 소프트웨어 유통회사인 '일본 소프트뱅크' 설립
·1994년 일본 장외시장에 소프트뱅크 주식공개 후 M&A 등을 통해 인터넷사업을 단숨에 확대
·1995년 미국 야후에 35% 출자와 동시에 야후 재팬(Yahoo Japan) 설립

·2000년대에 모바일 인터넷에 목표를 맞추고, 2006년 보다폰의 일본 법인 인수(1.75조엔) → 보다폰을 인수하기 전에 스티브 잡스에게 스마트 폰 개발을 타진
·2013년 미국 3위 통신사인 스프린트 인수(201억불), 2014년 프랑스의 알데바란에 투자하며 로봇 사업에도 진출
·2015년 매출 9조1,535억엔(전년비 8%증가), 영업이익 9,995억엔(전년비 9%증가)을 기록
·2016년에는 반도체 기업 ARM을 인수

손회장은 "소프트뱅크가 목표로 하는 것은 인터넷 재벌이다" 라고 자주 말하고, 손회장이 1994년 장외 상장 당시부터 일본은 잃어버린 20년이 시작되었으나 소프트뱅크는 이와 무관하게 단숨에 세계적인 우량기업으로 성장하였다.

소프트뱅크의 원동력은 손 회장의 리더십에 있는 것이 분명하다!! 다만, 손회장은 혼자서 뭐든지 결정하는 '독선적 CEO'가 결코 아니다. 항상 주변이나 부하의 의견에 귀 기울인다.

소프트뱅크의 회의는 격렬한 것으로 유명하다. 무언가 중요한 의사결정이 필요한 때에는 손회장이 간부회의를 연다. 좋은 의견이 나오지 않으면 그 문제에 정통한 사람을 연이어 회의에 불러들인다. 부하는 사장에게 계속해서 반론을 제기한다. 손회장이 흥분해서 목소리를 높이면 부하는 더 큰 목소리로 반론한다. 손 회장

경영컨설턴트가 전하는 **기업의 변신**

이 회의에서 부하에게 논리적으로 깨지는 장면이 이 회사에서는 흔히 있는 일이라고 한다.

'잘난 체하지 않는다', '단정짓지 않는다', '타인의 의견을 경청한다', '직원을 중요하게 생각한다'가 손 회장의 경영철학이기도 하다. 그 대신 결정된 것에 대한 실행 속도는 무섭게 요구한다. 경쟁상대가 1개월 걸린다면 1주일 이내에 해내야 한다. 이 정도로 철저하게 속도에 집중한다.

소프트뱅크가 M&A를 많이 하고 성공할 수 있는 것은 '속도를 대단히 중시하는 체제'와 '투명한 의사결정 프로세스', 그리고 '합리적인 지시'와 '명확한 목표' 때문이다.

또한 투자를 받은 기업의 자주성을 중시해서 시너지 효과가 쉽게 나올 수 있게 한다. 이처럼 소프트뱅크와 손 회장의 경영 스타일은 대단히 민주적이다. 다수의 M&A 사례를 보면, 투자는 하되 반드시 "실효적 지배종속 관계"의 경영권 확보를 전제로 하지 않는 경우가 많다.

VII.

성공과 실패

성공과 실패에 대한 담론(bench marking).

성공 사례를 따라 하지 말고, 실패자와 반대로 하는 CEO의 판단력이 필요.

반면교사로 삼아 무엇을 배우고, 경영에 접목해 갈 것인가?

「경영자 자신이 변하지 않으면 아무 것도 변하지 않는다.」는 점에 주목하시길⋯..

'사업을 절대 해서는 안 되는 사람'에 자신을 대입, 점검해 보시면???

34. 초우량기업으로부터 배울 점[18]

세계적인 초우량기업들은 급변하는 경영 환경에 적응하면서 그들만의 독특한 성공 모델을 만들어 왔다. 우리 기업들이 그들에게서 배워야 할 그들의 성공 조건을 살펴본다.

흔히들 세계적 초우량기업이라 회자되는 회사들은 그들만이 갖고 있는 차별적 특성이 있기 마련이다. 단순히 초우량기업들이 만들어내는 성과 지표 이외에도 그들이 성공할 수 있었던 나름대로의 강점을 발견할 수 있다.

무한경쟁 시대에서 우리 기업의 경쟁 상대는 바로 이러한 초우량기업들이다. 세계 시장에서 초우량기업들과 동등한 조건에서 경쟁하기 위해서는 우리 기업들도 자신의 강점을 부각시킬 수 있는 차별화 포인트를 개발해야만 한다.

초우량기업으로 성장하기까지 그들도 많은 위기를 극복했을 것이다. 뿐만 아니라 나름대로의 차별적 역량을 개발하기 위해 시련을 참고 이겨냈을 것이다. 이러한 과정 속에서 그들은 자신만의 성공 조건을 만들어 낼 수 있었다.

---

18 독서 메모장을 재구성

경영컨설턴트가 전하는 **기업의 변신**

새로운 도약의 전기를 마련해야 할 시점에 놓여 있는 우리 기업들은, 경영 환경이 어렵다는 변명도 이제 그만 해야 할 것 같다. 많은 초우량기업들이 그러했듯이 위기와 시련을 극복할 때 강인한 기업으로 다시 태어날 수 있는 것이다.

우리 기업들이 초우량기업들에게 배워야 하는 그들의 성공 조건을 살펴보자.

① 핵심 역량 확보에 자원 집중

과거와 같이 모든 역량을 자신의 힘만으로 확보하던 시대는 끝났다. 전략적으로 제휴를 하거나 효과적으로 아웃소싱(outsourcing)을 활용함으로써 시너지 효과를 창출할 수 있고 단기간에 더 효과적으로 역량을 구축할 수도 있다.

사업을 전개하는데 필수적이거나 경쟁 우위를 구축하는데 결정적 영향을 미치는 역량은 자체적으로 확보함으로써 시장 경쟁에서 주도적인 역할을 할 수 있다. 시장의 경쟁 구도(rule of game)를 결정하는 요소는 많지 않다. 핵심 역량이 바로 시장 경쟁에서 주도적인 역할을 할 수 있는 토대를 제공한다.

그렇기 때문에 초우량기업들은 한정된 자원을 핵심 역량 확보에 적극 투자해 왔다. 이러한 이해 관계가 맞아 떨어져 초우량기업들 간에는 상호 제휴 관계가 복잡하게 얽혀져 있다. 경영 환경과 축적된 자신의 역량 수준을 고려하여 자체적으로 확보해야 하는 역량과 제휴 또는 아웃소싱을 통해 확보해야 하는 역량을 명확하게 구분하고 있는 것이다.

반드시 확보해야 하는 핵심 역량은 기업의 전략과도 일치해야 한다. 시장에서의 전략적 포지셔닝(strategic positioning)에 따라 집중적으로 투자해야 하는 핵심 역량은 달라지기 때문이다.

② 목표(Target) 고객의 니즈를 적극 수용

시장에 진입하는 기업이 증가하여 경쟁이 점차 치열해지고, 기업들 간의 차별화 전략이 과거와 같은 확고한 경쟁 우위를 제공하지 못하는 것이 현실이다. 미래의 경영 환경 하에서는 이러한 현상이 보다 보편화될 것이 분명하다. 따라서, 모든 고객, 모든 세분화된 시장을 대상으로 한 마케팅 전략은 효과적이지 못할 것이다.

목표 고객을 명확히 하고 그들의 진정한 욕구를 찾아 내는 것이 신제품 출시의 성공 가능성을 높일 뿐만 아니라 최적의 서비스를 제공하기 위한 기초를 제공한다. 초우량기업들은 목표 고객을 명확히 하는 것은 물론, 그들을 로열 고객화 하는데 주력한다. 성과에 대한 로열 고객의 기여도는 매우 크기 때문이다.

글로벌 시장에서의 경쟁을 감안한다면, 목표 고객은 세계 시장에서의 특정 지역 고객을 의미한다. 철저한 현지화를 통해 그 지역의 고객을 이해하고 그들이 진정으로 원하는 욕구를 발견해 내야 한다. 예를 들어, R&D 센터를 현지에 설립하여 효과적이고 신속한 신제품 개발 체계를 구축할 수 있다. 또한, 현지 마케팅 활동을 강화함으로써 고객과의 커뮤니케이션 채널을 확대하여 제품의 이미지 개선에 활용할 수도 있다.

초우량기업들은 고객의 니즈에 신속하게 대응할 수 있는 시스템을 효과적으로 운영하는 특징을 갖고 있다. 이러한 시스템에 의해 시장을 항상 선점하고 후발 기업들에게 진입 장벽을 높게 구축한다.

결과적으로 후발 기업들은 시장 리더가 확고하게 점유하고 있는 커다란 시장의 잔여 수요를 차지하거나, 주변의 작은 니치 시장을 공략할 수밖에 없는 경우가 일반적이다.

③ 잘 할 수 있는 사업에 집중

초우량기업들의 사업 전개 방식은 다른 기업들과 비교할 때 극명한 차이점을 갖고 있다. 일반적으로 기업들은 시장이 매력적인 사업에는 일단 뛰어 든다. 자신이 보유하고 있는 역량 수준은 고려하지 않은 채, 시장 매력도가 높은 사업에는 참여하는 것이 대다수 기업들의 다각화 전략인 것이다.

반면, 초우량기업들은 자신이 『잘 할 수 있는 사업』인가를 냉철하게 점검한다. 현재의 내부 역량으로, 또는 미래에 확보할 수 있는 내부 역량으로 과연 그 사업 분야에서 경쟁력을 확보할 수 있겠는가가 우선적으로 검토되는 것이다. 그래서 초우량기업들은 집중화의 대상을 『매력적인 사업』이 아닌 『잘 할 수 있는 사업』으로 정했다.

사업 집중화의 의미는 다양한 각도에서 조명할 수 있다. 우선 한정된 힘을 한 곳에 모아 최상의 역량을 발휘한다는 점을 들 수 있다. 뿐만 아니라 고객들에게 표출되는 기업 이미지의 일관성을 유지할 수도 있을 것이다.

④ 항상 작고 강한 조직 유지

빠르게 변하는 경영 환경에 언제나 강한 조직으로서 대응하기 위해서는 몸을 가볍게 해야 한다. 기업 조직이 어려운 경영 환경에 접했을 때 이를 신속하게 극복하기 위해서는 항상 변할 수 있는 준비가 되어 있어야 한다.

특히, 스탭 조직의 경우에는 기업 운영에 꼭 필요한 기능과 업무가 무엇인가를 인식하고 이를 근거로 구성되는 것이 중요하다. 스탭 조직이 비대해질수록 조직의 운영은 비효율을 초래할 수 있기 때문이다.

기업들은 위기가 닥치면 그 때서야 비용 절감을 이유로 인력을 감축하기 위해 무리한 구조 조정을 단행하곤 한다. 그러나 위기를 극복하기 위한 슬림화 보다는 경영 환경이 변해도 흔들림없이 강하면서도 작은 조직을 유지할 수 있는 역량이 필요한 것이다.

⑤ 경쟁사와는 다른 차별화 포인트 개발

초우량기업들은 무언가 다른 점이 있다. 차별적 강점을 가지고 있다는 점에서 단순히 다르다는 의미 그 이상인 것이다. 차별적 강점은 시장 경쟁에서 우위를 점할 수 있는 절대적 기초를 제공한다.

차별적 강점을 보유할 수 있는가 하는 것은 고객에 의해 판단되는 문제이다. 고객들의 눈에 충분히 인식될 만큼 차별적이고, 또한 그 차별화 포인트가 고객들에게 가치를 제공할 경우 경쟁력을 확보할 수 있다.

초우량기업들은 고객들에게 전달하고자 하는 가치를 명확히 개발하고 이를 인식시키고자 노력해 왔다. 이 전달 가치에 따라 기업의 사업 전개 방향이 구체화되고 시장에서의 포지셔닝(positioning)이 결정되는 것이다.

시장에는 다양한 고객들이 존재하기 마련이다. 각각의 세분화된 시장이 필요로 하는 욕구는 모두가 차별적이다. 그렇기 때문에 목표 고객이 원하는 니즈를 찾아 이를 중심으로 자사의 차별화 포인트를 개발해 내는 것도 유용한 방법이다. 이 것은 전략적 의사 결정의 문제이다. 어떤 경쟁자를 선택할 것인가와 동일한 문제이기 때문이다.

⑥ 눈을 글로벌 시장으로

기업 전략을 수립할 때, 내수 시장을 대상으로 한 전략이 갖는 의미가 많이 퇴색되었다. 그 만큼 시장은 개방되어 있고, 모든 시장에서 세계적 초우량기업들과의 경쟁이 일어나고 있다.

내수 시장에 점차 다국적 기업들이 진입하면서 우리 기업들이 설 자리는 줄어들고 있다. 이제 국내 시장에 안주해서는 경쟁력을 확보할 수 없을 뿐만 아니라 체질적으로 허약한 기업 조직으로 전락할 위험이 높다.

사실 세계적 기업으로 도약하기에 내수 시장은 한계가 있기 마련이다. 그렇기 때문에 초우량기업들은 일찍이 국제화된 기업 조직을 갖추기 위해 투자해 왔다. 조직구조 뿐만 아니라 직원들의 마인드, 현지화된 마케팅 및 생산 활동 등 다양한 시스템을 구축해 왔다.

CEO들께서 너무 원론적인 얘기로 치부할 수도 있겠지만, 우리 기업의 현재 상황을 대비해 보면서 배울 점과 우리 기업에 적용할 점을 찬찬히 생각해 보는 계기가 되었으면 한다.

초우량기업이 아니더라도 우리가 생각해 볼 수 있는 아주 보편적이고 상식적인 것이지만 아래의 잘되는 회사와 안되는 회사에 대한 이야기도 CEO들께서 한 번 되새겨 보시기를 바란다.

잘되는 회사, 안되는 회사[19]

잘 되는 회사는 배우려는 사람이 넘쳐난다. 잘 되는 회사는 조직 전체가 신기술, 신경영 등을 배우려는 자세를 갖고 있고, 또 이러한 인재들을 성장시켜 나간다. 안 되는 회사는 배우려는 자세도 없지만 왜 배워야 하는지도 알지 못한다. 배워봐야 소용없기 때문이다.

잘되는 회사는 잘 할 수 있는 분야에서 최고가 되고자 한다. 안되는 회사는 사업은 벌이지만 무엇 하나 일등이 되지 못한다. 회사의 존속은 끊임없는 재 창업의 과정이다. 시간이 흐르면서 시간도 고객도 제품도 변한다.

잘되는 회사는 초창기(창업시)의 긴장감을 유지한다. 안되는 회사는 조그만 성공에도 겉멋이 들기 시작한다. 성공에 도취해 창업 초기의 긴장감을 망각하는 순간부터 내리막은 시작된다. 지속적으로 성공하는 조직의 공통점은 지속적인 긴장감의 유지다.

---

19 독서 메모장을 재가공, 편집함

잘되는 회사는 관행을 과감하게 깨는 역(逆)발상을 시도한다. 안되는 회사는 늘상 관행을 개선하려고 애쓰기만 한다. 성공한 기업가들은 모두 창의적인 사람들이다. 남들이 하는 것을 따라 하기보다는, 남들이 하지 않는 것을 시도해 보거나, 남들이 하는 것을 다른 방식으로 해 본다. 소위 역발상의 내공이 있는 것이다.

잘되는 회사는 장기간 꾸준히 본질적인 변화를 추구한다. 안되는 회사는 우왕좌왕 목표없이 겉모습만 자꾸 바꾼다. 모든 회사가 변화를 외치지만 역설적으로 변화하는 회사는 많지 않다. 이는 변화의 중요성을 들어서 알지만 방향성이 없기 때문. 그래서 변화하자는 말에 변화의 구체성을 담을 수 없는 것이다.

잘되는 회사는 문제가 생기면 책임은 나중에 묻고 우선 문제 해결 방법부터 찾는다. 안되는 회사는 문제가 생기면 모두 몸부터 사린다.

잘되는 회사는 새로운 피가 언제라도 들어설 자리가 있다. 안되는 회사는 터줏대감들이 차고 앉아 요지부동이다. 안되는 회사는 돌이 굴러 들어오지 않는다. 일시적으로 굴러 들어온 돌도 견디지 못하고 다시 튀어 나가기 때문에, 돌이 굴러 들어올 생각조차 않는 것이다. 침체된 조직일수록 역설적으로 외부에서 인력이 들어오는 것을 싫어한다.

잘되는 회사는 이유없이 바쁘기만 한 사람을 내보낸다. 안되는

경영컨설턴트가 전하는 **기업의 변신**

회사는 바쁜 사람이 일하는 사람보다 인정받는다. 안되는 회사는 바쁜 사람과 일하는 사람을 구분하지 못한다. 그러다 보니 중요하지 않은 일을 바쁘게 하는 사람이 잘되는 경우가 많다.

잘되는 회사는 좋은 인재와 아이디어를 널리 구한다. 내부에서 뛰어난 인재를 발굴하고 키우는 것도 중요하지만, 필요하면 외부에서 인재와 아이디어를 얻는데 주저하지 않아야 한다.

잘되는 회사는 사장의 생각과 철학을 이해하고 실천할 수 있는 분신들이 있다. 안되는 회사는 사장의 신변에만 신경 쓰는 측근들만 있다.

35. 벤처의 성공 비법 4가지

벤처 60개를 탄생시킨 벤처 양성소 '창업기획자'인 노먼 위너스키(Norman Winarsky)[20]가 제시하는 벤처기업의 4가지 성공 비법을 소개한다. (2016년에 정리했던 자료)

---

20 노먼 위너스키는 2003년 SRI벤처스에서 '시리(SIRI)'를 구상, 2008년 1월 분사/독립. SRI벤처스는 스탠퍼드大에 뿌리를 둔 R&D기관 'SRI 인터내셔널' 내에서 벤처회사를 만들고 기술특허 사업을 수행. 연간 5억$ 예산, 2500명의 과학자, 엔지니어가 로봇, 인공지능, 헬스케어, 컴퓨터 비전 등을 연구. 매년 3~4개 기술을 선정해 벤처회사를 만든 후 Spin-off시킴

노먼 위너스키는 SRI에서 15년 넘게 '창업기획자'로 일하다 2015년말 대표직을 사임하고 벤처캐피털 '릴레이벤처스'에 몸 담고 있으며, 스탠퍼드大 경영대학원에서 브레이크스루(Break Through, 혁신) 벤처를 만드는 방법에 대한 강의를 했다.

위너스키는 "어떤 사람들과 함께 할 것인지가 창업의 성패를 가르는 핵심 요인"이므로, "최고의 인재로 창업 팀을 꾸리는 게 무엇보다 중요하다."면서, 시리 창업팀의 CEO인 키틀로스를 가장 먼저 뽑은 이유도 목표를 향해 함께 나아갈 사람들을 끌어들이는 그의 능력을 높게 평가했기 때문이다.

1. 최고의 인재로 팀을 꾸려라 : 창업팀 구성이 특히 중요

아이디어와 계획을 실행에 옮길 능력 있는 팀이어야 한다. 창업팀에 평범한 팀원만 모여 있으면 그저 그런 제품 밖에 못 만든다. 각 분야 최고들이 모여 같은 방향으로 움직일 때 뛰어난 제품을 만들어낼 수 있다.

시리 창업팀은 각 분야에서 가장 뛰어난 사람들을 채용했고 서로를 완벽하게 보완했다. 체이어는 시리를 시작하기 전부터 항상 기술 분야별 다섯 손가락 안에 드는 인물들의 명단을 갖고 있었다. 그는 「이들이 이 분야에서 가장 뛰어난 5명이다」고 말한 후

경영컨설턴트가 전하는 **기업의 변신**

적게는 3명, 많게는 5명 모두 회사로 데려왔다.

최고의 인재를 가지면 최고의 기술과 제품을 만들 수 있다는 걸 알았다. 키틀로스는 팀원들에게 돈이 아니라 비전을 이루기 위해 일한다는 것을 늘 각인시켰다. 창업의 목적이 단지 돈을 버는 것이라면 실패할 가능성이 크다. 「우리가 하는 일이 세상을 이렇게 바꿀 수 있다」는 목표를 공유하고 열정과 자원을 쏟아 부어야 한다.

선마이크로시스템스 공동 창업자이자 코슬라벤처스 창업자인 비노드 코슬라도 투자할 벤처회사를 고른 후에는, 그 회사에서 일할 인재들을 직접 찾아 다녔다. 이 것이 그가 선택한 벤처회사들이 최고로 성장한 원동력 중 하나다.

팀원 모두에겐 적절한 보상을 해줘야 한다. 대개 벤처회사 직원들은 창업 후 수년간 밤낮없이 일한다. 이들이 더 편한 직장을 버리고 위험을 감수하면서 벤처회사에서 일하는 것은 회사의 비전과 잠재력을 믿기 때문이다. 따라서 성공하면 확실한 보상이 있다는 것을 보여줘야 한다. 보통 주식을 일정 비율로 나눠준다.

2. 기존 시장의 문제점을 찾아 해결하라 : 창업의 전제 조건은 무엇인가?

타겟 시장에 지금 해결되거나 개선되어야 할 문제가 있어야 하는 것이다. 단순히 「이런 제품을 한 번 만들어 볼까?」 하는 생각은 통하지 않는다. 명확한 문제가 있어 누구나 불편을 느끼는 상황이 있다면, 그 부분을 공략해야 한다.

시리가 탄생한 것은 단지 뛰어난 자연어 인식 기술을 가지고 있었기 때문이 아니다. 기술만으로는 의미가 없다. 그 기술로 어떤 문제를 개선할 수 있는지를 알아야 한다.

시리는 스마트폰 화면에서 클릭을 많이 하지 않고도 웹서비스에 접속할 새로운 방법을 제시했다. 2007년만 해도 스마트폰 화면에 손가락을 갖다 대고 클릭하는 것이 지금처럼 자연스러운 일이 아니었다. 시리는 사용자가 스마트폰에 문자를 입력하고 여러 번 클릭하는 대신 음성으로 묻고 지시를 내릴 수 있게 했다. 검색에 대한 답으로 웹 링크를 나열하는 대신, 시리는 바로 필요한 정보를 답으로 제공했다. 여러 과정을 거칠 필요 없이 시간과 번거로움을 모두 줄여 준 것이다.

우버는 차량 공유라는 완전히 새로운 비즈니스 모델을 창조했다. 창업팀이 내놓은 제품이나 서비스는 다른 곳과 차별화되고 혁신적이어야 한다. 엇비슷한 'Me too(모방)' 제품은 아무런 경쟁력이 없다.

3. 기존 사업을 키우면서 신사업을 발굴하라

: 회사가 어느 정도 성장하면 유지하는 것도 어렵다.

현재 미국 S&P(스탠다드앤드푸어스) 500 기업의 평균 수명은 14년이다. 1920년대에는 67년이었다. 2027년에는 현재 S&P 500 기업의 75%가 새로운 기업에 자리를 빼앗길 거란 전망도 있다. 기업의 흥망 속도는 그만큼 빨라진 것이다. 각 산업군(群)에서 1위였던 많은 회사가 쇠락해 다른 회사에 팔리거나 쪼개진다.

회사가 성장할수록 생존 위험은 더 커진다. 클레이튼 크리스텐슨 하버드대 경영대학원 교수의 저서 '혁신 기업의 딜레마'를 보면, 회사 내에 혁신 문화를 유지하는 것이 굉장히 어렵다는 것을 알 수 있다.

※양손잡이 경영 : 이미 성공한 기존 사업을 계속 키우는 동시에 새로운 아이디어를 탐사하고 혁신해야 기업이 살아남을 수 있다는 것으로, 두 가지를 모두 잘하는 양손잡이가 되는 것은 어려운 일이지만, 기업이 존속하려면 꼭 해야 하는 것이다.

4. 투자자와 끈끈한 관계를 쌓아라

: 투자자와의 관계는 어떻게 유지해야 하나?

"나는 시리를 비롯해 여러 벤처회사의 이사회에 이사로 참여했다. 투자자들은 벤처회사에 투자한 후 이사회 자리를 갖는 것이 일반적이다. 이들은 적대적인 대상이 아니라 회사의 귀중한 자산이다. 회사의 가치를 알아봐 주고 자금을 주고 회사의 방향을 함께 생각한다. 투자자와는 항상 협력적이고 강력한 신뢰 관계를 유지하는 것이 좋다."

회사를 경영하면서 일이 잘 안 풀릴 때도 있고, 재무 목표를 맞추지 못할 수도 있다. 재빨리 새 기회를 잡아야 하는 상황도 생긴다. 이런 상황에서 투자자와 이사회가 확고한 믿음이 있다면 도움을 줄 수 있다. 따라서 투자자와의 관계는 끈끈하고 진실해야 한다.

투자자가 있는 이사회와 회사 사이에 의견 차이가 생길 수도 있다. 예컨대, 직원이 문제를 일으켜 회사가 손해를 봤을 때 이사회는 이 직원을 해고하길 원하고 CEO는 해고에 반대할 수 있다. 우선 이사회는 경영진이 회사의 모든 것을 실행하는 사람들이고 회사를 속속들이 더 잘 안다는 점을 인정해야 한다. 의견 충돌이 계속된다면 이를 해결하기 위한 협상이 필요하다. 작은 불씨라도 남겨두면 갈등이 더 커질 가능성이 크다. 이사회 내에서도 의견이 갈려 회사의 안정이 흔들릴 수 있다. 경영진과 이사회가 서로 존중하고 지지하는 것이 중요하다.

뒤에서 소개하는 스타트업의 실패 사유와 비교해 보면서 나름대

경영컨설턴트가 전하는 **기업의 변신**

로 시사점을 찾아보기 바란다.

36. 기업의 진화와 스타트업의 실패 이유

다양한 산업 분야에서 새롭게 시작하는 스타트업들이 실패하는 이유를 살펴보려고 하는데, 이들의 실패 원인들은 이미 상당 기간 동안 사업을 영위하고 있는 기존 기업들도 반면교사로 삼을 만한 여러 가지 시사점이 있을 것이라 생각한다.

기업의 진화 단계

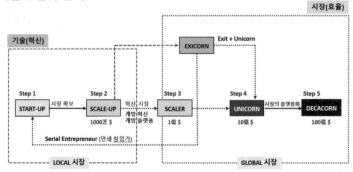

상기 도표에서 보는 바와 같이 기업은 스타트업 → 스케일업 → 스케일러 → 유니콘 → 데카콘으로 진화 단계를 거쳐 성장해 간다.

스타트업(Start-up)은, 벤처기업, 개척 기업 등 신생 창업 기업을 뜻하는 말로 미국의 실리콘밸리에서 처음 사용되었다. 스티브 블랭크 (Steeve Blank)는 「스타트업이란 확장 가능성과 재현성을 갖추고 수익성 있는 사업 모델을 추구하는 임시 조직」이라 정의한 바도 있다.

스케일업(Scale-up) 기업은, OECD가 2009년 고성장기업 (High Growth Enterprise)으로 소개한 후 영국의 쉐리 쿠투(Sherry Coutu)가 '스케일업'이란 이름을 붙히면서 대중화되었다.

보통 창업 후 5년이 안된 기업들 중에서 고용이 10명 이상이면서 매출 또는 고용이 3년간 평균 15~20% 이상 성장하는 기업을 일반적으로 지칭한다.

유니콘(Unicorn)은, 창업 10년 이하의 기업 가치가 10억달러가 넘는 비상장 스타트업 기업을 전설 속의 동물인 유니콘에 비유하여 일컫는 말이다. 상장도 하지 않은 스타트업 기업이 기업가치가 10억달러를 넘는 일도 유니콘처럼 상상 속에서나 가능한 일이라는 의미에서 여성 벤처 투자가인 에일린 리(Aileen Lee)가 2013년에 처음 사용했다.

데카콘(Decacorn)은, 기업가치 100억달러 이상인 비상장 스타트업기업을 지칭하며, 또한 기업가치 1000억달러 이상인 기업을 헥토콘(Hectorcorn)이라고 한다.

경영컨설턴트가 전하는 **기업의 변신**

엑시콘(Exicorn)은, Exit + Unicorn의 합성어로서 성공한 유니콘을 의미한다. Exit는 투자금을 회수한다는 의미인데, 방법론은 주식시장에 기업공개를 하거나 다른 회사에 매각(M&A) 되는 방식인데, 엑시콘은 인수합병 보다는 기업공개가 더 많은 것 같다.

호주 시드니 출신의 기업가이면서 벤처 투자자인 제이미 프라이드(Jamie Pride)는 「유니콘의 눈물」이라는 저서에서, 스타트업의 준비와 성공을 위한 3단계를 다음과 같이 기술하고 있다.

스타트업 준비를 위한 3단계

1단계: 인내하라
회사의 성공에 도움이 되는 가장 중요한 일은 여유를 갖는 것이다.

2단계: 사람과 문제를 공부하라
사람이 왜 어떤 행동을 하는지 이해하는 능력은 창업가에게 말할 수 없이 중요한 기술이다. 창업가라면 그러한 기술을 갈고 닦아야 한다. (관찰 인터뷰 또는 인간 중심 디자인이라 칭함)
예측하는 능력까지 갖춘다면 더 없이 소중한 기술이 될 것이다. 그리고 나서 문제에 대한 고민을 시작해야 한다.

3단계: 공동체에 속해 배운다.

거주하는 지역의 스타트업 모임을 찾아 가입하기를 적극 추천한다. 스타트업 생태계에 어떤 일이 일어나는지 아는 것도 중요하다. 경험 많은 창업가를 만나 수많은 도전을 어떻게 헤쳐 나왔는지 묻고 대화하는 것도 상당한 도움이 된다.

스타트업 성공을 위한 3단계

1단계: 동기를 점검하라

내가 왜 이 사업을 하는지 자신만의 동기를 파악하는 것이 중요하다. 사업에는 튼튼한 기초가 있어야 하는데, 그 기초가 창업자 자신이라는 것이다. 동기가 강해야만 어려움에 직면했을 때 쉽게 포기하지 않는다는 것이다.

2단계: 실패에서 배워라

유명한 스타트업들의 실패 사례 3곳만 찾아서 공부하고 직접 분석해 보면 많은 교훈을 얻을 수 있다. 실패 원인을 우리 기업에 대입해 보면 실패를 피해갈 수 있다.

3단계: 멘토를 찾아라

경륜이 있는 기업가들은 나에게 닥쳐올 역경을 이미 모두 겪어보았다. 그 지혜를 내 것으로 만들어야 한다. 그들에게 의견을 묻고

경영컨설턴트가 전하는 **기업의 변신**

조언을 구하라. 공식적이어도 좋고 아니어도 좋다.

스타트업에서 스케일업으로[21]

지금은 누구나 쉽게 회사를 만들 수 있는 시대이기에, 스타트업도 중요하지만 창업 후에는 어떻게 스케일업 하느냐에 따라 기업의 성패가 달라질지 모른다. 아래 소개하는 스타트업 방정식에서 '꿈을 키운다' 과정에 속하는 스케일업으로 가는 과정을 살펴보자.

자네이 듀언(Janee Duane)과 스티븐 피셔(Steven Fisher)가 공저한 「스타트업 방정식(Startup Equation)」이라는 책에서 스타트업이 단계별로 어떻게 성장하는지에 대해 실제 사례 중심으로 소개하면서, 스타트업의 성장 단계를 ①기초를 공고히 한다, ②경험을 만들어 낸다, ③꿈을 성장시킨다는 3가지로 구분하고 있고, 각 단계별로 아래와 같은 방정식으로 풀고 있다.

① 기초를 공고히 한다 = (기업가 X 아이디어) + 해결책
② 경험을 만들어낸다 = (고객 경험 X (팀+문화)) X 브랜드
③ 꿈을 성장시킨다 = (자금조달 X (판매+마케팅) X 스케일) X 이노베이션

여기서 최종 단계인 '꿈을 성장시킨다'는 스타트업의 규모를 확

21　SDTM(smart device trend magazine) 및 naver blog, "Sam의 기억 궁전" 참조

대해 기업을 성공시키는 것에 결부되는 것이다. 수식을 구성하는 항목들을 잘 충족시킴으로써 최종 단계를 성취할 수 있을 것이다.

'스타트업 방정식'에서는 'SMART 이노베이션'이라는 컨셉트를 제공하고 있다. 이를 통해 잘 하는 분야와 잘 하지 못하는 분야를 냉정하게 판단할 수 있다고 한다.

Start with Opportunities(기회에서 시작한다), Make Observations(관찰한다), Accelerate Ideas(아이디어를 가속화시킨다), Refine Concepts(컨셉트를 완성한다), Test and Validate(테스트와 확인)이다.

모든 기업가는 디자인하는 리더 'DEO(Design Excutive Officer)'가 될 필요가 있다. 이런 리더는 변화를 일으키고 직관력이 높으며 리스크를 감수하고 사회적 지성이 높고 시스템적인 사고를 하며 일을 빠르게 처리한다.

성장 속도가 빠른 스타트업이 스케일업할 때 무엇을 챙겨야 하는지를 살펴보자.

아마존 창업 초기 제프 베조스의 '빠르게 크게'라는 모토나 페이스북의 마크 저커버그가 직원에게 요구한 '빠르게 움직이고 기존의 것을 파괴하라'는 모토는 잘 알려져 있다. 그렇다고 이런 전

설적인 기업을 단순히 흉내 내어 성장만을 너무 서두르면 고전을
면치 못할 수도 있다.

① 공격적인 성장 전략이 필요하다.

그로스 해킹(Growth Hacking)[22]과 같은 공격적인 성장 전
략이 필요하다. 이 단계에서 경영자는 고객 획득 비용(Customer
Avquisition Cost, CAC)을 최소화하고, 고객 생애 가치 (Customer
Lifetime Value, CLV)를 최대화하는 전략을 구사해야 한다. 초기의
실험적 접근에서 벗어나 데이터 중심의 의사결정을 통해 성장의 기회
를 극대화해야 한다.

② 회사가 커졌을 때를 항상 생각하고 준비한다.

스케일업 팀 빌딩(Scale-up Team Building)의 중요성을 인식
해야 한다. 회사의 모든 것이 10배로 커졌다면 어떨지 상상해보자.
이제 조직은 초기 창업 멤버 만으로는 한계에 봉착하게 된다. 스타트
업 단계에서의 유연성과 속도는 중요했지만, 스케일업 단계에서는 보
다 체계적이고 전문화된 팀이 필요하다. 이 과정에서 경영자는 새로
운 인재를 영입하고, 기존 팀을 고도화하는 데 집중해야 한다. 특히
기존의 조직 문화를 유지하면서도 확장된 조직 구조를 어떻게 효율적
으로 관리할 것인지에 대한 깊은 고민이 필요하다. 회사의 규모 확대
를 미리 염두에 두어야 한다. 스타트업 CEO는 회사가 커지면 어떻게

---

22 그로스 해킹은 growth와 해킹(hacking)이 결합된 단어로 고객의 반응에 따라 제품 및 서비스를 수정해 제
품과 시장의 궁합(Product-Market Fit)을 높이는 것을 의미한다.

될지 항상 염두에 두고 경영해 나가는 습관이 필요하다.

③ 팀 리더를 제대로 배치한다.

스케일업을 할 때는 조직이 점점 커지고 직원 수도 증가하고 프로젝트를 하는 팀의 수도 증가한다. 그래서 각 팀이 최대한의 힘을 발휘할 수 있도록 관리하는 것이 스케일업 기업의 CEO가 해야 하는 중요한 일이 된다.

팀 리더가 신뢰를 잃게 되면 그 신뢰를 회복하는 것은 거의 불가능하다. 팀 리더를 교체하는 것만으로도 팀의 사기가 곧 바로 회복되는 일도 많다. 스타트업 때는 조직 관리의 중요성이 비교적 낮다고 해도 스케일업을 할 때는 정말 중요한 일이라는 것을 유념해야 한다.

④ 자본 조달(Funding) 능력이 요구된다.

스케일업은 대규모 자본이 필요하다. 따라서, 경영자는 투자자들과 관계를 강화하고, 더 큰 규모의 자금을 유치할 수 있는 전략을 마련해야 한다. 이 단계에서 중요한 것은 단순히 자금을 모으는 것이 아니라, 올바른 투자자를 선택해 비즈니스와의 시너지를 극대화하는 것이다.

⑤ 우선순위를 정한다.

스케일업할 때 경영자가 중요시해야 하는 것은 <u>첫 번째가 기업의 가치, 다음이 팀, 마지막이 자기 자신이다.</u> 여기에 맞춰 우선순위를 정해야 한다. 아쉽게도 그와 정반대의 우선순위를 정하는 경영자가 많은데 그런 경우는 대개 큰 문제에 봉착하게 된다. CEO로서 자신을 포함하여 관리자라면 기업 가치, 팀, 자신이라는 우선순위를 의식화해야 한다.

⑥ 운영 효율화(Operational Efficiency)가 절대적으로 중요해진다.

초기의 빠른 실행이 중요했던 시기와 달리, 이제는 프로세스의 효율성을 높이고, 자원을 최적화하는 것이 필수적이다.

⑦ 시장 확장(Market Expansion) 전략이 요구된다.

초기에는 특정 시장에 집중했을지라도, 스케일업 단계에서는 새로운 시장으로의 진출을 모색해야 한다. 국내를 넘어서 글로벌 시장으로의 진출을 고려하는 것도 이 단계에서 경영자가 고민해야 할 중요한 사항 중 하나라 하겠다. 현지화(Localization) 전략과 함께 각 지역의 규제와 문화에 대한 깊은 이해가 필요하다.

⑧ 장기적인 관점을 갖는다.

스타트업 시기에는 단기적인 관점에서 이익에 중점을 두고 경영 자원을 집중시키는 것이 효과적이다. 그러나 스케일업할 때는 장기적인 관점에서 투자하는 분야를 결정해야 한다. 투자가로부터 결과를 요구받는 스타트업과는 달리 경영 자원에 여유가 생기기 시작하는 스케일업에서는 좀더 장기적인 관점으로 전망을 해야 하는 것이다.

⑨ 좋은 기업 문화를 추구한다.

'좋은 기업 문화'가 우수한 직원을 키우고, 훌륭한 제품이나 서비스를 만들어내고, 고객에게 사랑받는 중요한 열쇠가 된다. 독특하고 훌륭한 서비스를 만들고자 한다면 서비스를 만드는 훌륭한 직원이 필요하고 그를 위해서는 훌륭한 기업 문화를 구축해야 한다.

실패하는 창업, 사업, 비즈니스의 특징

(naver blog "Jinmaco"에서 발췌, 편집)

개발자, 투자 유치 등 다양한 요소도 중요하지만, 스타트업이 망하지 않기 위해 가장 중요한 것이 수익모델의 구축이다.

유능한 개발자, 대표를 신뢰하는 팀원들, 수 억원의 투자 유치를 받은 아이템, 많은 이용자 수가 있더라도 자체적인 수익 모델을 갖추지 못한 사업은 결국에는 망하고 만다.

대부분의 스타트업이 창업 후 3년쯤에 겪게 되는 위기의 시기를 「죽음의 계곡」이라고 부르는 이유도 여기에 있다. 이 때가 창업의 자본이 마르는 시기이기 때문이다. 결국 자체 수익 모델을 갖추지 못한 기업의 경우 3년의 고비를 넘기기 힘들 가능성이 많다는 얘기이다.

그럼에도 불구하고 안타깝게도 많은 창업가가 수익 모델에 대한 구체적인 비전도 없이 무모하게 사업에 뛰어드는 경우가 많다. 본인의 스타트업 아이템이 좋기 때문에 망하지 않고, 이용자가 늘어나면서 광고가 붙게 되고 돈이 될 것이라는 허황된 미래만 꿈꾸기 때문이다.

스타트업이 실패하는 3요소는, 창업가와 자금 조달, 그리고 사업 모델(business model)

스타트업의 실패와 역사에서 교훈을 얻고 현실적인 관점을 가지면 다른 창업가와 차별화하여 우위를 점할 수 있다. 자신에게 올바른 질문을 던지면서, 입증된 방법론을 준수해 간다면 성공 가능성을 높일 수 있을 것이다.

스타트업이 실패하는 이유를 분석한 여러가지 자료들을 보면 관점이 조금씩 상이하지만 큰 줄거리는 대동소이한 것 같아 일부를 옮겨 본다.

스타트업이 실패하는 7가지 일반적인 이유

① 시장 수요 부족: 시장조사, 지속적으로 고객 피드백을 수집하여 제품에 반영
② 결함이 있는 사업 모델: 수익 창출 흐름, 가격 전략 검토 등 비즈니스 모델의 재검토 필요
③ 경쟁에서 뒤쳐짐: 벤치마킹, 파괴자와 리더 식별 등 가치 사슬

분석으로 경쟁 우위 찾기

④ 부실한 마케팅 전략: 타겟 전략 구현, 마케팅 유입 경로의 모든 단계에 집중

⑤ 현금흐름 문제: 현금흐름의 가시성 유지, 효율적 자금 집행/비용 절감, 다음 투자 라운드 준비

⑥ 열악한 인재 풀과 스타트업 문화: 팀과 공개 대화, 우수 인재 소싱에 시간/자원 투자

⑦ 의사소통 문제: 지속적인 피드백(정기, 설문조사 등), 피드백 루프* 가동

*Feedback Loop : 피드백을 수집, 평가 및 조치하는 지속적인 프로세스

스타트업의 실패 원인 10가지

① 창업가의 역량 부족: 스타트업을 운영하고 이끌어가는 일상적인 과제 수행을 위해 얼마나 준비되어 있느냐는 것 (신체적 건강과 정신적·감정적 준비 상태를 포함하는 광범위한 개념)

② 창업가의 능력 부족: 스타트업을 운영하는 기술로서 기술력, 의사소통, 리더십, 협상, 갈등 해결 등에 관한 기술. 능력은 역량보다 쉽게 갖출 수 있지만 역량이 더욱 중요함

③ 창업 경영진 간의 불화

④ 현금 고갈

⑤ 자금 조달 과다

⑥ 투자자와 창업가의 불화

⑦ 문제 해결 대상의 오류 (적합성)

⑧ 효과적이지 못한 사업 모델 (성공 가능성)

⑨ 실행력 부족 (타당성)

⑩ 외부 위협 또는 경쟁 (적응성)

스타트업의 실패 원인으로 소개하였지만, 일반 기업의 경우에도 해당되는 항목들도 있으므로 우리 회사에 대입해서 리뷰를 해 보면 좋겠다.

37. 기업이 몰락하는 5단계

잘 나가는 기업이 몰락하는 5단계[23]

1987년 미국 경제잡지 포브스는 70년 전 미국 경제를 이끌던 100대 기업을 추적 조사해 흥미로운 기사를 실었다. 이에 따르면 조사 당시에 생존한 기업은 39곳뿐. 그 가운데 100대 기업의 위상을 여전히 유지하고 있는 곳은 18개에 불과했고, 시장 지위가 70년 전에 비해 개선된 기업은 GE와 코닥 뿐이었다.

이 같은 기사가 나온 지 30여 년이 지난 2017년 현재 기준에서

---

23 비즈업'이 정리한 「경영학 석학 '짐 콜린스가 말하는 '기업의 몰락'」을 참조

는 코닥도 파산을 했으니 결국 100개 기업 중 살아남은 기업은 GE 딱 한 곳, 단 1%의 기업 만이 지난 100년간 꾸준한 성장을 이어간 셈이다.

세계적 경영학 석학 짐 콜린스는, '한 때 잘 나갔던 기업이 왜 몰락했을까?' 라는 의문을 가지고, 미국 주요 60개 기업을 분석해 그 이유를 찾았고, 기업의 몰락 5단계로 정리했다. (그의 저서, '위대한 기업은 다 어디로 갔을까'에 실린 내용)

1단계 : 성공으로부터 자만심이 생겨나는 단계 (과거 성공 방식에 집착)

철이 지난 과거의 성공 방정식을 계속 고집할 때, 지금까지의 성공은 다음 성공의 발목을 종종 잡는다. 특히 자타가 공인하는 압도적 성공을 거둔 기업의 최고경영자는 지금까지 해 왔던 방식이 무조건 먹힌다는 아집에 빠지는 경우가 많다. 대표적인 예가 '헨리 포드'이다.

헨리 포드는 '생산방식의 표준화'를 통한 자동차의 대중화를 이끌고 초기 자본주의를 가능하게 하였고, '대량생산방식'을 그의 이름을 따서 '포드주의(Fordism)'라 부르는 입지전적인 인물이다.

포드는 자동차를 대중화시켰지만, 이후 대중들의 '다양한' 형태의 자동차를 원하는 니즈가 있었음에도 'T모델' 단일 차종을 고

경영컨설턴트가 전하는 **기업의 변신**

집하다 포드의 시장점유율이 하락하기 시작했다.

포드의 위기를 인식한 경영진 중 한 명이 포드에게 제품 다양화를 통한 경영 개선을 제안하는 편지를 썼지만 포드는 꿈쩍도 하지 않았고 편지를 쓴 경영진은 해고되고 말았다. 헨리 포드의 고집으로 휘청이기 시작한 포드는 이후 부침을 거듭하게 된다.

2단계 : 원칙없이 더 많은 욕심을 내는 단계 (성장 집착증)

기업이 성장 궤도에 오르면 CEO는 더 조급해진다. 소비자 트렌드는 하루가 다르게 바뀌고, 경쟁 기업도 금세 유사 상품을 내놓는 상황에서 기업들은 더 빠른 속도로 시장을 점령하기 원한다. 그런데 성장에 대한 '과도한 집착'이 오히려 실패에 이르는 길일 수 있다는 것이 짐 콜린스의 분석이다.

'미국 기업인이 가장 존경하는 기업' 1위, '3M이나 애플, 인텔보다 혁신적인 기업'. 수많은 아이디어로 미국 소비자들을 사로잡은 생활용품 업체 '러버메이드'에 쏟아진 찬사였다. 쉴새 없는 혁신으로 승승장구할 것 같은 러버메이드는 설립 78년째인 1998년 뉴웰코퍼레이션에 매각되었다. 성장에 대한 CEO의 도를 넘는 집착이 불러온 결과다.

1994년 당시 러버메이드 CEO였던 스텐리 골트는, "우리의 비전은 성장'이라며 '성장' 그 자체를 회사의 핵심 목표로 삼았다. 그

후 러버메이드는 하루에 1개씩, 3년간 1,000여개에 달하는 신제품을 쏟아냈다. 그러니 이런 '무지막지'한 제품 개발에 막대한 예산과 인력이 투입되면서 정작 소비자들에게 팔아야 할 핵심 제품의 생산 라인 관리가 소홀해졌고, 주문 물량도 제 때 맞추지 못하는 사태가 발생했다. 더 나아가 신제품 개발에 필요한 자금을 확보할 요량으로 과도한 할인에 나서기도 했는데, 오히려 이는 러버메이드의 재정 악화로 이어졌다. 성장을 외치던 스탠리 골트가 떠난 후 5년 만에 러버메이드는 매각되었다. 결국 도를 넘는 '성장 집착증'이 혁신으로 무장한 기업 러버메이드의 성장을 멈추게 했다.

대개 많은 사람들은 기업의 몰락 원인을 'CEO의 무사안일'에서 찾는다. 짐 콜린스의 실제 조사 결과는 다르다. '무사안일' 보다 오히려 '과도한 욕심'이 화를 자초한 경우가 대부분이었다. 그런데 여기서 드는 의문 하나는, 성장을 위한 '혁신과 변화'는 당연한 것 아닌가?

회사의 '올바른 성장'을 위한 혁신과 변화, 그리고 '도를 넘는 성장에 대한 집착'을 구분하기 위해 짐 콜린스는 아래의 3가지 질문에 답해 보라고 조언한다. 이 질문에 답변하지 못하면 원칙 없는 혁신이 되고, 현실 안주 보다 더 끔찍한 몰락을 몰고 올 수 있다고 덧붙였다.

① 기업의 핵심 가치에 어울리며 열정을 일으킬 수 있는가?
② 그 분야에서 최고가 될 수 있는가?

경영컨설턴트가 전하는 **기업의 변신**

③ 추구하고자 하는 혁신이 보유 자원을 늘리거나 경제적으로 도움이
   되는 것인가?

3단계 : 위험과 위기 가능성을 부정하는 단계 (보고 싶은 것만 보는
       확증 편향)

한 때 잘 나갔던 기업이 망하는 이유, 그 세 번째는 회사를 둘러
싼 여러 위험과 위기 신호를 애써 무시하는 데서 비롯된다. 앞서 2단
계를 거치며 기업이 무너지기 시작하면 그 징후를 알 수 있는 여러 신
호가 나타나거나 부정적인 증거가 쏟아진다. CEO들은 이를 직시하
지 않고, 도리어 낙관적인 근거만 수용해 자신의 그릇된 판단을 밀어
부친다. 지금껏 기업을 끌어 온 CEO들이 본인의 잘못된 판단에 따른
회사 위기를 회피하는 대신, 일부 긍정적 정보만 받아 들이는 '확증편
향'이 발동하는 것이다.

위성을 통해 지구상 어떤 곳에 있는 사람과도 통화할 수 있는 통
신망 이리듐 프로젝트를 시행했던 모토롤라 또한 똑같은 실책을
범했다. 1985년 시작된 이리듐 프로젝트는 기존 휴대전화 서비
스망이 커지면서 사업적 매력을 잃어가고 있었다. 더욱이 이리듐
프로젝트에서 사용되는 단말기가 벽돌 크기와 비슷해 휴대성이
현격하게 떨어지고, 위성과 직접 교신이 가능한 야외에서만 통화
가 가능하다는 점도 불편 사항이었다. 한 마디로 소비자들이 매
력을 느낄 수 없는 아이템이었다.

이 같은 명백한 위험 신호에도 불구하고, 당시 모토로라 CEO였던 로버트 갤빈은 1996년 이리듐 프로젝트를 시행하기 위한 별도의 자회사 '이리듐'을 만들고 막대한 비용을 쏟아 부었다. 5억 3700만 달러를 투자하고, 7억5000만 달러의 채무 보증을 섰는데, 이는 당시 모토로라의 1년 전체 수익을 넘어서는 규모였다. 이리듐 프로젝트를 평가한 다음 해 연례 보고서에는 이 같은 문장이 등장했다. "모토로라는 글로벌 개인 커뮤니케이션 시스템인 이리듐 개발을 통하여 새로운 산업을 창출했다." 지금껏 투자한 비용을 회수해야 한다는 강박관념 때문에 외형적으로 드러난 수많은 신호를 캐치하지 못한 채, 1998년 이리듐 프로젝트가 시작되었다. 이듬해 자회사 이리듐은 15억 달러의 채무를 갚지 못해 파산했고, 모토로라는 같은 해 20억 달러가 넘는 적자를 기록했다.

4단계 : 구원자를 찾아 헤매는 단계 (입증되지 않은 방법을 동원)

위험과 위기가 누적되는 3단계를 거치면 기업 안팎에서 쇠락의 조짐이 보인다. 추락하는 매출액을 보며 깊은 시름에 빠진 기업의 CEO는 옛 영광을 되찾기 위해 본인이 취할 수 있는 모든 방법을 동원한다. 언론에 스포트라이트를 받을 만한 스타 CEO의 영입, 입증되지 않은 전략의 시행, 무분별한 구조조정 등등. 그러나 이 같은 방식은 최악의 상황만을 피하기 위한 임시방편일 뿐, 몰락의 길을 벗어날 수 없다.

경영컨설턴트가 전하는 **기업의 변신**

절벽에 매달린 CEO들이 두려움에 사로잡힌 채 취하는 섣부른 행동은 오히려 기업의 소멸을 부추길 수 있다고 짐 콜린스는 말한다. 절박하게 시행했던 대책이 실패하면 또 다른 묘안을 찾고, 그 과정에서 기업은 뚝심 있게 추진해야 하는 출구전략의 일관성을 잃어버리기 때문이다. 더욱이 4단계에 접어든 기업들은 대개 자신의 상황을 잘 파악하지 못한다. 위기 극복을 이유로 끊임없이 구조조정을 하고, 그 과정에서 기업의 핵심역량을 잃는 등 오히려 상황을 악화시키는 경우가 많다.

절체절명의 위기 상황에서 벗어나기 위해서는 성장 가능성이 있는 분야를 모색하고, 기업의 핵심역량을 최대한 발휘할 수 있는 전략이 필요하다고 짐 콜린스는 조언한다.

기업 몰락 4단계에서 극적으로 회생한 텍사스인스트루먼트(TI)가 그의 조언에 따른 좋은 예이다.

가전제품 회사로 유명했던 TI는 1980년대 디지털 시계, 가정용 컴퓨터 등 일반 소비재 제품이 수년간 적자를 면치 못하면서 업계 최강의 자리를 내줘야만 했다. 그 때 TI 경영진이 채택한 방식은 주변의 잘 나가는 스타 CEO 영입이 아닌, 기업 사정을 정확히 이해하는 내부 인사를 승진시키는 것이었다. 25년 이상 TI에서 일한 경험을 바탕으로 새 CEO 자리에 오른 제리 전킨스는 직원들과의 끊임없는 대화를 통해 회사가 최고의 자리에 오를 수 있는 분야를 찾았다. TI는 반도체의 일종인 디지털 신호 프로세싱 (DSP, Digital Signal Processing) 칩에 회사의 모든 역량을 집중해 성공을 일궈냈다. 현재 TI는 반도체 제조업체로 자리매김을 하고 있다.

5단계 : 유명무실해지거나 생명이 끝나는 단계 (기업의 핵심가치를 포기)

침몰 직전에 몰린 CEO는 장렬히 죽음을 받아들일지, 생존을 위해 끝까지 버틸 것인지를 놓고 선택의 갈림길에 놓인다. 짐 콜린스는 이 길에 선 CEO에게 하나의 질문을 던져 보라고 조언한다.

'우리가 더 이상 존재하지 않게 될 경우 무엇을 잃고, 사회에 어떤 해를 끼칠 것인가?' 이 질문에 분명히 대답하지 못하면 항복 선언을 하는 것이 현명하다. 하지만 '핵심가치'를 지켜 나가야 할 명확한 이유가 있다면 생존을 위해 싸우는 길을 선택하라는 것이 짐 콜린스의 조언이다.

기업 회생을 위해 CEO가 가장 먼저 해야 할 일은 '엄격한 전략적 사고', 그리고 이에 기반한 경영활동의 건전성 회복이다. 기업이 백척간두의 위기에 놓였다는 이유로 오히려 경영 원칙을 상실하고 핵심가치를 포기하면 회사를 벼랑 밖으로 떠미는 것과 마찬가지라고 짐 콜린스는 지적한다.

우리의 최고경영자들에게 시사점과 영감을 주는, 사족이 필요 없는 짐 콜린스의 분석과 조언이라고 생각한다.

기업의 위기는 갑자기 찾아오는 것일까?

기업 경영을 하면서 위기에 직면하여 어려움을 겪거나, 또 이를 견뎌내지 못해 주저 앉는 경우가 더러 있다. 과연 기업의 위기는 예측하지 못한 상태에서 갑자기 닥치는 것일까?

기업의 위기는, 고객사의 갑작스런 부도로 인해 납품 대금을 회수하지 못하는 등의 전혀 예상하지 못한 어려움에 처하는 경우도 있겠으나 이는 극히 일부에 그치는 것이고 대부분의 위기는 예측 가능한 것이라고 필자는 생각한다. 다만, 경영자가 그런 위기의 징후를 무시하거나 괜찮아질 것이라는 막연한 기대로 시간을 허비하다 막바지에 다다른 후에야 허겁지겁 하는 경우가 많다는 것이다.

최고경영자가 기업 경영을 해 오면서 현실을 직시하고 미래에 대한 예측과 이에 대한 대비를 어떻게 하고 있는가? 가 관건이라고 생각한다. 당장 어려움에 직면해 있고 또 앞으로도 불확실성이 예측 가능함에도 불구하고 이에 대한 적극적인 대비책을 강구하는 것이 아니라 '조금만 버티면 좀 나아지겠지' 라는 식의 안일한 생각이 문제를 더 확대시키는 것은 아닐까?

단위 기간(월, 분기, 반기 등)별 수주·매출·손익의 계획 대(對) 실적 관리와 차월·차분기·차반기의 전망 등 일상 경영관리에 집중하게 되면, 현실을 정확히 직시할 수 있고 가까운 장래에 닥쳐올 상황의 예측이 가능할 것인데, 일상 경영관리 활동에 어느 정도로 관심을 기울이고 있는지 점검을 해 보면 좋겠다.

필자가 계획 관리에 대하여 중기(차3개년)계획, 년간 사업계획, 차3개월 수주계획 등을 강조한 바 있는데, 이런 계획을 바탕으로 계획 대비 실적 및 차기 전망 등을 통해 예측 가능한 경영관리 체제를 갖추고 효율적으로 운영해 간다면 조기에 위기 징후(경보)를 포착할 수 있을 것이라는 게 필자의 강조점이다. 즉, 일상 경영관리에 집중하는 것은 예측 가능한 경영을 위함이다.

특히, 운영 자금의 경우에도 대부분의 회사들이 시제 관리와 중·단기 자금 전망 등을 하면서 무엇보다 신경을 많이 쓰고 있을 것이라 생각하지만, 최악의 상황(Worst case)을 전제로 대비책을 강구하고 있는지는 다소 의문이 드는 경우가 많았다.

회사의 어려움이란 대부분의 경우 상당한 기간 동안 누적된 결과가 어느 날 큰 위기처럼 등장하는 것인데, 많은 경영자들은 회사의 어려움이 어느 날 갑자기 찾아온 것처럼 착각을 하는 경우도 있는 것 같

경영컨설턴트가 전하는 **기업의 변신**

다. 일상을 통해 작은 것들이 누적되어 견딜 수 없는 지경이 되고 나서야 회사가 위기라는 생각을 하게 된다면 이야말로 최고경영자의 책임이라 해야 하지 않을까?

다시 말해, 일상의 경영관리 활동을 통해 위기의 징후를 미리 포착할 수 있어야 하겠다. 현재의 영업 상황, 고객사의 투자 동향, 전방 산업의 변화 조짐 등을 면밀히 살펴보면서 닥쳐올 어려움을 미리 파악할 수 있어야 하는데, 이는 현실을 직시함으로써 가능한 일이 아닐까 한다. 희망 사항을 현실 판단에 반영하다 보면 판단의 오류가 생길 수밖에 없다고 본다. 성장 가도를 달리는 회사의 경우에는 긍정적 전망을 바탕으로 한 '지나친 몸집 불리기'는 특히 경계해야 할 대목이다. (몸집 불리기로 늘어난 고정비는 두고두고 부담이 될 수 밖에 없기 때문에)

어려움이 예상되고 위기 징후가 보이는 경우, 적절한 대비책의 강구는 물론 대책 실행의 타이밍을 실기하지 않는 것도 매우 중요하다고 생각한다. 특히 대비책을 강구할 때는 근본적이고 본질적인 원인 제거가 전제되어야 의미 있는 대책이 될 수 있을 것이다.

회사의 어려움이 예상되는 경우 대비책으로 몇 가지 시나리오의 가설과 시나리오별로 필요한 조치 사항(Action plan)에 대한 실행 타이밍을 정해 두고 관리해 가야 대책 실행의 타이밍을 놓치지 않을 것이다.

'이 것만 해결되면 문제 해결이 될 것이다.' '조금만 더 기다려보면 나아질 것이다'는 식으로 대처하다 보면 많은 시간을 허비하고 정작 조치를 취하려고 할 때는 이미 실기한 결과를 초래할 수도 있으므로 대책이 필요한 경우라면 실행의 타이밍에 집중하기 바란다.

38. 사업을 절대 해서는 안 되는 사람[24]

사업을 성장시키려면 경영자 자신부터 변해야 한다.

사업이 성장하기 위해서는 경영자 자신도 점점 더 크게 성장하고 변화해야 한다. 사업은 사람과 함께 성장한다. 누구에게나 지혜는 있다. 지혜는 궁지에 몰렸을 때 본능적으로 발휘된다. 아무 것도 하지 않는 사람에게 지혜는 샘솟지 않는다. 무언가를 해야만 하고, 어떤 곤궁에 빠졌을 때 지혜는 자연스럽게 생겨나는 것이다.

당신의 꿈을 실현시키는 방법이 사업이라면, 사업 성공을 향한 강력한 추진력을 가져야 한다. 그것이 사업가 정신이다. 부딪혀 깨져보고, 안 되면 되게 한다는 정신으로 무장하라. 인풋(input)이 있어야 아웃풋(output)이 생기는 법이다.

---

24 얼무리 599호(사업을 절대 해서는 안 되는 사람)에서 발췌·편집함.

스몰 비즈니스의 성장 열쇠는 무엇인가? 그 것은 경영자로서의 자질을 키워야 한다는 점이다. 경영자 자신이 성장하지 않고 언제까지나 한결 같아서는 사업도 성장하지 않는다.

기업이 성장하기 위해서는 무엇보다도 경영자 자신을 변화시킬 필요가 있다. 말처럼 쉬운 것은 아니지만 어쨌던 변화하지 않으면 안된다. 경영자 자신이 변하지 않으면 아무 것도 변하지 않는다.

경영자 자신의 시각(관점)과 사고방식을 바꾸어라. 이것이야말로 가장 확실한 성장 방법이다.

사업에 성공한 사람들은 언제 어디서나 '어떻게 하면 돈을 벌 수 있을까?' 를 생각한다고 한다.

사업을 확장하려면 먼저 그에 맞는 시스템을 갖춰라.

사업을 성공적으로 이끄는 방법보다 더 중요한 것은 바로 '성공을 간절히 원하는 마음'이다. 성공을 바라는 간절한 마음이 없다면 사업을 시작할 생각조차 하지 마라. 성공하려면 성공하는 방법과 성공에 대한 의지, 이 두 가지가 모두 갖춰져야 가능하다.

직장인에게는 사업가에 비해 상대적으로 간절함이 없다. 물이 고

이면 썩는 법이다. 늘 제자리에서 같은 일만 되풀이한다면 미래는 없다.

돈이 없어서 안 되는 사업은 돈이 있어도 안 된다. 가망 없는 사업에 있는 돈, 없는 돈 모두 쓸어넣는 '밑 빠진 독에 물 붓는' 행동은 그만 둬라. 사업이 어려울 때 필요한 것은 돈이 아니다.

유대인은 타인의 힘을 빌리는 지혜로 지금의 그들을 만들었다. 돈을 벌고 싶어하는 능력자를 찾아낸 뒤 교묘한 논리를 동원하여 그 사람과 자신을 결합함으로써 둘을 '한 배를 탄 운명체'로 만드는 것이다.

성공은 당신이 얼마나 알고 있는가가 아니라 누구를 알고 있느냐에 달려 있다.

당신의 능력을 발휘하고 싶다면, 먼저 타인의 능력을 빌리는 힘부터 키워야 한다.

사업을 성공시키려면,
첫째, 성공자를 따라 하지 말고. 실패자와 반대로 하는 사장의 판단력
둘째, 미래를 예측하는 사장의 앞선 계획력(기획력)
셋째, 모든 실패와 성공의 중심인 인맥 관리

넷째, 경쟁력을 키우고 인재를 육성하는 직원 관리

다섯째, 성공하는 사장의 유형을 이해하고 따라하는 전략 등을 구사해야 한다.

사업을 절대로 해서는 안 되는 사람

1. 낯선 사람에게 먼저 고개 숙여 인사하기가 어렵다.
2. 기분이 나쁠 때는 미소 지으며 이야기하기가 불가능하다.
3. 다른 사람의 충고나 조언을 들으면 기분부터 나쁘고 이를 받아들이지 않는다.
4. 실수나 잘못을 저지른 것을 깨달아도 자존심 때문에 이를 인정하고 시정하기 어렵다.
5. 다른 사람의 도움없이 혼자만의 힘으로 성공할 수 있다고 믿는다.
6. 사장님, 회장님 같은 직함으로 불리며 대접받고 싶어한다.
7. 나는 전문가로서 누구보다 많이 알고 있으며, 전문가인 내 방식이 옳다고 생각한다. 그래서 고객이나 직원의 불평, 불만은 크게 개의치 않는다.
8. 내가 돈을 주기 때문에, 힘들고 지저분하거나 귀찮은 일은 직원들이 해야 한다.
9. 사장은 출퇴근 시간 혹은 근무 시간이 불규칙 해도 된다.
10. 돈 쓰며 사람들 앞에서 폼잡는 일이 잦거나 즐긴다.
11. 귀찮거나 쪼쪼해 보여서 가계부를 쓰지 않는다.

12. 사업계획서를 작성하지 않아도 성공할 수 있다고 믿는다.

13. 직원들에게 한 번 지시하면 내 뜻대로 다 이루어져야 한다.

14. 직원은 돈만 주면 얼마든지 새로 구할 수 있다.

는 등의 생각하는 사람은 사업을 절대로 해서는 안 되는 사람이
라 하겠다. "의심하면 의심하는 만큼 밖에 못한다."

CEO들께서는 자신에게 해당되는 항목이 얼마나 있는지? 한 번
점검해 보시기 바란다.

경영컨설턴트가 전하는 **기업의 변신**

본고를 정리하면서 46년이라는 긴 여정의 지난 시간들을 되돌아보는 행복한 시간을 가졌다. 대기업과 중소기업에서는 조직의 일원으로서, 그리고 1인기업의 프리랜서 활동 등 희로애락이 묻어 있는 세월이었다.

대기업 생활과 짧은 중소기업 전문경영인 시절의 경험을 바탕으로 한 경영컨설턴트로서 젊은 중소기업 경영자들에게 적절한 자문과 조언을 제대로 해 왔는지에 대해서도 반성해 보는 시간이기도 했던 것 같다.

실제로 기업경영을 해 오고 있는 분들께 얼마나 도움이 될 수 있을지? 에 대해서는 여전히 의문이 드는 것도 사실이다. 또한 그동안 성장을 도모하는 중소기업들을 자문해 왔기에 나름대로는 현실적인 부분들을 터치하려고 노력했으나, 독자에 따라서는 너무 원론적이고 이론적이라는 비판도 있을 것이라는 생각도 해 본다.

필자가 몸 담았던 삼성, 개인적으로 관심이 많고 교훈으로 삼고 있는 도요타 생산방식(TPS), 이나모리 가즈오 교세라 창업 회장, 피터 드러커 경영컨설턴트, 손정의 소프트뱅크 회장 등등의 이야기를 많이 참고했다.

필자는 「기업의 성장은 최고경영자의 그릇에 비례한다.」, 「기업은 지속적으로 성장·발전할 때 그 존재의 의미가 있다」는 이야기를 자주하고 있는 편이다.

오랜 기간 동안 기업을 경영해 오고 있는 경영자나 이제 막 창업을 했거나 성장을 위한 도약을 준비 중인 경영자 모두 「기업 경영의 본질」에 대해 생각을 정리해 보는 기회가 될 수 있다면 필자로서는 더 이상 바랄 것이 없겠다.

삼성 창업자 이병철 회장의 「기업은 사람이다」라는 말씀에 많은 것이 함축되어 있다고 생각한다. 소개드린 많은 분들의 한결 같은 이야기에서 공통적으로 「사람」에 대한 강조점을 느끼셨겠지만 회사의 핵심인 주요 Post 인력(적재적소)에 대해서도 차제에 고심을 해 보시면 좋겠다.

소규모 시절부터 내부관리체제에 대한 디자인을 해 나가야 조직이 커졌을 때도 소화불량 없이 성장 가도를 달릴 수 있음을 재인식하시어 단계별 업무 프로세스 정비에 임하시기를 기대한다.

경영 환경이 급변하는 상황에서 우리는 매일 변하지 않으면 안되는 상황, 변화와 혁신에 대한 생각도 놓쳐서는 안 되겠다. 특히 「CEO가 변하지 않으면 아무 것도 바뀌지 않는다」는 점은 경영자들께서 잊지 말아야 할 화두라고 생각한다.

성공한 사람들의 생각과 행동 패턴에 관심을 갖는 것은, 그들이 모두 옳아서가 아니라, 그들을 통해 「성공과 실패의 법칙」을 터득함으로써, 자신의 행보에 시행착오를 줄이자는 것이다.

어려운 여건 속에서도 꿋꿋하게 기업경영에 임하고 있는 중소기업 경영자들께 경의를 표한다.